城市社区治理与公民参与

夏晓丽 著

山东人民出版社·济南
国家一级出版社 全国百佳图书出版单位

图书在版编目（CIP）数据

城市社区治理与公民参与 / 夏晓丽著. -- 济南 : 山东人民出版社，2017.8
ISBN 978-7-209-11069-3

Ⅰ. ①城… Ⅱ. ①夏… Ⅲ. ①公民－参与管理－社区管理－研究－中国 Ⅳ. ①D669.3

中国版本图书馆CIP数据核字(2017)第226999号

城市社区治理与公民参与
夏晓丽 著

主管部门 山东出版传媒股份有限公司
出版发行 山东人民出版社
出 版 人 胡长青
社　　址 济南市英雄山路165号
邮　　编 250002
电　　话 总编室（0531）82098914
　　　　 市场部（0531）82098027
网　　址 http://www.sd-book.com.cn
印　　装 济南万方盛景印刷有限公司
经　　销 新华书店

规　　格 16开（169mm×239mm）
印　　张 16
字　　数 260千字
版　　次 2017年8月第1版
印　　次 2017年8月第1次
印　　数 1-1000
ISBN 978-7-209-11069-3
定　　价 49.00元

序　言

中国共产党十八届三中全会指出,全面深化改革的总目标是完善和发展中国特色社会主义制度,推进国家治理体系和治理能力现代化。城市社区治理则是实现国家治理体系和治理能力现代化的基础性工程。创新社会治理,增强社会发展活力,提高社会治理水平,改进社会治理方式等都需要在城市社区治理场域中实现。在加强党委领导和发挥政府主导作用的同时,城市社区治理必须鼓励社会各方面的参与。由于传统的城市管理过多强调自上而下的行政化管理,社区公民或社区组织作为社区治理重要参与主体的地位和作用没有充分显现出来。现代城市社区治理的发展有赖于现代国家与现代社会的共同成长,有赖于政府的主动推动和公民参与行动的良好合作,二者的成长与合作是一个动态的长期过程。

我国城市社区治理是一种自上而下的政府主导的制度创新,这种创新不仅是静态的宏观制度安排,更是一个动态的治理过程。城市社区治理的目标就是把社区建设成为广大社区公民的社会生活共同体,城市社区治理反映着社区公共事务管理的新趋势和逐步走向公民治理的新理念。公民有序参与是城市社区治理发展的实践起点,"守望相助、首尾相济"的社区为公民实现民主权利、参与社区公共生活提供了最直接的场所和试验场地。公民依托社区自组织进行的参与壮大了以社区为单位的公民社会,公民因参与社区公共生活逐渐培育出对社区的认同及归属感,养成关注社区公共利益的习惯,现代民主政治发展所依赖的公民精神不断得到培育,公民参与在社区治理中表现出的自我教育、自我管理、自我服务、自我监督等参与意识和参与能力不断得到提升,理性自足的现代公民也不断成长,点点滴滴的参与逐渐成为公民的社区生活习惯。社区治理在公民的社区生活中变得真实。从理论与实证层面对城市社区治理与公民参与进行研究,对城市地方党委、地方政府、社区公众和社区自组织等进行分析，对实现“健全党委领导、政府负责、社会协同、公众参与的社会管理新格局”意义重大。

本书以国家与社会为分析框架，运用社区治理的网状治理结构，探讨我国城市社区治理与公民参与的互动关系，分析城市社区治理中的多重博弈关系；重点研究公民参与城市社区治理的民主意义与具体形式，客观评价公民参与城市社区治理过程中遇到的现实问题并提出相应对策；为我国实现城市社区治理，扩大公民参与，增强社会自治功能，发展社会主义基层民主等提供理论支持和有参考价值的对策建议。

本书做出了如下几个方面的努力。第一，揭示了我国城市社区治理与公民参与的互动关系。本书以国家与社会为理论分析框架，具体论证中国城市社区治理的成功和基层民主的发展，有赖于现代国家与现代公民社会的共同成长，有赖于政府自上而下的主动推动和自下而上的公民参与的良好合作。城市社区治理的制度创新为公民参与社区公共事务和实现公民权利，发展基层民主提供了最直接的制度空间。在社会利益日益多元的时代，虽然政府仍然是社会变革的火车头，但政府、单位已不再是城市社会资源配置的绝对主体。社会组织、社区公众和地方政府共同参与社区公共事务管理，形成网状的社区治理结构。没有社区组织和公民参与，社区治理不可能单独依靠政府推动而成功。

第二，重点探讨公民参与城市社区治理的民主价值意义与具体形式。公民参与是民主的应有之义，参与也是民主最初的表现形式。公民参与社区治理的实践，实践着“四个民主”的社会主义民主本质，公民参与实践使公民习得现代民主规范和程序，培养理性宽容地对待公共问题的习惯。公民的政治认同和现代民主素养不断积淀，权利自足的现代理性公民不断成长，以社区为单位的公民社会不断壮大，社区社会资本不断丰富，推动基层民主在社区的渐进生长。公民参与在各地创新了社会主义民主的具体实现形式，如参与城市社区居委会和社区业主委员会的选举民主，各种社区论坛创新了社区协商民主的形式，各种社区自治组织的出现创新了社区自治民主等。

第三，提出了城市社区成为基层民主与国家民主衔接的有效场所的观点。我国学界大体赞同在市场经济基础上推进政治改革的思路，但二者如何有效衔接呢？以城市社区为起点的社区民主是很好的中介。公民参与社区治理的实践为社区民主发展提供了最直接的场所和试验场地，社区“草根政治”通过各地的创新机制实现着基层民主与国家民主在城市社区内的衔接与互动。公民参与社区治理的点点滴滴使得民主不再遥远、不再抽象，而是在公民的社区生活中变成了真实的民主体验，公民参与城市社区治理的行动使得民主在中国基层社会首先生长运作起来。

第四，客观评价公民参与总体不足等现实问题对城市社区治理及基层民主发展的影响。分析公民参与城市社区治理过程中存在的多重博弈关系，尤其是国家民主建构与社区民主创新之间的固有张力，必须正视地方政府为完成既定政治目标而过度动员，或以“维稳”名义不支持甚至压制公民参与的客观现象的存在。此外，社区治理结构实际的不平等，公民参与的国家动员，社区自治组织发展不充分，公民参与过多关注个体利益，公民缺乏经常性、深层次的参与历练等现实困境依然存在。本书从学理层面和经验层面分析现实困境的成因，并选取了济南两个城市社区进行实证调研，从制度保障、利益驱动和价值认同等层面分析具体原因，并从制度、组织、文化等层面为推动公民有序适度参与提出具体建议。

第五，树立发展社会主义基层民主的信心。在缺少民主传统的中国，“民主遥远、民主抽象、民主致乱、民主低效、搞民主影响党的领导”等论调困扰着中国民主发展。研究公民参与城市社区治理，推动社区民主发展有助于公众正确理解民主、相信民主、追求民主。公民参与社区治理是公民个体、社区自组织和政府等多方共同学习、共同进步的过程。民主不仅仅是政治民主投票和选举，还是社区生活中真实的协商与合作。对于“正在路上”的城市社区治理及社区民主发展的进程，我们不能苛求。良性的公民参与应是规模适度、形式多样、渐进发展的过程，适度均衡的公民参与对民主政治发展才是最合适的。对日益扩大的公民参与社区治理的实践，城市基层民主的渐进式发展以及由社区基层民主向国家民主延伸的未来趋势，我们应保持谨慎的乐观态度，尽管这一过程可能是艰难漫长的，但并不是虚幻的，而是可以期待的。

由于作者水平有限，书中不当之处在所难免，如果书中的某些拙见能激起人们对现实公民参与城市社区治理及城市基层民主发展做更进一步的理论思考与政策探求，笔者将深感欣慰。希望本书能对关注公民参与城市社区治理的理论研究者、政府工作人员及普通读者有所启示和帮助。

夏晓丽于济南大学
2017年4月

目　录

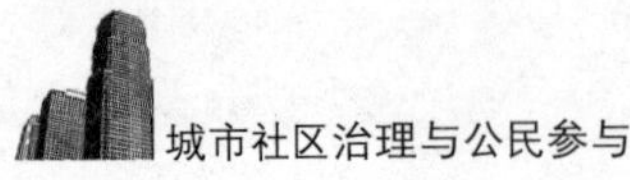

第一章　导论

中国共产党十八届三中全会指出，全面深化改革的总目标是完善和发展中国特色社会主义制度，推进国家治理体系和治理能力现代化。城市社区治理则是实现国家治理体系和治理能力现代化的基础性工程。创新社会治理，增强社会发展活力，提高社会治理水平，改进社会治理方式等都需要在城市社区治理场域中实现。在加强党委领导和发挥政府主导作用的同时，城市社区治理必须鼓励社会各方面的参与。由于传统的城市管理过多强调自上而下的行政化管理，社区公民或社区组织作为社区治理重要参与主体的地位和作用没有充分显现出来。现代城市社区治理的发展有赖于现代国家与现代社会的共同成长，有赖于政府的主动推动和公民参与行动的良好合作，二者的成长与合作是一个动态的长期过程。

我国城市社区治理是一种自上而下的政府主导的制度创新，这种创新不仅是静态的宏观制度安排，更是一个动态的治理过程，这一方面是国家自上而下“还权于民”，缓和城市社会转型矛盾以获取政治合法性资源的制度设置，同时又为公民参与和实现社区治理以及基层民主提供了直接的制度空间。搞好社区治理，坚持国家一切权力属于人民，从各个层次、各个领域扩大公民有序政治参与，把城乡社区建设成为管理有序、服务完善、文明祥和的社会

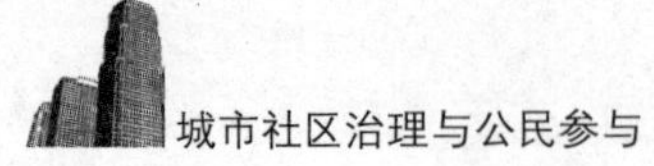

生活共同体，是城市社区治理的实践起点，也是发展社会主义民主的基础。公民在社区依法直接行使民主权利，管理基层公共事务和公益事业，实行自我管理、自我服务、自我教育、自我监督，推动了城市社区政治、经济、文化的发展。

本书以国家与社会为分析框架，探讨我国城市社区治理与公民参与的互动关系，重点研究公民参与城市社区治理的民主价值意义与具体实现形式以及公民参与城市社区治理过程中遇到的现实问题，为实现城市社区治理，扩大公民参与，发展社会主义基层民主提供理论支持和有参考价值的对策建议。

一、问题的提出与研究的意义

（一）问题的提出

随着中国社会转型和社区建设的纵深展开，中国城市开展的社区建设运动使得社区治理逐渐成为一门显学，引起了政治学、社会学、管理学等多学科学者的研究兴趣和政策研究者的高度关注。在社会利益日益多元化的时代，传统城市社区的治理结构发生了重大的变化，社区治理反映着社区公共事务管理的新趋势和逐步走向公民治理的新理念。"社区所具有的共同体意义为民主自治提供了想象的空间。"[①]公民参与是民主的应有之义，民主意味着参与，参与也是民主最初的表现形式。公民参与社区治理的实践对公民的社区认同和参与效能感的培养，对社区社会资本的形成，对参与型公民文化的构建，对现代公民民主意识和公共精神的成长等起到最直接的促进作用，也为壮大以社区为单位的公民社会和培养现代民主公民提供了直接经验，为城市社区治理及基层民主发展创设了有利条件。"守望相助、首尾相济"的社区治理的达成为基层民主发展提供了最直接的场所和试验场地。基层民主在社区不断生长，民主不再遥远，不再抽象，而是在公民的社区生活中变得真实。

对我国城市社区治理与公民参与进行研究，选取现实的城市社区为个案，

① 杨敏：《作为国家治理单元的社区》，《社会学研究》，2007 年第 4 期。

考察社区治理的制度创新及公民参与的具体实践,可以为创建和谐社区,实现城市社会稳定,推动城市基层民主发展提供翔实的例证。本研究是在对社区治理与公民参与前景,抱以谨慎的乐观态度基础上立论的;尽管现在有学者对中国城市社区治理及公民参与社区治理的现状及前景并不十分乐观。如有的学者指出对于中国而言,参与并非越多越好,公民应该有不参与权[①];还有的提出,中国政府目前的社区自治建设行动,更多的是向社区扩张自身的权力[②]。本研究的观点是:理论上肯定城市社区治理的制度创新为社区和谐稳定发展提供了制度支持,为公民参与社区公共事务提供了最直接的制度空间,公民参与实践对城市社区治理及基层民主发展有积极作用。

(二)研究的意义

搞好社区治理,增强社会自治功能,发挥社会组织在扩大群众参与,反映群众诉求方面的积极作用,发展公民直接参与的社区治理是国家治理现代化的基础性工程。健全党委领导、政府负责、社会协同、公众参与的社会管理格局,健全社会基层管理体制,坚持国家一切权力属于人民,从各个层次、各个领域扩大公民有序政治参与,最广泛地动员和组织人民依法管理国家事务和社会事务、管理经济和文化事业,依法保障全体社会成员平等参与正是现实城市社区治理和公民参与的前进方向。从理论与实证层面对城市社区治理与公民参与进行研究,对城市地方党委、地方政府、社区公众和社区自组织等进行分析,完善民主管理制度,健全基层党组织领导的充满活力的基层群众自治机制,扩大基层群众自治和城乡社区公民参与范围,是发展基层民主的基础工作。因此,从城市社区治理与公民参与的角度做更多的理论探讨与实证研究是有价值的。对城市社区治理的制度供给与公民参与现状进行理论分析和实证考察,对城市地方政府、社区公众和其他社会组织等多元主体进行分析,对公民在社区治理中表现出的公民自我教育、自我管理、自我服务、自我监督等能力进行研究,具体分析我国现实公民参与同既有社区治理制度安排之间仍然存在的张力问题:国家自上而下推动城市社区治理的社会控制目的,社区治理结构实际的不平等,公民参与的国家动员,公民缺乏经常性的、深层次的参与历练,特别是部分社区

---

① 杨雪云、周业勤:《社区参与不足的社会学解读》,《安徽大学学报》(哲学社会科学版),2006 年第 3 期。

② 贾西津主编:《中国公民参与:案例与模式》,社会科学文献出版社 2008 年版,第 6 页。

公民对参与社区公共事务冷漠，导致社区治理中公民参与总体不足，公民参与还没有发挥出推动城市社区治理变革的重要作用等。

中国城市社区治理的成功和基层民主的发展，有赖于现代国家与现代公民社会的共同成长，有赖于政府自上而下的主动推动和自下而上的公民参与的良好合作。二者的成长与合作又是一个动态的长期过程。公民参与社区治理是公民个体、社区自组织和政府等多方共同学习、共同进步的过程。我们对“还在路上”的社区治理及刚刚兴起的公民参与不能苛求。公民参与城市社区治理应避免政府为实现某种政治任务而过度动员。良性的公民参与应是规模适度，形式多样，渐进发展的过程。适度均衡的公民参与对城市社区治理的达成和基层民主政治发展才是最合适的。对日益扩大的公民参与社区治理的实践，城市基层民主的渐进式发展以及由社区基层民主向国家民主延伸的未来趋势应保持谨慎的乐观态度，尽管这一过程可能是艰难漫长的，但并不是虚幻的，而是可以期待的。具体的社区治理中公民参与行为呈现出的多元景象值得我们进行更深入地实证考察和理论研究，为扩大公民参与社区治理，为推动基层民主发展，为壮大中国公民社会，为中国公民从社区出发走向更广阔的政治空间，为发展社会主义民主等提供前瞻性的理论指导。这正是本书立论的意义所在。

二、研究现状综述

对城市社区治理与公民参与的研究在国内外都取得了一定的成果。我们对这些研究成果进行梳理总结，对已有研究取得的进展及存在的不足给予客观评价，并力图在理论研究方面有所创新和突破。

（一）国外研究综述

1.西方国家社区建设发展进程及社区治理研究的兴起

西方发达国家社区建设是在社区复兴、社区重建的理念基础上，伴随着工业化进程中的社会变迁而逐步建立并发展起来的。城市社区治理理论研究相对成熟，对社区治理中的公民参与研究也一直是学者关注的热点。

早在19世纪，德国推行的汉堡福利制度（Hamburg System）和爱尔伯福利制度（Elberfield System），就倡导社区内部成员自我服务、志愿服务，以鼓励社区居民参加本社区的各项工作。社区自治及公民参与发展是现代公民社会的实践起点,这是西方民主社会发展的基本特征。西方国家的社区建设大致经历了三个发展阶段,即从19世纪末到二战结束期间以社区救助为主的阶段,二战后以社区发展为主的阶段,再到社区重建也就是社区治理的新阶段。第一阶段目标是弥补原来救济制度不足,改善弱势群体的生活环境,提高他们的生活质量与福利水平。20世纪初在英法美等国掀起的"睦邻运动"(Settlements and Neighborhood Movement)和"社区福利中心"(Community Welfare Centers)运动等,就是由各种社团通过不同的方式走进社区,解决由于工业化和城市化带来的失业、贫困、疾病、住房、犯罪、环境污染等一系列问题而形成的规模运动。当时社区救助结构单一,社区建设的主要力量是政府、社区。第二阶段,从二战后联合国提出的"以社区为基础的社会发展"计划开始,此阶段主要是解决二战后许多发展中国家的贫困、疾病、失业、经济发展缓慢等一系列社会问题。要解决这些问题仅仅依赖政府力量是远远不够的,因此联合国提出"以社区为基础的社会发展"计划,运用社区民间资源发展社区自助力量,建立社区福利中心,由政府有关机构同社区内的民间团体、合作组织、互助组织等通力合作,发动全体居民自发地投身于社区建设事业,如"联合国发展十年"计划等。社区建设的核心特征不是直接提供福利服务解决某个具体问题和满足某种特殊需要,而是启蒙和教育社区居民,改变对决策者、社会精英和地方领袖的传统观念与态度,通过自助与互助方式解决问题,而社区发展也成为各国有计划地实现国家发展与社会变迁的一项普遍活动。尤其是在发展中国家扶贫发展行动中得到广泛运用,社区发展运动的主体也由政府、社区两方力量扩展到政府、社区及非政府组织三方力量。第三阶段,是20世纪80年代以来的社区治理阶段,以英国等发达国家的社区重建战略最为典型。所谓"重建"是对二战后西方福利国家体制采取的一种战略性回应,重点是重建小社区,改革小社区治理结构,建立一种战略伙伴关系及面对面的协商谈判机制。把不同的政府部门、私营部门、社区组织、社会中介组织及各类志愿者团体整合为一体,相互服务、共同协作,依靠社区力量与资源改善生活质量,提高福利水平,促进经济发展与社会进步,抛弃社区福利制度下消极公民的角色定位,增强公民对社区的归属感与认同感,培养居民相互关怀与社区照顾的美德,重建积极公民资格(active citizenship),加大公民参与社区治理的力度。[①] 为解决这些问题,一些发达国家提出社区重建计划。社区治理在此阶段主要由政府、公众、志愿者、私人部门等多方力量共同解决新经济产业结构调整带来的一系列社会变化和社会问题,如环境保护、信息贫困等问题。

西方社会学和政治学理论围绕着政府、市场和社会(即第一部门、第二部门和第三部门)展开的社区建设的理论研究和实证研究都相对成熟。从最初的理论重点集中在社区集权、精英统治等方面,到20世纪中叶以后新公共管理、新公共行政和新公共服务理论的出现,再到20世纪90年代公民资格理论、社群主义和治理理论的兴起,尤其是治理理论被引入社区发展和基层公共管理体制改革的实践活动中,运用现代治理理念对社区管理体制及公民参与社区治理过程和地方分权的研究再度成为西方学界的热点。治理理论成为回应治道变革的话语范式,面对市场失灵和政府失效的不足和缺陷,治理与善治成为弥补国家和市场在调控协调过程中的不足的重要手段。社区治理可以看成是治理理论在社区层面的应用,治理被引入社会管理意味着对传统行政管理体制和统治模式的批判与反思,必然要对公共事务管理进行理论和制度创新。社区治理是社会利益多元化时代社区公共管理的新理念,而现行的社区公共管理体制中存在的诸多问题,也在客观上要求实现社区治理结构的转型和重塑。以理查德·博克斯、全钟燮等为代表的大批学者和政府管理者推动着西方社区治理理论的研究。

2. 西方学者研究的重点

其一,对城市社区治理模式经验的总结与研究。社区发展和社区建设在西方国家积累了相当成熟的经验,政府重视社区组织和社区参与的制度建设。一般在中央和市都设有专门机构对社区建设和发展进行指导,在实践中逐渐形成了三种不同的社区治理模式。第一种是以新加坡为代表的行政主导模式,政府对社区的干预较为直接与具体,社区管理的官方特色浓厚,政府在社区中设立各种形式的派出机构。第二种是以日本为代表的混合型模式,政府对社区的主

① 针对福利制度危机导致“消极公民”大量存在的现象,多国通过法案鼓励公民积极参与社会公共事务而不是单纯享受不履行义务的非道德的权利。如英国的《鼓励公民资格》(*Encouraging Citizenship*),1990;澳大利亚参议院的《经过修正的积极公民资格》(*Active Citizenship Revisited*),1991;加拿大参议院的《加拿大公民资格:共享责任》(*Canadian Citizenship:Sharing Responsibility*),1993。转引自[美]威尔·金里卡:《当代政治哲学》(下)刘莘译,上海三联书店2004年版,第512—513页。

要职能是规划、指导并提供经费支持，官方色彩与民间自治在社区发展的过程中交织在一起，如澳大利亚、新西兰、日本等。第三种是以欧美为代表的自治型模式，其特点主要表现为政府对社区的干预以间接方式进行，政府的主要职能是通过制定各种法律法规来规范社区内不同集团、组织、家庭和个人行为，社区内的具体事务完全实行自主自理。此模式又可细分为北欧的“社区城市化”管理和美国社区共享型管理两种。这三种模式有四个共同点：一是社区治理主体日益多元化。社区治理主体经历了从开始的政府、慈善组织两方主体到政府、社区、非政府组织三方参与再到政府、公众、志愿者、私人部门等多方主体参与的演变过程。二是社区自治程度日益提高。社区自治让居民依靠自己解决本社区的问题，改变过去“政府包办过多”的弊病。三是社区治理更注重公民参与及公民精神的提高。社区治理更加注重鼓励居民自主的民主参与来决定社区发展计划，使居民在影响他们日常生活的服务发展和制度运作中扮演积极角色，并在参与过程中注重培养积极的公民资格（active citizenship）和注重提高公民精神及公民美德，增强公民的社区归属感和对社区的认同。四是在社区治理中重视非营利组织及志愿者作用的发挥。在欧美等国，非政府非营利组织从事各种公共福利工作，并且树立了极好的公众形象，在社区各项事务中发挥的作用越来越大，数量众多的志愿者所从事的各种社区事务也极大地提高了社区治理的绩效。

其二，对城市社区邻里关系与社会网络及社区权力的研究。在西方国家，自滕尼斯以来，人类生态学、社会学、政治学等学科都从不同角度解释了社区的形成和整合机制等理论问题，并就城市社区邻里关系与社会网络及社区权力的分配使用等问题开展理论研究。围绕社区居民归属感、成员共同情感或邻里关系的研究，主要有“社区失落论”“社区继存论”和“社区解放论”等观点。齐美尔和沃思是“社区失落论”的代表人物，他们主张城市是高度理智、高效率的，拥有庞大而复杂的社会组织。金钱是使城市所有活动及社会组织能顺利运转的媒介，城市中人与人的关系变成了金钱关系。1938 年，沃思提出了“城市众多人口、高密度、异质性”这三种生态学上的特质，认为这些特质带来了许多社会问题，如人们之间不再相互信任依赖而是变得麻木不仁甚至冷漠无情，摩擦与冲突增多，人际关系就是金钱计算与利用的关系。而滕尼斯所讲的同质人口组成的、关系亲密、守望相助、疾病相抚、富有人情味的社区在城市中已不复存在，故称之为“社区失落论”。“社区继存论”的代表人物是美国的刘易斯（Oscar Lewis)和甘斯(Herbert Gans)。20 世纪 50 至 60 年代,他们对沃思的观点提出质疑,通过调查墨西哥村民和波士顿西区意大利移民移居城市后的生活方式、人际关系及社会合作等状况后,认为大城市的众多人口、高密度和异质性对他们生活、行为方式和人际关系以及精神心理的影响很小。他们之间仍有亲密与互助互信的关系,城市化进程中出现的社会问题也并非如沃思所讲的原因所致,社区并没有失落。"社区解放论"是 20 世纪 70 年代由费舍尔(Claude S. Fischer)、费尔曼和雷顿(B. Wellman and B. Leighton)提出的。他们突破了过去社区研究的地域及邻里关系的局限,主张社区居民应从地域和场所的局限中解放出来,建立超出邻里关系的"社会网络"(Social network),关注社区人们日常活动和社会交往的更多领域,这就是"社区解放论"。

关于社区权力的研究在西方也存在着社区精英论与多元论的争论。1929 年林德夫妇(R. S. Lynd, H. M. Lynd)《转变中的中镇》中就有关于美国中镇社区中权力不平衡分配的描述。二战后弗洛伊德·亨特(Floyd. Hunter)的《社区权力结构:决策者研究》一书,成为社区权力研究中的社区精英论的代表作。英国心理学家赖特·米尔斯(C. Wright Mills)的著作《掌握权力的精英》、美国社会学家威廉·多姆霍夫(G. Willian Domhoff)的著作《实际上的权力——美国统治阶层执掌政权的过程》等都集中对社区权力、社区精英统治进行研究,他们对社区政治生活中的精英主导、社区治理的重要人物及地方经济中土地的重要性等进行了相关研究。保罗·彼得森在《城市局限性》一书中着重讨论了社区政治中的土地买卖与开发政策,认为掌控着土地的社区政治权力影响到公共服务职业者的雇用和留任等。而多元政治论(pluralism)的代表人物达尔(R. A. Dahl)在《谁统治:美国城市中的民主和权力》一书中,以纽黑文市为研究对象,选择了地方政府中城市重建、政治任命、公共教育政策三个领域进行分析,得出的结论是:社区权力并不是只集中掌握在社区精英手中,社区的决策是多种力量共同作用的结果,权力也是分散在不同的利益群体中,每个团体在其特定专属领域,都有一定的权力,并为了各自的利益互相抗衡,互相制约。社区权力政治研究中的精英论与多元论的争论从未停止过,这也是产生社区研究新方法的动力之一。以巴克拉克(P. Bachrach)和巴拉兹(M. S. Baratz)为代表的新多元主义就认为,多元论者只关注政府的正式决策过程,忽略了非政府领袖和社会精英的影响。他们认为要关注民间团体、学者与专家及贫困阶层的参与,应形成一个有高度共识、凝聚力的公民参与网络。理论派别之间的论争推动着社区权力研究重点转移到对社区公共事物的公民参与研究上。

其三,西方各国对公民参与社区治理过程给予重视,并在理论上取得了较为丰硕的成果。现代社区治理从理论与经验层面揭示了社区治理中公民参与的重要性。公民参与一直被视为市民社会发育成熟、公民表达自治精神的具体体现。志愿性、制度化、多样性的公民参与已经成为社区参与的具体表现形态。社区居民参与社区管理,实行居民自治,已经成为一种公民自治的传统。在经验层面上,各国政府对公民参与社区治理给予足够重视并在制度安排上给予保障。20世纪初,在英法美等国掀起的"睦邻运动"(Settlements and Neighborhood Movement)和"社区福利中心"(Community Welfare Centers)运动,其主旨是动员社区居民参与在本社区的各项公共事务,培养社区居民的自治精神和互助精神,为美好的社区生活创造更好的条件。西方学者在社区治理、社区自治及公民参与等层面的理论研究更为系统。托克维尔早就对美国乡镇自治中表现出的公民参与及民主自治精神大加赞扬,并认为民主制度的核心就在于公民参与,公民参与使社会充满活力和生机勃发。美国著名哲学家约翰·杜威(John Dewey)强调:"民主必须始于公民的家园,而这个家园就是我们邻里的社区,借助于家庭和邻里组织,公民性格得以稳步地形成,公民特有的草根思想得以逐步地确立。"①卡罗尔·佩特曼(Carole Pateman)的参与民主理论也指出,一个民主政体如果存在的话,就必须相应地存在一个参与社会,即社会中所有领域的政治体系通过参与过程得到民主化和社会化。

到了20世纪中叶以后,新公共管理运动的开展,使传统官僚科层模式被打破,公共事务中开始引入市场机制。公共事务治理开始强调顾客导向,行政管理职业者才是专家,新公共管理运动在强化效率的同时,把公民看成是地方社区治理的局外人。但随着新公共服务运动的兴起以及提高公共服务质量理念的推广,公共职业者对待公民不能再像对待顾客一样,公民也不能简单被动地变成公共服务的消费者,大多数公民不应被排除在公共事务及公共政策的制定执行之外,公民、地方政府、公共管理者应是公共事务共同的治理者和参与者。美国学者凯勒(Keller)对新泽西州双子河(Twin Rivers)社区进行实证研究,探讨了双子河社区业主经过长达30年的抗争夺回社区管理权,获得社区自治的

---

① [美]理查德·C.博克斯:《公民治理:引领21世纪的美国社区》,孙柏瑛等译,中国人民大学版社2005年版,第6页。

过程;并分析了社区积极分子和社区领袖与普通居民参与冷漠做斗争,动员居民关心和参与社区公共事务的各种情况。社区治理是在公民参与政治博弈过程中实现的。

其四,西方学者研究的最新热点是将参与视为社区治理的核心机制。到了20世纪90年代,公民资格理论的复兴及社群主义和治理理论的兴起,加之公民在地方事务中广泛的参与行动,使对社区治理及公民参与社区治理过程和地方分权的研究再度成为西方学界的热点。大批的学者和政府管理者开始关注地方治理事务中公民的作用,他们把研究的重点集中在如何促进社区治理中的公民参与上。以理查德·博克斯、全钟燮等为代表的学者反对消极公民资格的观点,反对把公民仅仅看成是公共服务的消费者而不是选择公共服务的决定者。传统的社区治理观点受到学者的批判,更多的学者希望公民能够在公共事务中,尤其是社区治理中扮演更为积极的角色,而不再是"搭便车者"和"看门人"。美国学者罗斯进一步强调了社区公共服务中公民参与的重要性。他认为,社区工作是一个过程,社区居民是在这个过程中决定自己的需要和目标,寻找他们所需要的资源,并采取行动去满足这些需要和目标。理查德·博克斯在《公民治理:引领21世纪的美国社区》一书中,试图建立社区治理模型(community governance model)来改变传统的角色定位,使公民成为决策者,行政管理职业者成为专家式咨询者,而立法者则能回应社区所有居民的需求。"社区治理暗含着这样一种情形,即任何一个个人都无法解决社区的问题,因此,吸引公民参与是行政管理职业者工作中一个不可或缺的责任……在此种社区治理模型中要求重视公民的作用,确立公共管理者在发展民主中的核心作用"①。在公共政策过程中确立公民积极参与的包容性的准则,改变新公共管理理论中把社区居民仅仅看作是公共服务的消费者的传统,树立"民众就是社区的所有者和主人,他们承担着社区治理的责任"②的观点。"行政官员已经不再是行政动作的中心,他们应退居于次要,协助者的角色,是以回应人民需求,向人民负责为基本职责的行动者。"③而斯蒂弗斯(Stivers)则认为"公民和行政官员……一起

---

① [美]理查德·C. 博克斯:《公民治理:引领21世纪的美国社区》(序),孙柏瑛等译,中国人民大学版社2005年版,第11—12页。

② [美]理查德·C. 博克斯:《公民治理:引领21世纪的美国社区》,孙柏瑛等译,中国人民大学版社2005年版,第4页。

③ [美]全钟燮:《公共行政:设计与问题解决》,台湾五南图书出版公司2001年版,第46页。

参与,共同决定要做什么,并且一起采取行动来提供社区的公共产品”[①]。而克利斯托弗·拉希(Christopher Lasch)认为“小型社区是经典民主的聚集地,这不是因为他们是自给自足的,恰恰相反,仅仅是因为他们让每一个人都能参与到公共讨论之中”[②]。社区内的活动常常是面对面的,居民可以按照一定的方式参加社区事务,而参与的方式能够保证他们满意地看到他们的努力所获得的具体结果。

社区治理研究将参与视为社区形成的核心机制。从西方社区治理发展的实践看,社区治理的过程就是公民与地方政府形成积极合作关系的过程。公民参与社会管理、平等行使政治权利是民主社会的重要特征。公民参与是通过合作协商、伙伴关系、确立认同和共同目标等方式参与公共事务管理的过程,其实质是建立在市场原则、公共利益和价值认同之上的社会合作。公民参与不仅仅是简单地将民主引入到公共事务管理的工具,其目标是公民、行政官员、地方领导者的合作与学习的进程。只有公民有效参与社区治理,社区善治与公民治理的终极目标,才能在此有效参与的过程中实现。理查德·博克斯等学者对社区治理中的公民参与寄予了较高的期望,认为社区治理包含着参与社区公共政策制定和执行的公民、选任代议者和公共服务职业者的全部活动,其最终的目标是走向公民治理。但在现实中,我们看到公民治理在西方最小的政治单元中也还没有完全实现,这也只是学者们对社区治理趋势发展的一种美好期许而已。

综上所述,西方学者在社区治理模式及公民参与方面的理论研究起步较早,也取得了相当丰硕的理论成果。他们研究的蓝本主要是西方发达国家及地区,其理论结论也不可能完全对中国适用,这就必然要求我们基于中国国情,不断加深对我国城市社区治理与公民参与经验的总结和理论研究,架构起适合中国特点的相关理论。对于日益深刻地卷入到全球化的中国而言,了解西方国家城市社区治理理论、现实西方城市社区治理模式以及公民参与社区治理的实践,分析西方公民参与城市社区治理的具体发展进程,探讨公民与公共权力之间博弈的过程在西方城市社区治理制度创新中所起的作用等意义重大。走中国特色城市社区治理道路可以从中汲取理论资源和实践经验。

---

① [美]理查德·C.博克斯:《公民治理:引领21世纪的美国社区》,孙柏瑛等译,中国人民大学版社2005年版,第7页。

② *Christopher Lasch. The Revolt of the Elites and Betrayal of Democracy*. New York: W. W. Norton: P171.

（二）国内研究综述

随着我国改革开放后市场经济的发展，城市基层社会的单位制和街居制已不能适应形势的需要，社区制应运而出，适应本土实践需求的社区理论研究也快速发展。我国学者对社区治理中的公民参与研究成果主要集中在社会学和政治学两大学科，人类学和管理学也有所涉及。

1. 研究现状概述

在政治学、社会学等学科内一直存在着“社区自治”与“社区治理”的争论。从目前学术研究中看，我国有学者甚至认为“社区治理”这一概念是从西方引进的，根本不适合中国。而更多的学者是从社区建设这一背景出发，对我国社区自治及社区居民参与进行研究。

从20世纪90年代开始的中国城市社区建设，在一些城市进行了社区居民自治实践的探索，以改革城市社会基层管理体制为突破口，走出了一条城市社区建设和基层民主政治建设的新路子。如何在现有研究基础上再进一步探索创新，需要我们对以往的研究加以梳理和总结。由于政治学、社会学两大学科在我国曾经中断很长时间，理论界对社区建设的探讨及理论准备实际上并不充分。已有的研究成果中，虽然有政策和实证方面的研究，但多以学理层面的文献研究为主。其中政治学主要从宏观上进行基础性理论研究，包括对城市社区自治和国家推进城市社区建设的背景分析、居民委员会改革、公民组织的发展及不同社区治理模式的比较研究等，有部分研究是介绍与借鉴国外社区治理经验、社区体制变迁、社区公民运动的相关理论的。① 政治学者的关注，主要是从社区权力改革与权力下放角度，研究政府与社区或国家与社会的关系；从基层民主自治的角度来分析社区治理、社区自治及公民政治参与等取得的成绩与存在的问题。社会学者则更多的是从社会结构与社区组织的视角，来分析社区居民从单位人转变为社会人、社区人之后的社区意识、社区归属及社区情感的培养与成长，对社区居民参与社区事务及社区重建进行研究等。社会学领域主要对社区参与主体、形式、途径、范围及程度等问题进行了较为系统的探讨。除了学理层面的文献研究外，其他研究多为具体的城市社区建设个案分析及实证研

---

① 马晓燕、刘敏：《社区建设中的国家与社会关系模式》，《甘肃社会科学》，2005年第6期。

究,既有学者们的实证调查,也有政府操作层面的政策研究。① 经验层面研究主要涉及对社区治理的多元主体、社区管理者的角色转换,以及中国城市社区治理模式、城市社区规划中的公众参与等问题的初步探讨。在上海、北京、沈阳、南京、武汉等地有关政府研究部门或街道开展的社会调查及其对策分析等,其中多数是为上级部门制定相关政策提供经验依据而展开的实证调研。社区治理及公民参与的研究,无论是学理层面还是实证和政策制定层面,主要集中在以下几点:

其一,对社区发展、社区建设和社区自治及社区公民参与等基本理论的研究。这部分研究成果较多,研究的主要问题有:一是对社区发展、社区参与的历程进行理论概括与总结。刘铎论证了我国从"单位制"到"社区制",从"社区控制"到"社区自治",社区治理从"封闭式治理"到"开放式治理"的演变过程;②还有学者对社区类型进行了具体的划分,并对社区定位进行了分类(有"自然社区""分层社区""行政社区""共同利益社区""公民社区""法定社区")等。③徐勇、陈伟东提出,在研究居民参与的过程中,把握不同类型的社区对于推进社区居民的参与是必不可少的,他们把社区分为七种类型:传统式街坊社区、单一式单位社区、混合式综合社区、演替式边缘社区、新型房地产开发型社区和"自生式"或移民区。还有学者指出,目前在我国存在着政府主导型、合作型或混合型、自治型三种治理模式,在实践中亦相应形成了上海模式、江汉模式、沈阳模式。徐中振则以当代中国政府(公域)、市场(私域)和社会(第三域)并存的结构体系转变为视角,对上海社区建设的实践模式中并存的四个工作系统:党的群众工作系统、城市基层行政管理系统、社会生活服务系统和社区居民自治

① 王邦佐:《居委会与社区治理》,上海人民出版社 2003 年版。
林尚立主编:《社区民主与治理案例研究》,社会科学文献出版社 2003 年版。
王敬尧:《参与式治理:中国社区建设实证研究》,中国社会科学出版社 2006 年版。
孙柏瑛:《当代地方治理——面向 21 世纪的挑战》,中国人民大学出版社 2004 年版。

② 叶南客:《中国城市居民社区参与的历程与体制创新》,《江海学刊》,2001 年第 5 期。
刘铎:《开放式社区治理:社区治理的演化趋势——基于四个社区治理案例的分析》,《甘肃行政学院学报》,2009 年第 3 期。
张宝锋:《现代城市社区治理结构研究》,中国社会出版社 2006 年版。
刘娴静:《重构城市社区——以治理理论为分析范式》,《社会主义研究》,2004 年第 1 期。

③ 周少青:《论城市社区治理的法律框架的法域定位》,《法学家》,2008 年第 5 期。
徐勇、陈伟东等:《中国城市社区自治》,武汉出版社 2002 年版,第 1 页。
卢汉龙:《中国城市社区的治理模式》,《上海行政学院学报》,2004 年第 1 期。
王芳、李和中:《城市社区治理模式的现实选择》,《中国行政管理》,2008 年第 4 期。

系统进行分析，并提出在城市基层社区构建一个以具体的公共事务为治理内容、政府行政组织和各种群众自治组织之间有效合作、和现代化城市管理相适应的社区治理格局的建议。① 二是对我国社区治理中公民参与的概念界定、适用范围、参与主体的多元性，参与类型模式及参与目标意义的研究。中国公民政治参与成为学术热点是在中共十六大报告首次提出“政治参与”并且要求“扩大公民有序的政治参与”主张后开始的。此后学者们开始关注某个特定阶层的参与问题，如农村村民自治、城市社区自治或城市社区居民参与、私营企业主或进城农民工的政治参与等。还有部分学者关注公共政策制定和行政立法中的公民参与等。与西方近代民主共和传统、人民主权、契约观念基础上成长起来的以选举为核心的代议制民主体制下的公民政治参与不同，中国改革开放以来兴起的公民参与，经历了从初始阶段比较单一的政治参与，逐渐向政治之外的社会领域逐渐扩展的发展历程，而支持公民参与发展的理论基础更多的是中国执政者“以民为本”的执政理念，实践中则体现在基层民主建设中的民主选举、民主决策、民主管理（治理）、民主监督上。杨敏指出，由于不同阶层居民对社区需求的不同、参与动机与策略的不同导致了四种参与模式：依附性参与、志愿性参与、身体参与和权益性参与。孙柏瑛指出，公民社区参与形式主要有：公民会议、公民论坛、社区发展公司等。② 还有根据参与主体意识的强弱，把参与类型分为动员型参与和自主型参与；根据参与主体的组织形式，分为组织参与和非组织参与；根据参与渠道的制度化水平，分为制度化参与和非制度化参与等。学者们对居民参与途径也进行了三类划分：以个人身份参与社区的选举或建设规划；作为某个组织或单位成员参与到社区发展中；组合成多种类型的非正式组织，如志愿者团体或其他中介性机构参与社区的福利服务和保障性工作等。还有学者对社区参与的范围或领域进行了研究，把社区公民参与划分为社区政治参与、社区经济参与、社区文化参与（含体育、教育等精神参与）、社区社会参与（生活参与、环境参与等）等方面。③ 有学者从参与机制的成熟度与公

---

① 徐中振、徐珂：《走向社区治理》，《上海行政学院学报》，2004 年第 1 期。

② 杨敏：《公民参与、群众参与与社区参与》，《社会》，2005 年第 5 期。
孙柏瑛、李卓青：《公民参与：社会文明程度和国家治理水平的重要标识》，《上海城市管理职业技术学院学报》，2006 年第 3 期。

③ 王骥洲：《社区参与主客体界说》，《山东行政学院、山东经济管理干部学院学报》，2002 年第 5 期。
孙柏瑛等：《社区民主参与：任重道远》，《国家行政学院学报》，2001 年第 2 期。
陈雅丽：《城市社区发展中的居民参与问题》，《科学·经济·社会》，2002 年第 3 期。

民参与自主性的关系出发，将公民参与社区治理的模式分为：机制完善的公民自主参与、机制完善的公民假性参与、机制不完善的公民自发参与等。① 此外，以治理理论、社会资本理论、协商民主理论、新公共管理及新公共服务理论等不同理论为视角，解释我国城市社区治理中的公民参与也是研究的热点之一。②

其二，对我国城市社区治理中公民参与外部条件、制度保障、动力因素及参与不足等现状的实证研究。公民参与社区治理中存在的问题及原因分析是此领域研究的重点及热点，其中大多是对具体城市社区治理的个案解读。张红霞通过对上海两个具有代表性的社区居民参与情况的调查及差异性比较，证实了不同类型社区居民的收入状况、教育水平、社区认同感、生活态度以及社区居委会在居民中的形象等，对他们的参与状况、参与领域有很强的影响。孙璐认为居民参与社区活动的动力主要来自两方面，即追求共同利益和追求情感满足价值认同，简言之，就是利益驱动和认同驱动，而存在问题的原因主要是制度供给不足，国家在推进社区建设时对居民参与的制度建设缺乏足够的重视，从法律上和行政上给予社区的权利不够，社区参与的制度环境缺乏。由于我国社区建设时间不长，因而在社区建设的实践中，普遍存在社区居民参与不足问题。根据相关调查研究，学者们的结论主要集中在两点：一是社区居民总体参与积极性不高，参与人数及参与的事务领域分布不均；二是社区参与的程度不深，参与形式不丰富，动员式参与仍然存在，参与范围、目标层次较低，对社区公共事务的决策和管理方面的实质性参与较少。③

---

① 姜晓萍、衡霞：《社区治理中的公民参与》，《湖南社会科学》，2007 年第 1 期。

② 徐善登：《社区公民参与特殊性之内外审视——基于治理视阈》，《云南社会科学》，2009 年第 4 期。
涂晓芳、汪双凤：《社会资本视域下的社区居民参与研究》，《政治学研究》，2008 年第 3 期。

③ 杨雪云、周业勤：《社区参与不足的社会学解读》，《安徽大学学报》（哲学社会科学版），2006 年第 3 期。
胡慧：《社区自治视角下的居民参与有效性探析》，《社会主义研究》，2006 年第 4 期。
马卫红等：《上海市社区居民参与意愿影响因素分析》，《社会》，2000 年第 6 期。
魏娜：《中国城市社区建设中的问题及其理性思考》，《新视野》，2002 年第 2 期。
张卫：《社区参与——对南京市锁金村社区的个案分析》，《社会》，2001 年第 1 期 。
孙璐：《利益、认同、制度安排》，《云南社会科学》，2006 年第 5 期。
李海金：《城市社区治理中的公共参与——以武汉市 W 社区论坛为例》，《中州学刊》，2009 年第 4 期。
彭惠青：《城市社区自治中居民参与的时空变迁与内源性发展探索》，《当代世界与社会主义》，2008 年第 3 期。
潘小娟：《中国基层社会重构——社区治理研究》，中国法制出版社 2004 年版。
姚亮、林霖：《解读社区听证会制度》，《社区》，2004 年第 17 期。

其三,对国外社区治理模式经验的介绍及中外社区治理中公民参与的比较研究。其中对国外相关著作的翻译占了相当大的比重。乔治·S.布莱尔的《社区权利与公民参与》,美国学者理查德·C.博克斯的《公民治理:引领21世纪的美国社区》,马西恒、加鲍勃·谢比伯的《中加社区治理模式比较研究》,B.盖伊·彼得斯的《政府未来的治理模式》,珍妮特·登哈特、罗伯特·登哈特的《新公共服务:服务,而不是掌舵》,约翰克莱顿·托马斯的《公共决策中的公民参与:公共管理者的新技能与新策略》,瑞典学者埃里克·阿姆纳、斯蒂格·蒙丁主编的《趋向地方自治的新理念》等,这些著作都比较系统地介绍了西方国家兴起的社区治理及其公民参与的理论与实践经验,为中国学者研究中国社区建设和公民参与社区治理提供了广阔的国际视角。① 此外,介绍西方社区治理与公民参与经验,比较中外社区治理与公民参与的著作及论文也有很多,这些著作详细介绍了西方国家社区建设的经验和做法。②

其四,我国现有成果中存在的两种城市社区治理研究的取向。一是从社会稳定和社会控制角度,强调社区建设及社区治理是政府基层权力在街道办事处

---

① [美]阿瑟·梅尔霍夫:《社区设计》,谭心娇译,中国社会出版社2002年版。
莫泰基:《公民参与:社会政策的基石》,中华书局(香港)有限公司1995年版。
[美]全钟燮(Jong S. Jun):《公共行政:设计与问题解决》,黄曙曜译,台湾五南图书出版公司2001年版。

② 叶南客:《都市社会的微观再造——中外城市社区比较新论》,东南大学出版社2003年版。
谢芳:《美国社区》,中国社会出版社2004年版。
汪大海,孔德宏:《世界范围内的社区发展》,中国社会出版社2005年版。
侯均生、陈钟林:《发达国家与地区社区发展经验》,机械工业出版社2006年版。
于海:《加拿大社区生活中的公民参与》,《社区》,2005年第22期。
刘娴静:《城市社区治理模式的比较及中国的选择》,《社会主义研究》,2006年第2期。
聂林:《国外社区管理模式比较》,《社会观察》,2004年第5期。
王英杰:《社区服务中心的中美比较》,《社区》,2006年第2期(下)。
丁元竹:《加拿大社区服务体系建设及其对我国的启示》,《社区》,2006年第10期(上)。
[英]格里·斯托克:《新地方主义、参与及网络化社区治理》,《国家行政学院学报》,2006年第3期。
罗思东:《美国城市中的邻里组织与社区治理》,《中国政法大学学报》,2007年第2期。
王萍:《印度城市社区的合作式治理机制及其问题》,《浙江学刊》,2008年第5期。
杨丹华:《西方社区治理中的公民参与——从登哈特新公共服务理论实践谈起》,《陕西行政学院学报》,2009年第2期。
施巍巍、颜少君:《国外社区参与社会管理的特点及其对我国的启示》,《学术交流》,2009年第2期。
宋雪峰:《日本社区治理及其启示》,《中共南京市委党校学报》,2009年第3期。
范思凯:《中外公民参与社区治理案例的比较分析——基于公共权力转型的视角》,《辽宁行政学院学报》,2009年第4期。

一级的重建。这类研究重点分析社会转型后，我国基层社会体制及管理中出现的各种问题，并认为街道办事处实际上承担着单位制解体后基层的行政权力，但街道办事处又没有相应的行政权力授予，所以，权责不一致限制了街道办事处整合社区内各种社会组织、企事业单位、居民群众等资源的能力。在社区治理的实践中出现了社区居委会自治功能发挥不充分，社区公民和社区组织对社区治理的不参与、不支持等问题。这类观点还认为社区建设和社区治理并不能必然带来公共领域的形成，公民社会也很难在社区层面得到成长。“社区既非自下而上自主发育而成的地域社会生活共同体，社区建设所倡导的社区自治也主要是实现城市基层管理体制改革和社会整合的手段，那么将社区视为一个与国家相分离的市民社会就在某种程度上体现了理想主义和社区建设实践的分离与错位。”①二是运用西方各种理论（社会资本理论、协商民主理论、新公共管理及新公共服务理论）范式为分析工具，强调社区的自治性质，主张扩大公民有序参与社区治理的力度，尝试构建“小政府、大社会”的社区治理结构，转变政府职能，发展社区组织，培育公民社会，最终走向社区自治和公民治理。这两种研究取向的侧重点有所不同，前者注重研究政府行政权力对基层社会的控制与整合，这种研究取向在一定程度上为解决社区治理中出现的实际问题提出了比较现实的对策。但如何避免政府在基层社会控制中可能出现的合法性危机及社会认同降低的问题，则是需要进一步深入研究的。后者则更多地借鉴了西方相对成熟的理论，为我们研究转型期中国社区建设提供了更多的理论视角，但有些研究主要是从理论到理论，没有更多地结合我国的城市社区实际，缺乏理论与实际的结合，公民治理及社区自治的目标也仅仅只能是作为学者们书本上的研究目标。

2. 研究仍需创新

综上所述，国内学界对于城市社区建设和社区自治及公民参与的研究取得了丰硕的成果，为我们更深入地研究提供了参考与借鉴，但以往研究中也还存在着需要进一步改进的地方：

其一，重宏观研究而轻微观研究。上述研究从宏观角度探讨社区建设和社区自治的意义、作用及如何构建和谐社区，加强社会资本，促进公民参与方面的内容较多，而从微观方面探讨社区自治组织，社区多元主体利益互动及公民与

---

① 杨敏:《作为国家治理单元的社区》,《社会学研究》,2007 年第 4 期。

政府、非政府组织之间、居民与居民之间合作的内在机制的研究相对较少。

其二,理论研究的创新较少。上述研究中对中国特色的社区建设实践进行实例描述的较多,而总结规律进行理论提升的较少;分析公民参与城市社区治理出现问题的较多,而提出相应对策时的创新思维较少;对公民参与社区建设研究的定性分析较多,而定量研究较少,即使有,也大多是在街道一级层面的调查研究,尤其缺乏不同城市间的比较研究。

其三,理论和实证研究缺乏自觉的中国本土理论建构。上述研究中的理论很多借用西方理论范式,如市民社会理论、治理理论、参与式民主理论等。还有研究者自觉不自觉地套用上述分析范式,或寻求中国与西方的相似之处,或以西方为模式批判中国与西方的不同,无视中国实际,理论的解释力和说服力不够,得出的结论往往与中国实际不符。由于大多数研究缺少自觉的以中国为本位的理论建构,因此无法在具体实践中提出有指导性和针对性的理论建议。

其四,各研究学科之间缺乏整合。由于城市社区治理与公民参与的研究同时关涉到政治学、管理学、社会学和人类学等多学科研究领域,而现实中各学科之间各自为战,影响着研究的纵深发展。如果能够整合相关学科的认识和研究,当能获得更为深入的研究成果。政治学与社会学等学科之间的研究方法及理论工具的使用都缺乏学科间的整合,有时甚至相互矛盾。如实证研究中对社区参与的问卷调查等工具的使用较为笼统,调查的指标体系设置较为简单。尤其是在运用大规模问卷调查方法研究社区治理中的公民参与时,研究者习惯将居民视作一个模糊而抽象的整体,将居民的意愿和态度视为一种静态的、抽离日常社区生活情境和制度背景的选择,未能揭示出处于不同社会阶层之中的社区公民个体因其特定需求而策略性地或选择性地参与社区公共事务治理的具体现实。

我国学者的理论与实证研究一方面加快了社区治理的理论创新步伐,另一方面,社区治理也开始从学者们的书斋概念转化成了政府的政策实践。由于我国社区建设时间不长,政治学、社会学等各学科对社区建设及社区治理的理论研究还处于探索阶段,理论上的分歧也在所难免。这就需要理论工作者和实践工作者以更广的视野做更深刻的思考,不断丰富完善社区治理理论,使社区治理形成长效机制,推动社区治理持续发展。单纯依靠政府的政策宣传和学者们的学术研究,都不能实现推动社区建设和社区治理的目标。更多的还需要社区公民参与实践的扩大来逐渐认知社区治理及公民参与的重要性,并积极主动地参与社区治理以支持政府的政策与社区治理的行动。

随着城市社区建设的逐步展开,对城市社区治理进程中的公民参与行为的研究还不能适应实践的需要,公民参与的权利及利益如何实现,中国城市的基层民主及社区自治该如何推进等问题都需要我们从理论与实践方面进行更深入的研究与探讨。所以从理论上、实践上、方法上对城市社区治理与公民参与进行研究仍有较大的创新空间。

三、研究方法与篇章结构

对社区治理与公民参与的研究,无论是理论研究还是实证研究,都要借助一定的理论分析工具进行。西方理论界广泛使用的治理理论、公民参与理论和社会资本理论在中国的社会学、政治学、管理学和人类学等学科研究中也经常被使用。对这些来自西方的理论分析工具,我们不能简单地采取拿来主义的态度,也不能简单地否定,而应在借鉴的基础上,结合中国实际给予客观的评价,吸取其中有益的成分,并努力尝试构建中国本土的理论范式。

(一)理论工具的借鉴与创新

1. 对西方理论工具的借鉴

其一,治理理论。1989 年世界银行首次使用了"治理危机"(crisis in governance)一词,此后,"治理"成为政治学、行政管理、国际关系、经济学等多学科常用的词汇,并被西方政治学和经济学家赋予新的含义。我们对治理概念的兴起及内涵做一简单描述,重点分析治理理论对社区治理进程中公民参与的理论启示。

国际组织有关治理之定义有很多种,现列举如下重要的几种:世界银行认为一国在各个层次上执行其经济、社会资源之权力的行为即为治理;联合国开发署(UDNP)认为,执行经济、政治与行政威权以处理国家在各种层次之事务就是治理;经济合作与发展组织(OECD)指出,使用政治权威和行使其在社会中与其经济、社会发展有关资源处理的控制行为就是治理;渥太华治理研究中心(Institute of Governance Otawa)则认为治理包含社会中的制度、过程和全体公民,它们决定权力如何被行使,影响社会的重要决策的形成,以及在此种决策中各种不同利益如何受到调和;国际行政科学研究中心(International Institute of

Administration)认为治理是指一种过程,即社会运用其权力和权威以及影响,制定有关大众生活、经济和社会发展的政策与决策的行为;东京科学研究中心(Tokyo Institute of Technology)认为治理是指一组复杂的价值、规划、过程与制度的组合,而这一组合是社会为了处理其发展与解决正式与非正式的冲突;联合国全球治理委员会(Commission on Global Governance)认为,治理是指个人或各种公私机构管理其共同事务的诸多方式的总称。[①] 另外很多学者也从不同的角度对"治理"进行了界定。英国学者罗伯特·罗茨认为:"治理标志着政府管理含义的变化,指的是一种新的管理过程,或者一种改变了的有序统治状态,或者一种新的管理社会的方式。"[②]研究治理理论的另一位权威人物格里斯托克则将各国学者对治理的观点总结为以下五种:"治理指出自政府、但又不限于政府的一套社会公共机构和行为者;治理明确指出在社会和经济问题寻求答案的过程中存在的界限和责任方面的模糊之点;治理明确界定涉及集体行为的各个社会公共机构之间存在的权力依赖;治理指行为者网络的自主自治;治理认定,办好事情的能力并不在于政府的权力,不在于政府下命令或运用其权威。政府可以动用新的工具和技术来控制和指引,而政府的能力和责任均在于此。"[③]研究治理的学者们,虽然从不同角度对治理做出了不同的界定,但大多学者都强调,治理的多元性,如多元主体,且在多元主体中并不必然有绝对权威的存在,在社区治理及"没有政府的治理"中强调治理正是通过各主体之间的互动实现的。再如治理的工具性,治理只不过是政府对其公共事务进行多样化治理的一种工具而已,政府仍在治理过程中发挥主导作用。

治理理论出现后,在理论和实践层面都对传统管理理念进行了批判和反思,并在现实中发挥着重要的影响。治理要求重新调整国家与公民社会的关系,与传统的国家、公民划分的二元管理模式不同,治理强调政府应放松对社会的管制,授权给公民并大力发展公民自治组织,不断提升公民参与意识,鼓励公民参与公共事务,在参与实践中培育和提升公民自主管理能力。治理强调构建政府与公民间的互动合作关系,与传统管理模式中垂直命令、单一向度的模式

---

① 江明修:《志工管理》,台湾智胜文化事业公司 2003 年版,第 350 页。

② [美]罗伯特·罗茨:《新的治理》,木易编译,俞可平主编《治理与善治》,社会科学文献出版社 2000 年版,第 86 页。

③ [英]格里·斯托克:《作为理论的治理:五个论点》,华夏风编译,俞可平主编《治理与善治》,社会科学文献出版社 2000 年版,第 34—35 页。

不同。我国长期研究治理理论的学者俞可平认为,治理与统治是有本质区别的,“治理需要权威,但这个权威并非一定是政府机关;统治的权威则必定是政府。管理过程中权力运行的向度不一样。政府统治的权力运行方向总是自上而下的,它运用政府的政治权威,通过发号施令、制定政策和实施政策,对社会公共事务实行单一向度的管理。治理则是一个上下互动的管理过程,它主要通过合作、协商、伙伴关系,确立认同和共同目标等方式实施对公共事务的管理”①。治理有赖于政府、公民、社会组织间的相互信任与合作,强调政府职能由管理向服务转变,政治权力向公民社会回归,通过对话、协商、谈判、妥协来达成治理目标,实现共治。在治理理论中人的价值被重视,人不再仅仅是行政管理中被动消极地接受管理的被管理者,而是能够参与治理过程、为实现自己的利益而发表意见并在一定程度上影响治理过程的公民,也体现了“以人为本”的价值取向。

当代中国社会以经济的市场化改革为主要突破口,政治、社会领域都发生了巨大变化。社区建设实质上是国家—市场—社会不断分化与持续互动的过程,虽然政府仍然是社会变革的火车头,但政府、单位已不再是城市社会资源配置的主体,其他非营利组织、社区公众和政府一起参与社区公共事务管理,形成网状社区治理结构。我们不能简单地把社区建设只是理解为社区成员为了社区的利益而进行的活动,而应该是公共部门和私人部门、政府部门与民间组织、公民个体与市场组织等各利益主体之间持续的互动过程。

治理及社区治理概念的引入,为我们研究社区建设提供了新的视角。社区治理可以看成是治理理念在社区层面的应用,是在社会利益多元化时代,社区公共管理的新理念。首先,社区治理是社区多元利益主体对社区公共事务进行治理的互动过程。我国城市社区治理的多元主体共同参与管理社区公共事务,各种利益相关参与者,包括地方基层政府,还有非政府组织、民间组织、志愿者组织及公民等,在社区治理进程中以公开讨论、平等协商、沟通谈判及妥协互让等方式反映公共利益诉求、实现公共利益分配等参与活动。基于中国的国情,社区建设的基础也不再是政府高高在上发号施令,尽管政府仍然在社区公共事务中起基础性作用,但不再是唯一的主体,公民个体及各种社会经济组织、非营利组织和其他社会组织在社区公共事务中发挥作用越来越大。其次,社区治理

① 俞可平主编:《治理与善治》,社会科学文献出版社2000年版,第6页。

既要有正式的制度安排也包括非正式的制度安排，即国家自上而下的正式制度安排和社区内成长的各种习俗、信任、熟人约定、对话协商等非正式制度安排在共同发挥作用。再次，在社区治理中必然重视公民参与。社区治理事务过程是各种利益相关者平等参与的过程，我国城市社区治理与公民参与具有理论上和现实上的契合性。社区治理中以公共利益为取向的公共产品或准公共产品是公民参与社区治理的直接目的。社区公民在参与、合作、对话协商的过程中共享利益，公平地改善生活状况，解决其生存、生活问题，提高社区生活质量、造就有公民精神和能力的社区公民。因此，社区治理就是社区公民参与的过程，社区治理也只有在此参与过程中才能逐步达成。所以，以治理理论为视角和分析工具，探讨我国城市社区治理中的公民参与是可行的。当然，引入治理及社区治理的理论并不必然是从西方直接复制。在创建具有中国特色的、本土化的社区治理进程中，我们可以从参与社区治理的多元主体及特征、社区治理中各多元主体的互动过程，以及公民参与社区治理的多种方式等三个维度，对社区治理中的公民参与进行中国本土的理论构建。不断进行制度创新和理论创新，引导社区公民有序广泛地参与社区建设，进行社区组织体系等基本要素的建设，不断培育公民参与能力，为城市社区治理和谐发展及城市基层民主发展提供理论支持。

其二，公民参与理论。从实践上看，公民参与可以追溯到古希腊雅典的公民大会，这种定期召开的由全体公民决定城邦重大事务的公民大会是公民参与的古老形式。近代的资产阶级民主思想中也隐含了许多公民参与的思想，但明确提出“公民参与”概念并进行系统的理论研究及在实践中推动公民参与则是20世纪以来的事情。在20世纪后半叶，公民参与成为对代议制民主的一种补充，代议制民主理论主要强调公民的政治参与行为对政府活动的影响，主要指与选举投票相关的一系列行为。60年代中期，美国约翰逊政府掀起“新公共参涉运动”（New Public Involvement）的热潮，使得公民参与的含义突破了间接被动的投票行为的范围，而具有了更广泛和更多样的意义。到90年代新公共服务理论、协商民主理论、参与式民主理论和公民资格理论的兴起，又进一步将公民参与提到了更高的地位。

首先，现代公民参与阶梯理论。1969年，Sherry Arnstein的论文《公民参与的阶梯》（A Ladder of Citizen Participation），开创了现代具有可操作性的公民参与的技术与方法。伴随着现代社会运动的广泛兴起，公民参与社会事务和公共决策越来越重要。Sherry Arnstein 把公民参与分为八个阶梯,操纵(Manipulation)、训导(Therapy)、知情(Informing)、咨询(Consultation)、纳谏(Placation)、合作伙伴关系(Partnership)、代表权(Delegated Power)、公民控制(Citizen Control)。并依据公民权利的程度区分为三个层次,最高层次是“公民控制”,它与次之的“代表权”和共享权力的“伙伴关系”构成第一个层次的参与,即公民有权力去要求组织结构和程序的改变,对政府的政策等造成直接影响;第二个层次的参与被称作“象征”(Tokenism),它又包含了“纳谏”“咨询”和“知情”,公民有集会等权力,公民对政府决策产生一定的影响;第三个层次是指“非参与”形式(Nonparticipation),即“训导”和“操纵”,是由官方操纵团体以公民参与的形式达到训导公民的目的,公民的表达与政府的决策是脱节的,它实际只是要求公民“在场”。Sherry Arnstein 提出的公民参与阶梯理论实际是从公民权利角度审视公民参与,公民参与的本质就是公民权利的实现,参与被看作是一个体现公民权利与赋权公民的过程,公民意志与利益的真实表达是实现参与的第一步。“公民参与是一个公民权利的范畴。它涉及权力和资源的重置,使得那些被排除在政治和经济过程之外的尚未享有公民权益的人,能够被包容在未来的发展中。它作为一种发展战略使得未享有公民权益的人能够参与到信息分享、目标和政策确立的过程中……总之,公民参与是一种方法用以促进社会改革使人们能够分享富裕社会的资源”①。公民参与不仅仅是体现在公民的“参加”与“出场”的形式上,更重要的是公民参与在政府决策的实施管理、评估监督的全过程中所起的作用。

其次,新公共管理和新公共行政学派对公民参与的重视。以政治与行政两分及韦伯的官僚制科层制为理论基础的传统行政管理模式,导致了行政机构长期置于公民之上,公民对政府决策只有服从的义务,而没有参与决策的实际行动,致使公民政治冷漠和消极的社会行为越来越使政府的政策失去应有的效应。20 世纪 80 年代开始,民主、公正的新公共行政理论兴起,它强调公民参与是民主行政的主要内容和主要标志。如,美国公共行政学者理查德 · C. 博克斯(Richard C. Box)提出的“公民治理”模式,这个模式就是在民主与责任原则下建构公民参与结构,促进社区居民、职业政治家、行政人员之间的互动,从以

---

① Sherry Arnstein. *A Ladder of Citizen Participation*. Journal of the Royal Town Planning Institute, April, 1971.

往的以“官僚为中心”转变为“以公民为中心”。他预见21世纪是公民治理的时代，公民将更深入地参与社区事务，公民已经不仅仅是“纳税人”和公共服务的消费者，更是社区公共事务管理的直接参与者，是社区的“治理者”(citizen governor)。约翰·克莱顿·托马斯(John Clayton Thomas)则认为，为了使公民参与优势最大化和风险最小化，应构建公民参与的有效决策模型，即自主式管理决策、改良的自主管理决策、分散式的公众协商、整体式的公众协商和公共决策等。B. 盖伊·彼得斯(B. Guy Peters)提出的参与式政府治理模式，更注意广大公众参与决策的机会，认为传统官僚体制是最直接的罪恶，并试图以投票以外的方法来诱导民主参与。奥斯本的社区授权理论强调，按照企业家精神重塑一个“企业化政府”，而社区拥有的政府即通过参与式民主向社区的公民授权，让公共服务的需求者变成所有者或提供者。[①] 而20世纪90年代中期以来兴起的“公民治理”(Citizen Governance)、“公共参涉”(Public Involvement)等行动，则明确了公民参与除了对政府和政策的参与外，更多的是对公共事务的直接治理，特别是在社区层面的公民自治。鲍法德(Tony Bovaird)和劳夫勒(Elke Loffer)按照参与程度的逐渐加强，把社区公共参与分为三个层次：一是沟通，是“信息从服务供应商向公众的单向流动”；二是咨询，是“服务供应商和公众之间的双向对话”；三是合作生产，是“公众在政策决策和/或服务设计/递送中的积极参与”。[②]

再次，参与式民主理论与协商民主理论中对公民参与的强调。以美国著名学者佩特曼和麦克弗森代表的“参与式民主理论”秉承了传统共和主义对公民参与的重视。他们强调现代民主的核心是参与，公民从基层社区或工作场所开始的自下而上的参与，再逐渐上升到政治、国家层次上的参与是现代民主发展的必经之路。只有公民不断直接地参与社会和国家的管理，个人的自由和发展才能充分实现，才有可能实践负责、妥协、个体的自由发展等民主的基本价值。

---

① [美]约翰·克莱顿·托马斯：《公共决策中的公民参与：公共管理者的新技能与新策略》，孙柏英等译，中国人民大学出版社2005年版。

[美]盖伊·彼得斯：《政府未来的治理模式》，吴爱明、夏宏图译，中国人民大学出版社2001年版。

[美]戴维·奥斯本、特勒·盖不勒：《改革政府：企业精神如何改革着公营部门》，周敦仁等译，上海译文出版社1996年版。

② [英]托尼·鲍法德、爱尔克·劳夫勒：《公共管理与治理》，孙迎春译，国家行政学院出版社2006年版，第193页。

佩特曼和麦克弗森主张把代议制民主与民众的直接民主结合起来，充分强调“参与”在民主运作中的核心作用，为公民参与奠定了政治学理论的基础。20世纪后期兴起的协商民主理论正是在修正和完善参与式民主理论基础上，进一步强调在多元社会现实中，通过讨论、沟通、交流、表达、妥协等手段，就决策和立法达成共识，其核心是公民与官员之间就共同相关的政策问题进行直接的对话协商与讨论。协商民主旨在通过公民参与和理性决策，把具有不同利益诉求的公民群体之间的平等协商作为实现民主价值的一个主要方式，以公民参与决策作为民主的核心价值，提高了公民参与的民主价值意义。

最后，公民资格理论中的公民参与。对公民资格的理论研究一般以英国学者马歇尔为始端，他的论文《公民资格与社会阶级》把公民资格概括为三个要素，即公民的三种权利：公民权利（法律权利）、政治权利和社会权利。20世纪70年代到80年代，罗尔斯“社会正义结构”一直是西方政治学的核心话语。公民资格理论到了80年代中后期及90年代才开始复兴。公民资格观念的发展对“作为权利的公民资格”（citizenship - as - rights）的传统模式提出挑战。无论是共和主义、自由主义还是社群主义的学者们，都强调要重视公民参与对公民资格实现的意义。公民资格作为国家与公民个体之间的制度联结和价值纽带，将公民参与内化为其必要的内在特征，在实践上也必然要求公民积极参与公共事务。苏珊·比克福德（Susan Bickford）明确表示：“公民资格不仅仅是一种法律地位，它更是一种实践，涉及在政治领域中与他人的交流。”①巴伯（Benjamin Barber）认为：“政治领域是公民资格定义的根本领域，公民之所以是公民，是因为他们讨论并参与政治。”②公民在身份认同基础上，以理性的讨论等方式对社会不同领域进行参与，可以形成共同的意志，创造和巩固公民对政治共同体的认同，增强对公共利益的关怀。正如阿伦特所言：“如果没有对公共权力的参与和分享，就没有人能够被称作是幸福的或自由的。”③新自由主义政策破坏了公民资格的平等和友爱，福利制度出现的危机导致了“消极公民”大量存在，出现了如哈贝马斯所言“公民的私人化症状”及巴伯所说“虚弱”的民

---

① Susan Bickford. *Listening, Conflict, and Citizenship: Dissonance Democracy*. Cornell University Press, 1996. P11.

② Benjamin Barber, *Strong Democracy. Participatory Politics of a New Age*. Berkeley, University of California Press, 1984. P117 - 119.

③ Arendt, H. *On Revolution*. Harmondsworth: Penguin, 1973. P255.

主现象。所以,现在各个国家都在积极采取措施,鼓励公民积极参与社会公共事务,而不是单纯享受不履行义务的非道德权利。在欧洲,许多由社会民主党执政的国家,重建公民资格已成为一项重大的政治任务。政府主导的"活跃公民"(Active Citizens)、"邻里合约"(Neighborhood Engagement)等行动,都旨在重建公民资格,促进公民的积极参与。

上述的各派学说中,从不同角度论证了公民参与对现代民主及公共行政和公共管理的重要性,也为我们从不同角度研究我国城市社区治理中的公民参与活动提供了多种视角。

其三,社会资本理论。自法国社会学家皮埃尔·布迪厄正式提出"社会资本"的概念以来,社会资本成为经济学、政治学和社会学中的重要概念,并成为解释经济问题、政治问题和社会问题的重要范式。20 世纪 80 年代,新兴的社会资本理论又进一步为公民参与确立了更有力的理论基础。尽管不同学科的学者从不同角度来使用社会资本概念,对它的争论也从未停止过,但几乎所有学者都认同,社会资本是一种用以促进人类行动的社会结构性资源。与物质资本和人力资本相比,社会资本是存在于人们之间的关系结构之中的,例如信任、规范和网络,它们能够通过推动协调和行动来提高社会效率。布迪厄、科尔曼强调社会网络的重要性,即镶嵌于社会结构之中的人与人、团体与团体等之间关系网络的重要作用。帕特南(Putnam)在《使民主运转起来:现代意大利的公民传统》(1993)的著作中,更将社会资本概念的应用扩展到大规模的民主治理研究中。帕特南认为社会资本最主要的内容是社会信任、互惠规范(norms of reciprocity)以及公民参与网络(networks of civic engagement),三者之间是相互加强的,对于公民自愿合作及集体行动困境的解决都是必不可少的,而社会信任是其中最关键的因素。互惠规范和公民参与网络能够促进社会信任的产生,公民参与网络越密,公民就越有可能为了共同利益而合作,从而使遵守规范的公民共同体为寻求解决集体行动问题的办法,更好地促进经济繁荣和民主治理。在《独自打保龄:美国下降的社会资本》一书中,帕特南认为,二战以后美国人民对公共事务参与的减少主要原因就是,信任下降和社会资本匮乏,社会资本是公民在信任、互惠、参与、规范的社会关系网络中,通过持续互动及参与社区公共活动形成的,没有公民的合作互利及参与过程中形成的认同关系,以及长期社会交往中积淀下来的信任、规范和网络等,就不可能生成和发展社会资本。

20世纪90年代初，国内一些学者把社会资本理论引介到中国，分析其在中国的理论解释力及适用性，并尝试运用此理论解释中国的社会现象，开始关注经济政治之外的非正式因素对中国社会发展的影响。如公民之间非正式的信任、情感、互惠、社会关系、合作网络、公共精神、家庭关系等。当然中国的社会资本研究刚刚起步，怎样使传统社会资本向现代公民意义的社会资本转变，对于中国经济发展和民主治理是至关重要的问题。研究城市社区治理就必然涉及国家和公民社会的合作与互信，而其中公民意识、公民精神以及公民参与等，都是社区治理达成不可缺少的社会资本的维度，把社会资本与公民参与和社区治理相联系，为我国社区治理中的公民参与研究提供了新视角。社会资本从宏观的集体行动和社会背景下考察微观的公民参与行为，使我们看到公民社会的信任意识、规范状态及由此形成的社区网络关系等，对于社区治理的达成及公民参与行动起着重要的推动作用。可以说，公民参与在社区社会资本形成中占据核心地位，通过参与，培育公民个人关系网络、加强内部沟通，增强公民对社区的认同和归属感及现代社区意识等是公民参与社区治理的重要推动力。而社会资本的存量高低对社区公民参与的水平有至关重要的影响。对于社会资本这一分析范式，我们应在借鉴的基础上辩证地看待其在公民参与社区治理中的作用。西方也有学者批判“帕特南用它‘解释了太多东西’，并为适应概念自身而重构了历史”①。

2. 以中国为本位的理论工具的创新

大多数中国学者认为，从西方舶来的“公民参与”较早引入中国是在环境卫生、城市规划与管理方面。在当下的中国城市社区治理理论中研究公民参与行为，有学者已认识到单纯从西方理论当中寻求解决中国问题的答案是没有出路的，必须构建中国本土的理论。有学者批评从西方引进的治理理论、公民参与理论和社会资本理论等在中国都不具备理论解释力。因为西方社区治理的基础是国家与市民社会的成熟与分离，是公民社会充分发展基础上的应然设计。而在没有真正实现社会与国家分离的中国，这些理论直接拿来使用，没有实际的理论借鉴价值。② 社区治理中公民参与更多的是出于国家治理需要的一种制度性安排，而不是在制度设计成熟及公民参与文化和公民组织健全等充

---

① ［英］凯特·纳什、阿兰·斯科特主编：《布莱克维尔政治社会学指南》，李雪、吴玉鑫、赵蔚译，浙江人民出版社2007年版，第246页。

② 刘岩、刘威：《从“公民参与”到“群众参与”》，《浙江社会科学》，2008年第1期。

足条件下出现的真正意义上的公民参与。持这一观点的学者杨敏主张，回到中国本土的国家动员与群众参与的传统经验中寻求中国本位的理论工具；①还有学者认为，部分社区居民为了从占据基层社会主导地位的居民委员会中获得生活资源及发展机会而参与社区公共事务，社区居民委员会与普通居民，尤其是生活在贫困线上的社区居民及社区积极分子之间构成了一种依附关系。诚然，这种依附关系相当脆弱，居民委员会更多的是动用以感情、人情互惠为基础的半熟人社会的地方性关系网络，以维护城市基层社会的政治稳定和基层政权的合法性等，真正意义上的公民参与在城市社区并没有出现；还有学者提出，要构建中国的群众参与理论，而不使用西方公民参与理论，要对中国城市社区治理进程中的国家动员机制和动员技术、群众参与逻辑和参与策略，以及国家与群众的复杂而微妙的互动过程进行更多的理论研究；②也有学者指出，中国社区建设是政府获取合法性支持的被动变革，公民参与社区治理仍然不能脱离国家社会控制的目的，在现实城市社区建设中并没有出现真正公民社会意义上的公民参与。③ 这表明，中国学者开始尝试以本土视角思考中国城市社区治理中的公民参与问题，并试图寻求中国特色的理论分析范式。

目前我国学者对公民参与的研究路径很多，有的从国家—社会层面对公民参与国家政治生活中的选举监督进行研究，有的从公共政策和立法角度研究公民参与，还有从公民权利赋予角度进行的研究。但如果简单地从非此即彼的思维方式出发，否定西方成熟的社区公民参与实践及理论研究对我国的借鉴意义，也很难构建起具有理论说服力的解释工具。我们不能简单地认为，西方的各种理论范式在中国没有任何借鉴意义。在中国城市社区治理发展中，我们看到中国城市社区治理中既有自上而下的动员式参与，也包括社区公民自下而上的参与；既有政府自上而下的授权，也有公民自下而上的增权；我国的城市社区治理既承担着改革城市社会管理体制的任务，又承担着发展城市基层民主的任务。这些都构成了我国城市社区治理中公民参与的独特经验。所以，在合理吸收借鉴西方理论有益成分的基础上，认真分析并吸取中国本土传统理论资源，立足中国本土实践尝试构建适合中国特点的理论应是当前中国学界的重要任

---

① 杨敏：《公民参与、群众参与与社区参与》，《社会》，2005 年第 5 期。

② 刘岩、刘威：《从“公民参与”到“群众参与”》，《浙江社会科学》，2008 年第 1 期。

③ 贾西津：《中国公民参与：案例与模式》，社会科学文献出版社 2008 年版，第 6 页。杨敏：《作为国家治理单元的社区》，《社会学研究》，2007 年第 4 期。

务。

（二）理论分析框架

本书以国家与社会为总的分析框架，在借鉴西方相对成熟的社区治理理论、公民参与理论及社会资本理论的基础上，结合中国传统的国家动员、群众参与等某些合理做法，分析城市社区治理与公民参与双向互动共同推动城市社区治理发展的多元景象。

国家—社会关系理论。城市社区治理是国家与社会的共同需求。国家自上而下的民主建构为社区多方力量参与提供了法理依据和制度平台。国家和地方政府为维护社会和谐及缓解城市发展中的多种矛盾，需要从基层社会提取合法性支持与认同，城市社区治理的制度创新为公民参与提供了制度平台，为发展基层民主提供了最直接的制度空间。社区公民成为城市社区治理的基础主体。没有社区公民参与，社区治理不可能单独依靠政府推动而成功。社区公民自下而上的参与在实践上也要求国家提供制度化的发展空间，具体以城市社区治理的制度创新为研究起点，分析公民参与城市社区公共事务所展现的各种景象，重点分析城市社区治理中的公民参与对城市基层民主发展和推动社会主义民主政治的意义。本书分析框架是：城市社区治理→公民参与→城市基层民主→社会主义民主，具体地分析中国城市社区治理的制度创新为公民参与社区公共事务提供了制度平台，中国政府自上而下的主动推动城市社区治理，不仅要变革城市社会管理体制，还要推动城市基层民主政治建设；政府的主动制度供给还需要自下而上的公民参与的推动，公民参与社区治理不仅仅是实现个体权利的过程，也是推动城市基层民主发展的过程；城市社区治理中的公民参与实践强化了公民参与的效能感，增强了公民对社区的认同，参与型公民文化和社区社会资本也在公民参与中建设起来，理性自足的现代公民和公民精神也在公民参与社区事务中逐渐成长起来，为实现城市社区治理及城市基层民主奠定了良好基础，为城市公民从小范围的社区走向更广阔的社会，参与到更深层次的国家民主提供了最直接的经验。本书的理论框架如下所示（参见图1－1）。

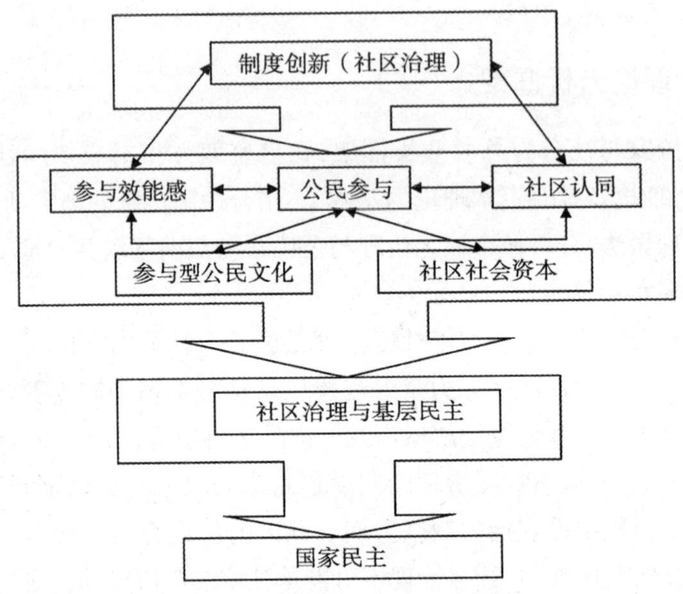

图1－1　中国城市社区治理的制度创新与公民参与

社区治理理论。社区治理理论强调地方政府不再是社区发展的唯一主导，应重视多方力量的合作与治理。我国城市社区治理既是自上而下"还权于民"缓和城市社会转型矛盾，获取政治合法性资源的制度设置，同时也是多方力量参与协商民主的直接平台。在民主、参与、责任和理性原则指导下，基层党组织、街道办事处、居民委员会、业主委员会、非营利性组织、社区公民就社区公共事务进行协商合作和责任治理，协商民主实践在城市社区运转起来。政府自上而下的推动及国家动员与社区公民自下而上参与的双向路径共同推动着城市社区治理。本书尝试以中国城市社区治理的制度创新为研究起点，对城市社区公民参与实践中存在的多重博弈关系进行论证，厘清地方党组织、地方政府、社区居委会、社区公民组织、市场组织、公民个体和社区精英的权力职责和参与定位。尤其是要客观分析两对博弈关系：一是社区公民参与力图创造的社会民主生长空间与国家力图将其纳入国家治理体系之间的张力；二是地方政府提高治理能力，维护社会稳定的执政逻辑与社区公民组织和公民个体的参与社区治理的维权逻辑的现实冲突。只有辩证分析上述矛盾，才能客观评价公民参与城市社区治理的实际行为和多元景象。本书对社区治理中公民参与的现实困境进行实证分析，并力图在扩大公民有序参与，推动城市基层民主发展的路径上提出相应对策,以应对中国城市社区治理面临的变革及城市社区治理主体多元化的挑战,从而为保障公民个体权利实现、扩大公民有序参与、创建和谐城市社区及发展城市基层民主提供理论支持。

（三）理论预设与研究方法

本书在一般理论指导下结合具体实例,对中国城市社区治理中公民参与的多元景象展开研究,在理论预设前提下进行理论探讨和实证分析。

1. 研究的理论预设

其一,公民参与是社会经济、政治、文化与制度供给和制度创新达到一定程度时才会发生的行为,一个社会公民参与广度、深度、频度、持久度及参与效果、参与动力都与该国家的经济、政治、社会、历史、文化等诸因素有必然联系。每个国家都有自己的特点,因此,西方国家的公民参与只能为我们考察中国现实提供一种借鉴,而不能作为评价中国社区治理中公民参与的标准。我们应注意在吸收借鉴基础上,自觉从中国国家动员、群众参与传统中汲取有益经验,并结合现实进行多角度的创新。

其二,中央及地方政府主动推动城市社区治理并倡导公民参与的目的应从两方面理解。一方面,是为了适应社会管理体制改革,从基层社区获取更多的国家政权合法性的支持,以维护城市社会和谐与稳定的需要。另一方面,由于中国城市社区治理的长期性与复杂性,这种主动的制度供给的有效性在很大程度上还必须依赖于自下而上的公民参与的回应与支持。因此,当变化调整的制度结构与规则适应了公民参与的需求时,自上而下的制度创新与自下而上的公民参与才能达成良性的互动与合作。

其三,“经济人”与“政治人”假设。“经济人”假设是指,政府与公民在城市社区治理中都有各自的利益诉求,并在此过程中追求自己的利益最大化。政府主动推动城市社区治理,倡导公民参与的基本动因是获取政权合法性支持及维护基层社会稳定,不排斥地方政府的政绩观在推动公民参与社区治理中的作用。而公民及各种社区自组织也是基于获取自己的利益及权利诉求去接受政府动员或自主参与社区公共事务的。“政治人”假设是指,“政治人”是生活在社会中的人,有追求公共利益和实现集体利益的责任与义务,政府为推动基层社会体制改革,要主动让渡权力给社区,从各方面为社区治理及公民参与提供各种制度资源,这是政府应主动承担的责任,而社区公民个体或组织等在享有社区治理利益的同时,也必须参与社区公共事务,承担相应的责任与义务。

其四,良性的城市社区治理与公民参与是发展现代民主的重要基础。在推动城市社区治理进程中,应该重视并有序扩大公民参与。对仍处于发展变化的中国城市社会及社区治理来说,现实公民参与总体性不足仍然在短期内难以克服。但是,对于公民参与社区治理事务范围的扩展、城市基层民主的渐进发展及由基层民主向国家民主延伸的未来趋势,我们是抱着谨慎的乐观态度来期待的。尽管这一过程可能是艰难的,甚至可能是漫长的,但并不是虚幻的。这一过程是可以在社区治理的制度创新和公民参与实践中成为现实的。这也是本研究的逻辑基点。

2. 研究方法

本书既是对社区治理中公民参与的理论研究,也是对我国城市社区治理变革进程中公民参与现状的考察。在研究过程中主要运用如下方法:

一是文献分析法。收集国内外文献材料后进行分析总结,分析中国城市社区治理与公民参与理论之间的内在逻辑联系,并试图确立我国城市社区治理与公民参与的理论框架。

二是描述性研究与解释性研究相结合的方法。"所有的研究都有两个共同的目标,那就是描述和解释。"①描述就是对特定现象与现实阐明其"是什么",解释就是对过去的事实与现象说明其"为什么"。描述是进行解释的基础。本书对我国城市社区治理中公民参与的进程、现实困境等进行描述,在此基础上,解释分析其发生、存在的原因,并为扩大公民有序参与,构建和谐社区及发展城市基层民主等提出创新建议。

三是案例研究法。主要通过对公民参与社区治理的个案进行如实描述与分析。从微观的个案出发,分析影响公民参与社区公共事务的各种制约因素等,并为社区治理的达成及公民参与的多元化路径提供建议。

(四) 篇章结构

1. 资料来源

资料来源一部分是关于公民参与的理论文献资料,主要是近十年的国内外著作和论文资料;另一部分是现实案例资料。现实案例资料来源有:一是近年

① [美]艾尔·巴比:《社会研究方法(第10版)》,邱泽奇译,华夏出版社2005年版,第127页。

来网络、报纸、杂志等媒体公开刊载的具有较大影响的实际案例及相关统计数据，二是本人工作单位的一些同事和学生在教师指导下进行的实地调研笔记或调研数据。

2. 篇章结构

本书共分为六章。

第一章，导论。主要是概括性地分析选题目的及意义，国内外学术界对城市社区治理与公民参与的研究现状，本书理论研究借鉴的分析工具与创新、理论分析框架、研究方法及篇章结构等。

第二章，公民参与城市社区治理概述。主要介绍了城市社区治理与公民参与的概念，城市社区治理与公民参与的关系，公民参与城市社区治理的动力、能力和方式及公民参与城市社区治理的具体进程。

第三章，公民参与城市社区治理与民主政治发展。主要论述公民参与城市社区治理的民主价值，公民参与城市社区治理的民主实现形式，基层民主与国家民主在城市社区的有效衔接等问题。

第四章，公民参与城市社区治理的现实困境及其成因。主要分析了公民参与城市社区治理的现实困境的具体表现，并以济南市 M 社区、D 社区为实例考察公民参与社区治理困境的成因。

第五章，扩大公民参与城市社区治理的对策。规制政府和社区的权能，政府在社区治理中必须准确定位，使社区居委会真正回归自治地位，细化社区公民参与的制度规定。构建多元化的社区自组织网络，构建参与型的公民文化，培养“积极公民资格”的现代公民等层面提出对策。

第六章，结语。

第二章　公民参与城市社区治理概述

西方的城市社区治理理论是西方在社会和政治发展过程中，为了应对新的社会变迁和解决新的社会问题而创制的理论，其理论结论也不可能完全对中国适用。在我国，无论是“社区”还是“社区治理”都是从西方引进的概念，但又并非是完全的照抄照搬，具体的引入时间我们无从考证。但我们必须对中国城市社区治理与公民参与进行具体分析，对中国城市社区及社区治理等相关概念做出明确界定，分析城市社区治理制度创新与公民参与之间的逻辑关系。在此基础上，对公民参与城市社区治理的动力、能力和基本方式及公民参与城市社区治理的基本进程等做出适合中国国情的理论解释。

一、城市社区治理和公民参与的概念

（一）社区与城市社区治理

“社区”是一个极富争议的概念，自斐迪南·滕尼斯首次提出这一概念到

1981 年，华人社会学家杨庆堃已检索出 140 多种关于社区的定义。[①] 滕尼斯在提出与“社会”相对立的“社区”这一概念时，并没有明确提出社区的地域性特征，他更多的是强调由同质人口组成、关系亲密、守望相助、疾病相抚、富有人情味的共同体。第一次世界大战后，社区研究在美国兴起。美国学者查尔斯·罗密斯把滕尼斯的“社区”翻译成了英文“community”，不仅包括社会生活共同体，而且包括地域生活共同体，与滕尼斯“社区”一词的原意已有很大的区别。1955 年，美国社会学家 G. A. 希勒里（G. A. Hillery）收集了有关社区的 94 个定义并做出结论：“除了人包含于社区这一概念内之外，有关社区的性质，没有完全相同的解释。”（Hillery，1955）

1. 社区、城市社区

在中国，“社区”一词是在 1932 年引入的。[②] 1933 年，费孝通等一批燕京大学的学生在翻译帕克的社会学论文时，将英语“community”一词翻译成“社区”。此后，社区研究逐渐成为中国社会学、政治学、经济学等学科的重要研究领域。我国学者对社区的定义也是纷繁复杂，从不同的研究视角和不同的学科领域出发，学者们对“社区”概念进行了不同的界定。费孝通把社区概念表述为“社区是若干社会群体或社会组织聚集在某一地域里形成的一个在生活上相互关联的大集体”。社会学一般将“社区”界定为利益共同体，更多强调人与人之间的利益关联性。政治学研究中的“社区”则强调其政治范畴中作为地方行政区划的独立自治性，经济学则往往将“社区”界定为物质精神等公共产品的最小消费单元。由于存在着“事实”和“价值”两个层面的社区观，有关社区的定义在社会学、政治学等领域始终存在着争议。

在中国，1986 年，国家民政部首次把“社区”的概念引入中国城市管理，提出在城市中开展社区服务工作。1989 年，社区服务的概念被第一次引入法律条文。2000 年 12 月，中国共产党中央委员会办公厅和中华人民共和国国务院办公厅，转发了国家民政部《关于在全国推进城市社区建设的意见》，标志着中国城市基层社会体制改革的全面启动。民政部门开始倡导社区建设和社区服务工作，政府要把以前覆盖的公共空间“让予”给社会，使“社区”成为一个独立的社会主体。我国城市社区演进有其自身发展的逻辑，社区自治日益成为社区

---

① 徐永祥：《社区发展论》，华东理工大学出版社 2000 年版，第 31 页。

② 1932 年末，美国社会学家罗伯特·帕克接受燕京大学邀请来华讲学，把“社区”一词带入了中国。

建设的目标取向,随着社区不断发育成熟,社区治理的模式也正在逐步形成。

借鉴学术界已有研究成果,本书将社区界定为由利益相关的群体组成的、具有共同文化价值维系力的、具有地域界定的公共活动空间。其基本属性有:社区是利益相关者组成的共同体,生活在其中的社区居民是社区的主体,居民基于共同的利益在社区中开展各种活动,满足其利益需求;社区是具有地域边界的共同体,社区是在某一地域空间内,按一定社会制度和社会关系组织起来的,人口生活在其中的地域性共同体;社区是价值文化的共同体,社区公民在相近社会分层和共同利益追求中,形成了相近的价值文化取向及共同的社区意识和对社区的认同感和归属感;社区是公民生活和社会交往的公共空间,社区首先是公民私人生活的领域,而后由私人活动的"家"再扩展到社区交往互动的公共空间,公民在其中完成私人的日常活动及社区公共利益的达成。

关于城市社区的界定,中国学界与政府部门的界定是有分歧的。从目前的城市社区研究来看,学界关心的是社区研究的方法和过程,更注重城市社区"共同体"的研究。一般将社区看作是一个有共同特质、归属感并且形成社会联系和进行社会互动的共同体。注重共同的文化与价值,不仅包括血缘、地缘和业缘关系,还包括超越社区地域的某些共同体,如信息时代的网络交往共同体等,是相对于传统社区的"陌生人社会",而不过分强调地域的界定。有的学者认为"一个街道办事处所辖的范围大致就是社区的地域空间。为了淡化其行政区划的色彩而突出社区特征,许多学者称之为'街区'"①。有的学者指出,在很大程度上社区已成为街道办事处以及居委会这些基层管理机构的代名词。② 而实际政府部门关心的社区是区域性"社区建设"的结果和成就。国家民政部基层政权和社区建设司前司长张明亮曾撰文指出"要按照便于服务管理、便于开发社区资源、便于社区自治的原则和地域性认同感等社区构成要素,对原有的街道、居委会规模做适当的调整,以调整后的居委会辖区作为城市社区的主导形式,形成社区地域"③。民政部文件也指出,"社区是指居住在一定地域范围内的人们所组成的社会生活共同体"。城市社区是指街道办事处所辖区域还是居委会所辖区域,在实际社区建设中也是不统一的。20 世纪 80 年

---

① 中国城市社区党建课题组:《中国城市社区党建》,上海人民出版社 2000 年版,第 14 页。

② 桂勇、崔之余:《行政化进程中的城市居委会体制变迁》,《华中理工大学学报》(社会科学版),2000 年第 3 期。

③ 张明亮:《城市社区建设的探索和推进》,《北京行政学院学报》,2001 年第 1 期。

代以来兴起的社区服务以及社区建设中,出现了不同的城市社区空间层次定位。如“沈阳模式”将居民区视为社区,而“上海模式”则将街道作为社区,南京鼓楼区则将街区定位为社区等。对社区理解的不同,导致了理论界与实际工作部门之间话语的紧张,出现了研究理念与实践过程中的不一致。学者们往往在学术理念的指导下开展城市社区研究,而在实地研究中则又局限于行政区划的限制,使得理论结论难于指导实际的社区建设,而理论来源于实践又要在指导实践中得到检验与升华。本书研究的最终目的是,为不断变革的城市社会管理体制及公民参与提供更有针对性的理论资源。所以,本研究中的城市社区,在地域范围上界定为经过社区体制改革后做了规模调整的居民委员会辖区。在此,从行政区划的地域性城市社区入手,比单纯的学理上的社区概念更具有确定性、可行性和操作性。这样更便于社区实际调查中样本的选择,也符合现实社区居民中大多数人对社区的定位与理解。更重要的是社区治理过程中公民参与的各种活动,包括地方政府部门、各种营利组织及非政府组织等服务项目,都在微观层面的居委会所辖社区治理的范围内展开。因此,把城市居民委员会辖区作为城市社区治理研究的社区范围,可以更清晰地考察我国城市社区多元参与主体的活动空间、社区治理事务的范围、社区公共服务的提供及公民参与城市社区治理的多种路径等。

2. 城市社区治理

1989 年自世界银行首次使用“治理危机”一词以来,“治理”迅速在政治学、管理学及行政学领域得到广泛使用。1995 年,全球治理委员会认为,治理有四个基本特征:治理是一个动态的过程并不是单纯的规则和活动;治理的手段是协调合作而不是控制;治理的领域涉及公共领域也涉及私人领域;治理是一种持续的互动,而不是正式的制度安排。社区治理可以看成是治理理念在社区层面的应用,或简单说是对社区范围内的公共事务进行治理的过程。社区治理是在社会利益多元化时代社区公共管理的新理念。社区治理有两方面的含义:一是静态的治理结构,更多强调宏观层面的治理和作为制度安排的治理,强调国家对地方的权力运用;二是动态的治理过程,在这个动态博弈过程中,政府不是社区治理的唯一主体,企业及各种 NGO 组织和公民团体及其他合作伙伴之间不是管理与被管理的关系,多元主体通过协商合作、参与对话等形式实现利益诉求。

我国城市社区治理的主旨是整合社区资源,在参与社区公共事务的动态过程中强化社区功能、增强社区活力、培育公民对社区的归属感。社区治理的工具是多元的,其中公民的自主参与是社区治理达成的重要途径。社区治理强调社区治理主体的多元化(街道办事处和社区中的党组织,地方政府和街道办事处,居民委员会、中介组织、非营利组织、业主委员会以及社区成员等)与社区治理方式的多样化,多元主体在社区治理中以公开讨论、平等协商、沟通谈判及妥协互让等多样化的方式,反映公共利益诉求,实现公共利益分配等。我国城市社区治理在现阶段基本上完成了静态的关系结构调整,进入到多元主体,包括社区行政部门和非营利组织及社区公众一起参与公共事务管理的社区治理时期。

当然,引入城市社区治理的理论并不必然是从西方直接复制,以城市社区治理为分析工具,探讨我国城市社区建设是可行的。城市社区治理更能体现出现代社区的本质和内涵,也能反映出实践中社区发展的实际情况。在创建具有中国特色的、本土化的城市社区治理进程中,我们可以从参与城市社区治理的多元主体,城市社区治理多元协作过程,以及公民参与城市社区治理方式多样化等维度,对中国城市社区治理进行理论及实践考察,并不断进行制度创新和理论创新。当然,为适应特定的语境,本书在使用城市社区治理时,也兼用城市社区建设或城市社区发展的提法。

3.“社区治理”与“社区自治”的关系

“社区自治”与“社区治理”两个概念在当前学术研究及社区治理实践中的交叉使用,说明了我国社区研究中一直存在论争。

主张社区自治的学者强调,我国城市社区管理体制的目标是社区自治。他们的观点包括:(1)社区自治,就是社区居民有自我决定社区公共事务的权利以及权利行使的方式。社区自治体现了政府以民为本的民主执政思想,是指导社区发展的理论基础。(2)社区属于社会的范畴,政府属于国家的范畴,社区自治是政府与社会协调发展、实现双赢的重要途径。(3)从法律性质上来说,社区属于社会的范畴,社区自治组织就应当属于社团法人,社区要从政府的控制中释放出来,进行自我管理,国家应当从社会空间中后退。“社区自治是政府管理之外的社会自治,即政府管理行政事务,而社区居民通过自己选举产生的自治组织来管理社区公共事务。”①而实践中“行政化倾向严重”则是阻碍城

① 桑玉成:《从五里桥街道看城市社区管理的体制建设》,《政治学研究》,1992年第2期,第48页。

市社区发展的根本性问题,要解决此问题,改革的方向和路径就是政府从社会领域的退出。(4)社区自治体现在财产自治、选举自治、组织与管理自治、教育自治和服务自治等方面。“社区自治就是地方自治。”[①]社区自治是公民社会发展的基石等。(5)社区自治机关属于国家的一部分,社区自治机关与区街政府的关系就是政府间的关系。(6)我国社区自治的两种取向,即居民自治取向与地方自治取向。我国宪法和城市居民委员会组织法规定居民委员会是基层群众自我管理、自我教育、自我服务的自治组织。目前我国城市社区建设也是依靠社区内的自治性组织居民委员会来实现的。[②]

社区自治的观点实际上是从国家—社会关系的角度理解社区建设的,此观点的缺陷主要表现为:“一是社区自治组织的‘全能化’倾向……二是政府组织与社区组织的‘对立化’倾向……三是自治要素的‘简单化’倾向”。[③] 还有的主张社区自治组织“全能化”,似乎社区自治组织可以包揽除行政事务以外的其他所有社区公共事务,但却不能解释居民委员会难以应付城市居民多元化利益诉求的现实。还有学者过于强调社区自治组织的自主权,而忽视各行为主体之间权利关系的协调等。目前,我国城市社区还没有达成自下而上自主发育的地域社会生活共同体,社区建设所倡导的社区自治仍然也主要是实现城市基层管理体制改革和社会整合的手段,是为城市基层行政体制改革提供合法性的解释等。如果将现阶段的社区看成是与国家分离的公民社会,只能是一种过于理想化的理论预期。正如有些学者指出的:“社区建设运动以及由此而引起的居委会组织变革,其本来的目的是转变政府职能,还原居委会的本来面目,实现社区自治;而在居委会组织变革过程中,虽然新的组织形式要素(如社区代表大会、居委会直选)已经产生,但是居委会组织变革真正指向的组织性质和实际运作机制却没有根本改变,甚至在某种程度上,原有的居委会组织性质还得到了加强。”“居委会在变革中被赋予的新的要素可能只是为了应付特定的制度环境,而与它的实际运作没有任何关系,人们只是有意识地把这种正式结构与组织的日常运作分离开来,并且组织运作仍坚持原来的运作机制。”于是“结构

---

① 于燕燕:《社区自治与政府职能转变》,中国社会出版社 2005 年版,第 83 页。

② 胡慧:《转型时期城市社区自治:理念、问题及建议》,《武汉大学学报》(哲学社会科学版),2006 年第 4 期。

徐君:《社区自治:城市基层社会管理的发展走向》,《国家行政学院学报》,2007 年第 4 期。

③ 陈伟东、李雪萍:《社区自治概念的缺陷与修正》,《广东社会科学》,2004 年第 2 期。

科层化、功能行政化和成员职业化”便成为社区自治改革的表现形态。这实际上是一种“不理想的变革(演化)形态,也即没有实际发展(或效益提高)的变革和增长”,社区自治陷入了“换汤不换药”的处境中,非但没有实现自治,还“更深刻地、更全面地复制了行政组织的科层特征”,居委会“政府一条腿”的作用有了更为合理的借口。[①] 在某种程度上,社区治理恰恰可以拓宽社区建设研究的理论视野。

社区治理强调社区治理主体的多元化(街道办事处和社区中的党组织,地方政府和街道办事处,居民委员会、中介组织、非营利组织、业主委员会以及社区公民等)与社区治理方式的多样化,多元主体在社区治理中以公开讨论、平等协商、沟通谈判及妥协互让等多样化的方式反映公共利益诉求、实现公共利益分配等是社区治理的重要特征。有学者主张“社区治理”更能体现出现代社区的本质和内涵,也更能反映出实践中世界范围的多主体治理和参与社区发展的实际情况。[②] 社区治理是符合我国现实的具有解释力的理论工具,以社区治理来分析我国当前城市社区建设实践在理论上是行得通的。社区治理强调合作,重视公民参与,注重培养公民精神。狭义的社区自治,强调的是基于共同的地域和文化,社区内的居民、业主对社区事务的决定。在社区自治模式下,社区容易被放在政府的对立面,从传统“中央—省—市—县区—街道”的层级结构中可以看出政府组织和社区组织被明确地分割开。而在社区治理中,社区并不排斥政府,政府也是社区治理的主体之一,政府以复合治理的方式影响社区,社区也需要通过吸纳政府的参与来获得资源、信息的支持等。政府和社区是新型的“伙伴关系”,共同致力于社区发展、促进公民参与、提升治理水平。随着为数众多的社区组织参与到社区治理中来,社区自治显然不能很好地概括社区事务治理的新变化。由于国家政策对社区自治的强调,社区自治的概念也被大多数学者及媒体广泛采用。但是,我们应该看到现实社区建设中的多元主体充分参与社区公共事务治理的现实。所以,本书使用城市社区治理的概念。

我们使用城市社区治理但并不排斥社区自治,社区治理与社区自治并不矛盾。社区自治是社区治理发展的必然结果,社区治理的目的是走向理想的社区

---

① 何艳玲:《都市街区中的国家与社会:乐街调查》,社会科学文献出版社 2007 年版,第 136—141 页。

② 周少青:《论城市社区治理法律框架的法域定位》,《法学家》,2008 年第 5 期。
陈伟东,李雪萍:《“社区自治”概念的缺陷与修正》,《广东社会科学》,2004 年第 2 期。

自治,社区自治是我国社区治理的终极发展目标。但目前我国社区建设还停留在社区治理的初始阶段也是不争的事实,社区自治的实现还是一个相当长期的过程。因此,从公民参与的角度分析我国城市社区治理现状,在社区治理多元主体参与的框架下,加强社区治理的制度建设,积极促进社区自组织等第三部门的发展,培育积极的公民参与意识,创建参与型公民文化等是实现社区治理的关键,是推动城市社区建设,发展城市基层民主的基础性工程。

(二)城市社区治理的基本原则、特征和类型

2000年11月,中共中央办公厅和国务院办公厅联合下发了《中共中央办公厅国务院办公厅关于转发〈民政部关于在全国推进城市社区建设的意见〉的通知》(下文简称"中办发〔2000〕23号文件"),对于我国社区建设的内涵、意义、原则、目标、内容等做了明确规定,[①]是社区建设及社区治理的基本文件。中办发〔2000〕23号文件对城市社区建设基本原则的规定有五项:一是以人为本、服务社区,二是资源共享、共驻共建,三是权责统一、管理有序,四是扩大民主、居民自治,五是因地制宜、循序渐进。这五项原则是社区建设的宏观指导原则,在具体的社区治理进程中我们更强调社区治理的民主原则、参与原则、责任原则及理性原则的具体运用。

1. 社区治理的基本原则

民主原则。社区治理不同于传统的社区管理与社区控制,社区治理是基于民主原则的制度创新过程。在吸纳农村村民自治经验基础上,我国城市社区治理不仅要实现城市基层社会管理体制的变革,维护城市社会和谐稳定,还要为城市基层民主发展和国家民主的实现奠定基础。因此,社区治理强调多元治理主体对社区事务的民主管理、民主参与、民主监督、民主自治,强调社区事务治理的民主平等。城市社区管理体制改革和城市基层民主建设在我国的社区建设过程中是齐头并进的。在城市经济体制改革基础上开展的城市社会管理体制变革面临着不同于农村的新挑战,城市基层民主及社区治理该如何推进,城市社区的公民权利又该如何实现,这必然要求城市社会治理模式的创新,必然要以城市社区治理的民主建设来吸纳社会体制转轨过程中的权力下放,必然需要社区多元主体来承载政府、单位剥离和转移出来的权力。城市社区治理应在

---

① 多吉才让:《城市社区建设读本》,中国社会出版社2001年版,第205—212页。

民主原则基础上，建立和健全各种制度机制，在社区内部实现上述的“四民主”，提高社区公民对社区事务的参与意识和参与效能，扩大公民有序自主地行使公民的民主权利与自治权利，实现公民多元化的利益诉求，最终实现在社区范围内消解社会基层矛盾的目标，并在建设社区共同体的过程中渐进式地推进城市基层民主的实现。

参与原则。社区治理为国家与社会的良性互动提供了制度平台，这个制度平台是开放的，是允许公民进入的，而不是封闭的。真正意义上作为城市社会生活共同体的社区，首先是在居民能够为共同利益组织起来进行集体行动的地域中形成的。“治理则是一个上下互动的管理过程，它主要通过合作、协商、确立共同目标等方式对公共事务进行管理。治理是建立在市场原则、公共利益和认同之上的合作，其权力向度是多元的、相互的，而不是单一的和自上而下的。”①公民自下而上的参与对社区治理的发展起着重要的推动作用。社区治理为公民参与集体行动创设了利益表达机制，社区治理多元主体平等的法律地位，使得公民能够与基层政府、各社区组织及市场组织等，通过沟通、谈判与协商的方式实现利益诉求。公民参与（包括自上而下的动员与自下而上的主动参与）社区治理的过程不同于社区自治单纯的“自我管理”，公民参与推动着社区治理机制与治理理念的转变。公民在社区参与网络中不断增强了对社区的认同与信任，公民参与也由最初的被动员逐渐演变为利益自主的参与。

责任原则。社区治理的多元主体不是单纯地享受国家或社区提供的各种公共服务，而是社区治理的参与者。责任原则强调社区公民或各组织在参与社区公共事务治理的过程中要具备积极的公民资格理念，在社区认同的基础上，参与主体积极主动地去关注、参与社区公共事务，这是生活在社区内的公民及各组织应该承担的责任。现实社区治理中，并不是每一位公民和每一个组织都愿意承担这种公共责任，并主动参与社区公共事务。社区治理的多元结构在某种程度上弥补了这一缺憾，社区公民可以通过选举代表，组成各种社区议事会及各种自愿组织来参与社区治理。城市基层政府及各种组织也必须承担起各自的责任，必须对社区公民负责，必须对社区公民的各种诉求做出回应。这种多元治理结构实际上是一种责任治理，它既要求社区公民要有积极的公民责任理念，也要求其他治理主体（地方政府、社区议事会、公共服务组织、各种自愿

---

① 俞可平：《治理和善治引论》，《马克思主义与现实》，1999年第5期。

组织和市场组织等)对社区担负起责任。“公民和行政官员……一起参与,共同决定要做什么,并且一起采取行动来提供社区的公共产品。”[①]“搭便车”者和“看门人”[②]的存在说明了承担责任的积极公民(activist)并不占多数,责任原则的落实并不到位,影响着公民参与社区治理的实际效果。

理性原则。理性原则要求社区治理的各主体都要遵守并服从社区治理的基本规则,这些规则可以是法律规定的制度,也可以是社区治理主体在共同参与过程中约定俗成的规则等,如:审慎、平等、妥协、宽容、恕道的处理社区事务的主观态度,以及尊重他人利益和正确对待不同观点的公正态度等。理性原则并不等同于社区治理主体可以没有感情地去参与,也不等于城市基层政府与各社区组织等,可以不顾及社区公民的感受而强制推行各种措施。按照既定规则,理性行事,可以形成多元主体之间的良性互动关系,从而减少社区治理的成本,提高社区治理的效率。

2. 社区治理的基本特征

社区治理主体多元化。社区治理的主体多元化包含两层意思,一是社区治理主体是“一主多元”,即以政府为主导,社区组织和公民等多元主体广泛参与。多元主体具体包括地方基层政府、社区非政府组织、社会上的各种民间组织、志愿者组织及公民个体等。二是多元主体不是管理与被管理的关系,而是横向的合作关系。与社区利益相关的主体在平等协商机制下共同合作完成治理任务,共同分摊治理成本、共享治理利益。基于中国国情,政府虽然还是社区治理的主导,但不再是唯一主体。政府是社区公共资源的主要拥有者,没有政府的推动,社区公共事务治理难以达成,但是政府资源也并非能够无限满足社区治理的多元需求。社区治理中的政府不再是高高在上简单地发号施令,政府的主要作用体现在动员联合其他社会组织和公民及各种资源共同协作完成社区治理任务。公民个体及各种社会组织、非营利组织和其他社区组织在社区公

① 转引自[美]理查德·C. 博克斯:《公民治理引领21世纪的美国社区》,孙柏瑛等译,中国人民大学版社2005年版,第7页。

② 美国学者理查德·C. 博克斯《公民治理:引领21世纪的美国社区》一书中将公民划分为搭便车者、看门人(watchdog)和积极的公民(activist)三种角色,其中“搭便车者”与“看门人”的公民只是将社区视为一种提供“服务套餐”的地方,而不是当作个人认同的归属。当他们对社区所提供的公共政策不满意时,他们不是通过承担责任和积极的参与设法来加以改变而是采取迁居其他能够满足其需求的社区。见《公民治理:引领21世纪的美国社区》中第3章有关公民的论述。(孙柏英等译,中国人民大学出版社2005年版,第62—63页。)

共事务中发挥的作用越来越大。

社区治理方式多样化。传统的社区统治和社区管理的权力运行方向是自上而下的，是依靠政府权威发号施令、制定和实施政策的，对公共事务的管理是单一向度的。而社区治理中既有国家自上而下的正式制度安排，也有社区多元主体依据各种社区习俗、信任、熟人约定等非正式制度安排的对话协商。社区治理方式不是单一的，而是通过合作、协商、伙伴关系等对公共事务进行治理。公开讨论、平等协商、沟通谈判及妥协互让等多样化的社区治理方式，改变了过去“单位制”下社区公共权力“官本位”的运行格局。公民与公民组织平等参与、共同决策、共享权利、共担责任，共同对社区事务进行治理，可以避免政府失效带来的诸多问题。近年来，在城市社区治理中出现的民主恳谈会、居民议事会、参与式治理等多种方式，都很好地协调了社区多元主体的利益，推动着社区治理的良性发展。

社区治理运行市场化。社区治理运行市场化是指在社区治理过程中引入市场机制，社区治理的多元主体利用市场竞争、注重效率等特点提高社区治理的整体效益。社区治理运行的市场化改变了传统的官民关系，更有助于社区治理主体之间的平等协作。社区治理运行的市场化相对于传统官僚制管理有许多优点，如市场的分权性、竞争性、回应性、质量成本意识等，可以充分发挥社区治理多元主体的各自优势，改变了传统的官僚制管理的权力垄断，有利于降低治理成本，提高治理效益。社区治理中的市场营利组织承担着政府分离出来的部分社区服务职能，如物业管理、社区文化、医疗、生活服务等，都使社区公民能够选择更多高质量的社区服务，也提高了社区治理的效益。

社区治理权力分散化。社区治理权力分散化是指改变了传统的政府自上而下的权力运作方式，使社区权力运行从单向的垂直结构向横向网络结构转变，强调社区权力的开放性和分散化。社区治理权力分散化及合理配置，能够科学界定社区治理主体权力的来源，使社区治理权力逐渐由单一的政府授权逐渐向公民授权转化。社区权力应是开放性的，社区权力不再是由政府单独垄断，而是“将部分国家权能让渡给社区，并随着社区功能的发展和完善，自觉地收缩政府的‘领地’。”①社区权力转移可以通过正式组织的科层下放或者上提来实现，也就是通常所说的通过体制性权力的内部配置来完成；也可以通过体

① 燕继荣：《投资社会资本：政治发展的一种新维度》，北京大学出版社2006年版，第168页。

制性权力向认同性权力的转移来实现,即体制性权力通过社区多元主体不断的互动,实现权力的转移和重新配置。社区治理权力的行使者必须代表社区公民的利益,这样才能获取社区公民的合法性支持与认同,才能完成对社区治理的权力的合理配置与使用。我国城市社区治理中的基层党委、城市基层行政机构与社区自治机构等形成了多中心和分散的权力架构。社区治理的权力不再是被党委或基层政府机构垄断,公民、企业、非政府组织和政府共同分享着社区治理的权力。

3. 社区治理的基本类型

1999 年,民政部先后分两批在全国 26 个城市开展了"全国社区建设实验区"工作,同时制定了《全国社区建设实验区实施方案》,在探索社区建设运行机制等方面做出了大胆的制度创新和实践创新。经过十多年的努力探索,城市社区治理基本形成了具有代表性的几种类型。① 本书中,以社区治理主体地位及作用的发挥不同为标准划分我国城市社区治理的类型。

政府主导型。政府主导型社区治理模式的主要特点有:第一,城市基层政府组织是社区治理的主体,居民委员会作为基层居民的群众自治组织的独立性和自治性还没有充分体现,街道办事处对居民委员会人员组成、社区选举、财政经费、具体任务、工作考核等仍然进行行政干预,政府事务与社区事务还无法明确区分;第二,社区治理的主要方式以行政管理手段为主,各层级政府组织对社区组织与社区资源进行直接的治理;第三,社区内的自治组织及非政府组织发展不足。由于政府处于治理主体地位,社区公共事务由多层级的城市政府管理,社区自治组织的独立性受到限制。上海的"两级政府,三级管理"的社区治理大致属于此类型,主要以行政推动为治理方式,将过去的党政权力系统下放到街道办事处,通过第三级党政系统的街道办事处和各级党政职能部门的基层单位协作治理社区事务。在上海,还有的提出了"四级网络、五级楼组"的治理思路,把"居民委员会"作为第四级的治理网络,而把实际具体工作分派到第五级的楼组。②

合作治理型。合作治理型模式强调政府的推动与社区治理的相互结合,主

① 国内学者以不同标准划分出了社区治理的不同类型,如以政府和社区之间权能关系的不同划分为自治型、行政主导型和混合型(刘娴静,2006)。也有以城市为划分标准的,如沈阳模式、青岛模式、上海模式、深圳模式等(潘小娟,2004)。

② 卢汉龙:《中国城市社区的治理模式》,《上海行政学院学报》,2004 年第 1 期。

要特点有:第一,社区治理的主体不再是政府各级组织,社区内各种自治组织和非政府组织都参与到社区事务的治理中,政府组织下放部分社会职能交由社区组织去承担;第二,社区治理方式以半自治半行政为特点,联接政府与社区的社区居民委员的自治功能有所发挥,开始成为社区治理中的重要主体;第三,社区自治组织和非政府组织得到一定程度的发展,其治理社区事务与服务社区的功能有所加强。沈阳模式大体属于此类型,城市政府管理层级减少,政府组织与社区组织由过去的领导与被领导的关系,开始向协调与合作的平等关系转变,在基层社会管理工作中加入了社区治理的思路,转变了单纯依靠党政行政管理方式进行社会公共事务管理的传统做法。

社区主导与政府支持型。社区主导与政府支持型治理模式的主要特点有:第一,社区治理的主体是社区自组织,社区自组织开始真正成为承担社区公共事务管理与决策的主体;第二,社区治理方式以民主协商方式为主,社区组织的民主选举、民主决策与民主治理成为处理社区公共事务的日常方式,社区治理的民主价值得到较好体现,正朝着较为理想的社区治理及城市基层民主政治建设的目标前进;第三,政府仍然在社区治理中发挥着指导作用,并未完全退出。政府主要从法律、制度上为社区各类组织的发展提供制度保障,并通过法律对社区组织进行监督和管理。这是一种理想的社区治理类型,社区自组织成为基层社区治理的主体,政府权力下放到社区,以社区治理为起点的强社会模式逐渐形成并发展壮大。

总体上讲,我国城市社区治理并不是在各种条件都具备的情况下开展的变革,更多的是对传统社会管理体制变动的一种被动式适应。社区治理进程并不是严格按照理论类型推进的,因此社区治理模式的划分也是相对的。上述各类型都具有共同的特征:在单位体制和街居体制相继失效的背景下,为解决转型期城市社会管理出现的各种复杂问题而启动了城市社区治理体制的改革;在各种社区治理类型中,对社区定位、组织结构、职权划分、运行机制方面的制度设计各有侧重;社区治理都依托了政府的外部推动和社区自身发展的内部推动两种力量,总体上,社区治理的制度变迁仍然是政府主导的结果,现实社区治理的开展也没有完全摆脱政府的主导与推动。

由于我国各地经济社会条件的差异,在实际社区治理中上述类型并不是明显区分的。但伴随着社区治理体制的创新,在上海、沈阳、青岛、深圳、武汉、杭州、南京等城市进行的社区治理实践都证实了我国社区治理的基本方向,即社区治理随着时间推移及经济社会各方面改革的推进而不断向前发展,社区治理的类型也随之发生适应性的调整,社区居民、社区自治组织和非政府组织会逐渐成为推动社区治理的主要力量。

(三)公民参与主体、领域和渠道

从学术研究角度而言,公民参与的概念是从政治参与中分离出来的,很长时间内二者是混用的。最早的公民参与活动可以追溯到公元前6世纪的雅典,而现代意义上的公民参与历史并不长。20世纪50年代以西方政治学者阿尔蒙德和维巴从政治文化的角度探讨美、英、意、德等国的公民参与运动开始,公民参与理论引起了学术界的关注。在既有的研究文献中,公民参与的概念在不同的学术领域和不同的议题研究中的使用是有些微差别的,常见的表述有:政治参与、公众参与、公共参与、人民参与、民众参与、居民参与等。

1. 公民参与概念在不同学科领域的使用

公民参与是现代民主政治中的公民普遍性和广泛性的行为,公民参与的权利、方式本身也是现代民主政治的主要内容。伴随着二战后政治行为主义的兴起,现代西方参与民主理论、精英民主理论和多元民主理论、协商民主理论等都对公民参与给予了充分的理论论证。亨廷顿在研究政治发展的过程及影响政治发展的相关因素时,就把公民参与作为影响政治发展的重要变量,并把公民参与的程度和规模作为衡量一个社会政治现代化程度的重要尺度。多元民主论的代表人物罗伯特·达尔在论述什么是"民主"时,提出了民主的五项标准,其中第一项标准就是"有效的参与"。公民参与理论的先驱谢尔·阿斯汀(Sherry R. Arnstein)认为:"公民参与是一种公民权利的运用,是一种权力的再分配,使目前在政治、经济等活动中,无法掌握权力的民众,其意见在未来能有计划地被列入考虑。"[①]现代政治学领域的学者更多的是把公民参与等同于政治参与来进行研究。1987年出版的《布莱克维尔政治学百科全书》把政治参与和民主的关系分为强调公民参与和限制公民参与两类。代表性的著作有米尔巴斯的《政治参与》,亨廷顿的《变革社会的政治秩序》,佩特曼的《参与和民主理论》等,这时期的主要研究集中在对政治选举行为的数量统计与实证分析

① Arnstein Sherry, *A Ladder of Citizen participation* , Journal of American Institute of Planners, Vol. 35, 1969.

上。

在行政学领域，学者们更多地使用公民参与或公众参与的称谓。20 世纪 40 - 50 年代，伴随着美国“大社会”（Great Society）法案的提出，美国开始在社会设计项目中关注公民的需求与偏好。加之各类社会运动的兴起，代议制民主在现实中遇到了各种困境，政府与公民的关系成为政府改革的主要内容。公民直接参与社会政策及公共项目越来越多地受到重视，公民参与对传统公共行政的研究范式提出了新的挑战。尤其是到了 20 世纪 80 年代以后，新公共行政和新公共管理运动及新公共服务和治理运动的兴起，公共机构开始把公民参与纳入决策机制中来，以期建立公开、透明、回应的行政机制。1990 年国际公民参与协会（International Association of Public Participation）成立，旨在推动全球公民参与的发展。根据国际公民参与协会的定义，公民参与是指公民在影响其生活的政策制定过程中（主要是行政决策）有发言权；公民对政策制定能够产生实质性的影响；参与过程中所有参与者的利益能够得到充分沟通，而且该过程能够满足参与的需要；参与过程具有开放性，便于潜在的受影响群体的参与；参与过程能够清晰定义公民参与的机制和方式。①

我国学者俞可平认为：“公民参与，通常又称为公共参与、公众参与。就是公民试图影响公共政策和公共生活的一切活动。”②贾西津认为：公民参与是指公民通过政治制度内的渠道，试图影响政府的活动，特别是与投票相关的一系列行为。而蔡定剑认为：公众参与所强调的是决策者与受决策影响的利益相关人的双向沟通和协商对话。公众参与的概念排除了选举，不包括公民或集体单方为个人或群体利益或表达意见而采取的行动，如信访、维权行动和集体申诉等，也不包括如游行、示威、罢工等街头行动。王锡锌认为：规范意义上的公众参与是指公共权力在做出立法、制定公共政策、决定公共事务或公共治理时，由公共权力机构通过开放的途径从公众和利害相关的个人或组织获取信息，听取意见，并通过反馈互动对公共决策和治理行为产生影响的各种行为。③

在社会学领域，公民参与的概念更多地表述为居民参与和社区参与等，其

① http://www.iap2.org/ iap2.affiniscape.com/displaycommon. 2009 - 9 - 2.

② 俞可平：《公民参与的几个理论问题》，《学习时报》，2006 年 12 月 19 日。

③ 贾西津主编：《中国公民参与：案例与模式》，社会科学文献出版社 2008 年版，第 3 页。
蔡定剑：《民主是一种现代生活》，社会科学文献出版社 2010 年版，第 183 页。
王锡锌主编：《行政过程中公众参与的制度实践》，中国法制出版社 2008 年版，第 2 页。

指向比较微观,使用范围相对具体。社区参与一直被视为西方民主社会自治精神的基本体现。社区参与意味着社区居民对社区责任的分担和成果的共享,它使每个居民都有机会为谋取社区共同利益而施展和贡献自己的才能,包括基层政治参与、社区环境参与、社区经济参与和社区文化体育教育参与等。我们看到不同学科对公民参与的内涵、参与内容、参与形式及参与意义等的研究并无本质上的差别,有时概念的使用是交叉的。

2. 城市社区治理中公民参与的主体、内容和渠道

对于涉及公共权力、公共政策和公共生活及比较宽泛领域的公民参与,我们主要是从广义上界定公民参与的内涵。公民参与包括了三个基本要素,即"谁来参与""参与什么"和"怎样参与",也就是公民参与的主体、参与的内容和参与的途径。本书在城市社区治理中研究公民参与,从参与社区治理的多元行动者、社区治理空间及多元主体参与治理的方式等方面,界定社区治理中的公民参与概念。具体指社区内的公民和社区自组织等参与社区公共事务活动,分享社区建设成果的活动及过程。

公民参与主体,既包括城市社区的公民个体,也包括社区的群众自治组织(居民委员会、业主委员会)、社区群众文体组织、物业公司等非政府组织和驻社区的机关、团体、部队、企事业单位等。对公民参与主体进行细分,可分为积极参与者、被动参与者与不参与者。积极参与者主要以社区精英、居委会群体、楼组长和门栋长、志愿者为主。[①] 社区内的被动参与者和不参与者的划分是相对的,因为很多参与者参与到社区各类事务时并不十分清楚是被动的、强迫的

---

① 这些积极参与者一般还是协商议事委员会的成员及各协会的成员,他们都积极参加小区的活动,并承担一定的职责。这些积极参与者一般情况下都是由对社区事务感兴趣的积极分子,中上层市民中的"极少数"社区精英等组成,他们在社区决策中的参与影响着整个社区的发展;居委会主任作为"小巷总理"是政府与居民之间的桥梁,其他居委会成员都直接与社区居民打交道,是社区社情民意的直接掌握者。楼组长和门栋长往往是社区活动的骨干分子,是社区活动的积极参与者,主要由老年人及妇女、离退休人员和下岗失业人员来担任,他们是社区民意最基层的知情者与代言者。从大到社区人大代表选举,居委会、党总支(党支部)选举,小到社区环境整治、楼道卫生、家庭纠纷等,都需要楼组长等负责任的工作。志愿者是指那些具有志愿精神,能够主动承担社会责任而不关心报酬的人,或者说是不为报酬而主动承担社会责任的人。(丁元竹、王汎清:《志愿精神与第三部门研究》;中国青年基金会、非营利组织研究委员会:《扩展中的公共空间》(中国第三部门研究年鉴 2001 年),天津人民出版社 2002 年版,第 133 页。)中国城市社区志愿服务包括自发性志愿服务和规定性志愿服务两类:自发性志愿服务是指志愿者个体或群体出于自愿而开展的义务服务;规定性志愿服务是指人们根据某种法律、政策规定或某个机构的要求而开展的义务服务(如学雷锋活动)。目前,社区志愿者协会产生往往是政府、社区组织(特别是社区党组织和居民委员会)倡导,各种组织以及志愿者积极参与这种双向互动的结果,这也说明了我国社区志愿精神及志愿服务还处于政府主导下的发育阶段。

或是自愿的。这些不参与者更多地认为居委会工作与自己关系不大,参与居委会选举或居委会动员的各种活动都是在"浪费时间"或者是"毫无用处"。也有的不参与者认为居委会选举纯粹是形式。因此,社区内的公民参与主体可能在参与社区居委会选举等政治性事务中表现并不主动或积极,但在其他方面有可能表现得相对积极。所以,对于公民参与主体的积极参与者、被动参与者和不参与者的划分更多的是为了表述的方便,并不必然区分得那么明确。

公民参与内容,可分为政治性参与和非政治性参与两大类。政治性参与是指与国家政治事务或本社区权力运作有关的公共性参与,主要是选举本区各级人大代表和社区居委会成员等。而非政治性的社区公共事务"是指以满足社区居民需求、保障社区自治权利、培育社区精神和促进社区发展为主要目的而开展的社区性社会事务,比如社区清洁卫生、社区治安、社区调解、社区融合等工作内容"。[1] 公民参与社区公共事务的内容范围在各个城市社区表现形式不尽相同,但大致可以分类如下:参与小区选举(选举居委会委员、楼长、社区咨询委员会、业主委员会成员等);代表本区居民解决社区问题(照顾贫困家庭、清扫道路等义务劳动等);向居委会提意见(书面、口头及网络论坛等);参加居委会的居民会议;参加业主委员会会议;被居委会征求过意见;参与居委会组织的治安活动和体育活动;参与社区内的妇女、青少年和老年人工作;参与居委会组织的绿化卫生活动;参加居委会组织的文化活动;参加社区义工活动;主动宣传计划生育工作;参加社区内的捐款捐物等。这里列举的公民参与社区事务的范围和内容并不能穷尽现实社区治理中公民参与的多元景象,在具体的公民参与实践中更应该具体问题具体分析。当前城市社区治理中的公民参与除了定期参与政治性的选举与投票外,更多的是集中在非政治性的社区公共事务活动领域。

公民参与途径或渠道,指公民在既定制度规范内的参与途径,如选举、表态、执行、管理、决策、监督、观察、投诉、抗议、示威等。除此之外,社区居委会、社区党组织、业主委员会、各种社区协会、社区自组织、民间组织、网络媒体、社区内的市场组织等都介入了社区公共活动,这些组织既是社区治理中公民参与的部分主体,同时又发挥着公民参与组织载体的重要作用。正如马克思所说:"只有在共同体中,个人才能获得全面发展其才能的手段,也就是说,只有在共

① 陈伟东:《详解社区事务》,《社区》,2003 年第 6 期(上)。

同体中才可能有个人自由。”[①]这里主要是从公民参与的组织载体角度进行论述，与前面的公民参与主体的划分并不矛盾。

社区居委会。社区居委会是公民参与政治性事务的主要渠道。社区治理中的社区居委会不再是政府的神经末梢，它履行职责不再是单纯的行政行为，其职责主要是办理本社区居民的公共事务和公益事业，组织居民开展自治活动，突显居委会民主选举的自治原则，充分实践基层民主。如社区居委会换届选举，公民通过参加居委会选举可以让社区的领导人思考，他们能为居民们做哪些事情。此外，选民可以选有能力的人，对居民有用的人，选民的意识已经增强了，选民也要求被选上的人能够为小区做些事情并办成某些事。[②]

社区党组织。2004 年《中共中央组织部关于进一步加强和改进街道社区党的建设工作的意见》中强调，社区党组织在工作中应以居民的利益为导向，关心居民利益，使居民对其工作满意。有的调查还证实了在社区中的党员大部分都积极参加社区的各项活动。他们有的组成了“党员志愿服务队”，发挥党员带头作用，有的定期参加“党员活动日”的活动。在有的社区，党支部定期进行学习、开会、读报等活动，有的党支部关注社区的贫困家庭、失业人员并与之结成对子给予帮助等。

各类社区自组织。社区自组织是指建立在社区公民协商、共识、信任、合作基础上的，不需要外部强力介入而治理社区公共事务的组织。[③] 社区自组织包括两类：一是由社区公民自发组成的社区内小社团，包括满足公民个性化需求而成立的小团体，如社区腰鼓队、晨练队、交谊舞队、合唱队、读书会等，也包括为他人和社区公共事务提供社区服务的公益性质的志愿者服务队、楼道互助小组等。二是基于解决社区内利益纠纷以及与社区外组织进行重大问题协商的各种社区论坛等。这是社区公民基于群体利益，经过自愿结合形成的组织。它的功能主要是社区公民内部、社区各组织之间及社区与基层政府之间解决利益

① 《马克思恩格斯选集》(第 2 卷)，人民出版社 1995 年版，第 119 页。

② ［德］托马斯·海贝勒、君特·舒耕德：《从群众到公民——中国的政治参与》，张文红译，中央编译出版社 2009 年版，第 130 页。

③ 自组织是指一个系统无需外界特定指令而自发或自主地从无序走向有序，形成结构性系统的过程。系统论分支的协同学创始人哈肯(H. Haken)认为：“如果一个体系在获得空间的、时间的或功能的结构过程中，没有外界的特定干涉，我们便说该体系是自组织的。这里‘特定’一词是指，那种结构或功能并非外界强加给体系的，而且外界是以非特定的方式作用于体系的。”(吴彤：《自组织方法论研究》，清华大学出版社，2001 年版，第 5—6 页。)我国学者中使用此概念的较少，陈伟东等学者对此有一定的理论研究。本书使用自组织概念重点是为了和居委会等自治组织加以区分。

冲突、平等协商、沟通、妥协再到达成共识、消除内部分歧和化解冲突的协调机制,如社区内的选举工作服务队、志愿者协会、公民论坛等。社区公民通过此方式参与社区各类事务,能够避免对社区事务出现"事不关己,高高挂起"的搭便车行为,逐步培养社区的公共精神和对社区的认同。

小区业主委员会。小区业主委员会是在社区中有私有住房的业主为维护自身利益而组织起来的新兴组织。业主的利益与开发商或物业公司之间的利益纠纷是经常发生的,有时业主经常以集体行动的方式抵制和抗议开发商或物业公司的侵犯业主利益的做法。业主委员会的组织成员只限于固定的小区,而并不是整个社区范围,它们主要是协调处理业主们与开发商及物业公司的纠纷(如物业费、建筑维修、故障排除等)。尽管业主委员会在一些社区处于起步阶段,但业主委员会也因其自治性质越来越多地受到社区公民的重视及肯定,大部分社区公民遇到问题也愿意通过业主委员会获得帮助。

社会上的民间组织。民间组织主要指的是在社区内部吸纳社区公民参与服务社区公共事务或者是外部的民间组织直接介入社区,为社区公民提供方便的非政府和非营利民间机构组织(NGO & NPO)。如在浙江宁波海曙区开展的"社区参与行动"就是一个促进城市社区参与式治理的非营利民间机构。① 越来越多的NGO组织走进社区,发动社区公民参与其中,从方方面面促进公民参与的发展。如2009年北京东四社区启动首个"乐和社区行动",带动越来越多的社区居民参与并自觉选择低碳生活。②

---

① "社区参与行动"的宗旨是帮助中国城市社区建立和提高社区参与能力,推动持续性的社区参与式治理,促进和谐社区的建立。向城市社区提供社区参与的信息、咨询和培训;开展中国城市社区参与式治理试点的行动研究;传递社会创新理念和实践;收集城市治理案例和出版物出版;在政府、专家学者、NGO和城市社区间建立沟通、交流网络与合作平台;培育社区自组织发展。并开展了"地方城市社区参与式治理行动模式"试点,相继在宁波市海曙区望春街道和段塘街道、辽宁省鞍山市铁东区站前街道、北京市大兴区清源街道等发展出了不同模式的城市社区参与式治理模式。其中,社区参与行动在宁波市海曙区与区政府合作开展"政府与社区合作治理"项目。这是中国第一个在街道层面上政府、社区和民间组织合作开展的社区参与式治理项目,2004年12月,"社区参与行动"与美国百花研究会组织了面向各地社区工作者的"社会可持续性社区领导力发展培训"活动,对街道干部和社区工作者进行社区治理理念、参与性方法、参与工具的培训等。具体资料参考附录1中的案例。

② 2009年"乐和社区行动"在北京社区推行两年的生态社区项目,使社区居民走出家庭,积极参与"乐和"行动,通过提升和改变居民的意识和行为,推动生态理念和技术在社区的应用和实践,并通过互动活动,组建社区居民"乐和社区"行动小组、居民环保社团等,改善人与人之间冷漠的关系,建立新型和谐的邻里关系,倡导崇尚自然的"乐和"生活理念,建立参与式的社区治理机制,最终实现可持续的社区生态改善共同建构城市居民的和谐家园。http://www.chinadevelopmentbrief.org.cn/newsview.php?id=11252010/5/10(中国发展简报网站)。

社区内的市场组织。进入社区治理过程的市场组织是看到了市场的空间，政府主导下的社区也乐于同各种市场组织合作，把有些社区事务交由市场组织去做。城市社区治理中就出现了“×××进社区”等名目众多的项目与活动。这种市场组织主要是依托社区服务站开展带有市场营利性质的商业活动，如代办业务范围内的证件、代缴水电费等日常生活费用，引进社区居民生活需要的商业服务等。

新兴的网络媒体。网络媒体更多的是指社区公民通过网络论坛或是传统媒体参与社区治理、维护权益行使权利的一种新方式。这种新兴方式，尤其是网络论坛已经成为反映社区公民真实需要的一种重要渠道。有了社区网络论坛，居民们可以不留名不留姓地大胆诉说意见和建议。“论坛”已成为社区居民沟通和交流的一个重要平台，增进了居民沟通、了解民声民情，通过论坛，不但可以征集到很多居民的建议，还可以调解邻里关系和矛盾，拉近居民关系。这其中又以城市的新建商品房小区的业主论坛最为典型。小区业主可以通过网络探讨问题，维护权益，包括和开发商及物业公司的权益争斗；也可以聊天交朋友，诉说家长里短，这些交流融洽了业主之间的关系，有利于化解“都市冷漠”。

除了正式的参与渠道外，还有非正式渠道。在公民参与社区活动中，这种非正式渠道就是各种熟人关系。其中社区公民与社区内的公职人员之间的熟人关系在特定社区公民群体的参与中发挥着重要作用。依托这种熟人关系，公民会积极参与社区事务，为实现自己利益寻找更直接或成本更低的平台。[①] 而另一种熟人关系则是社区内的居委会成员或楼组长或社区的精英等，更多地利用自己与某些居民的熟人关系开展工作。在号召社区居民响应社区选举活动或其他公益性质活动时，这种非正式的熟人关系作用有时很重要，很多社区居民碍于熟人关系或是面子，不好拒绝而去参加各种社区活动。

我国城市社区治理中的公民参与是动态的、历史的和具体的，在不同的时序空间中呈现出不同的特征。本书在学术表达上统一为城市社区治理中的公民参与，但在具体行文中有时为表达方便，也称居民参与或社区参与。

---

① 如和社区居委会主任关系相处好的社区居民，尤其是下岗失业人员，可以更多地获取就业帮助或就业机会，如被雇用为社区保安或安排一些临时性的工作；“低保户”获得更多的社区资助；个体经营者获得更大的经营空间等。而社区内的精英人士也可以更好地利用与居委会或居委会成员之间良好的人际关系获得更高的社区地位或更多参与社区决策的机会。

二、城市社区治理与公民参与的关系

政府是城市社区治理的启动者,我国城市社区治理是一种自上而下的政府主导的制度创新,社区治理的制度创新为公民参与和实现基层民主提供了直接的制度空间和平台。但城市社区治理的过程又是一个动态的社区公民参与的过程,公民参与不仅仅是社区治理的内在机制要求,也是推动社区治理的主要动力和手段。没有社区公民参与,社区治理不可能单独依靠政府推动而成功。城市社区治理与公民参与之间有着内在的逻辑关系。

(一)社区治理为公民参与提供了制度平台

联合国社会局1955年出版的《经由社区发展推动社会进步》报告就指出:"社区发展是一种经由全区人民积极参与充分发挥其创造力,以促进社区的经济、社会进步情况的过程。"[①]在现代社会社区中,"人们必须参与都市运动,并在其过程中发现彼此的利益,人们以某种方式分享彼此的生活,新意义也就有可能产生"[②]。我国城市社区治理的特点,决定了自上而下的政府推动与公民自下而上的参与是推动城市社区治理的双向动力。社区治理中的公民参与是多元主体进行合作博弈的过程,其中有争议分歧,也有合作协商。通过参与激发了公民及社区自组织的社区认同,通过参与的历练提升了公民的主体意识和参与意识,同时壮大了横向的社区治理网络及社区社会资本,推动着社区治理和城市基层民主的发展。

1. 城市社区治理的制度创新为公民参与提供了良好的空间

我国城市社区治理是国家自上而下的制度创新,但要实现社区治理,需要有良性的公共权威和公共秩序,需要有保证公民享有自由、平等权利的制度机制,需要有赋予公民参与足够的制度空间等多项条件的保障。按照诺思(North)广义的制度(Institution)定义,[③]我国城市社区治理的制度创新,不仅是

---

① United Nation, *Social Progress through Community Development*,1995,P17.

② [美]曼纽尔·卡斯特:《认同的力量》,社会科学文献出版社2003年版,第69页。

③ 制度被理解为某一社区正式及非正式的游戏规则,这些规则控制着人类的相互作用。这一制度既包含着成文的程序规则,也包含习俗和标准。制度是一个社会的博弈规则,或者更规范地说,它们是一些人为设计的、形塑人们互动关系的约束。从而,制度构造了人们在政治、社会或经济领域里交换的激励。这是诺斯的观点。参见青木昌彦:《比较制度分析》,上海远东出版社2001年版,第6页。

静态的宏观制度安排,更是一个动态的治理过程。“制度影响着个人和集团在已有制度内外的行为方式,影响市民与领导人之间的信任关系,影响政治共同体的普遍期望,影响社区的语言、认知和规范,而且还影响各种概念如民主、正义、自由以及平等等的涵义。”①社区治理的制度变迁,不仅适应国家改革城市基层管理体制的需要,而且为公民参与社区治理提供了制度平台。社区制度的创新必然对涉及其中的各行为主体的思想和行动(公民权的实现、公民精神的养成、参与效能感的提升、主动参与的扩大等)产生影响,这种变化调整的制度结构与规则不断回应、满足、激发着公民参与的需求。

首先,多元的社区治理结构有利于公民参与。我国城市社区治理结构是“一主多元”,即以政府为主导,社区自组织和公民等多元主体广泛参与社区公共事务的治理。以社区为平台,政府行政调控与社区自治机制相结合、政府行政功能与社区自治功能互补的社区治理结构,是社区治理成功的制度保障,也同时为社区公民自愿参与、社区自组织自主管理、政府自觉依法行政提供了制度平台。街道办事处和以社区居委会为代表的社区自组织开始从“权力虚体”向“权力实体”转变,城市居民委员会作为基层群众性自治组织成为公民参与的主要载体。政府不再参与到具体的社区治理事务中,而是把社区的行政权力直接交给社区居民委员会和其他社区自组织。所以,城市社区治理结构的创新为公民参与提供了良好的制度平台。以沈阳市社区治理结构为例,社区治理结构包括了决策机构、执行机构、议事机构和领导机构,形成了“议行分离、相互制约”的运行互动机制。决策机构是社区成员代表大会,是社区中的公民与社区内的单位代表联合组成的,以定期召开会议决定社区重大公共事务的组织,是社区内的自治权力机构。社区成员大会由社区全体18周岁以上的社区公民或户代表及社区单位代表参加,每届任期三年。社区成员大会每年至少召开两次会议,若有涉及社区公民利益的重大事项或三分之一以上的社区代表或社区协商议事委员会提议,可随时召开。执行机构则是社区委员会,与调整后的居民委员会实行一套班子两块牌子,是社区成员大会的办事机构,主要对社区成员大会负责,并接受其监督。社区委员会下设环保文化等岗位,由社区委员会成员分工负责,各岗位又分设治理协会、计划生育协会等。议事机构是社区协

① James G. March and John P. Olsen, *Rediscovering Institutions: The Organizational Basis of Politics*, New York: Free Press, 1989, P159.

商议事委员会，经由社区成员大会选举或聘任产生，一般由社区内的人大代表、政协委员、公民代表及常驻社区的单位代表组成，在社区代表大会闭会期间行使对社区事务的协商与议事，并对社区管理委员会的工作进行监督。领导机构是社区党组织，下设社区党委、总支和支部，是社区工作的领导核心。我们发现这种社区治理的制度创新模仿了城市政府组织结构，这是因为我国的城市社区治理的制度创新主要是由中央政府和地方政府主导的，在社区中移植城市政府组织结构是一种防范制度变迁风险的低成本创新方法。这样可以在较短时间内组建社区组织机构，满足城市社区发展的制度需求，也可以降低制度变迁中信息成本、协商成本、实施成本和监督成本，以规避制度变迁中的政治风险。除此之外的其他社区治理模式基本上也有类似的机构，如上海的社区管理委员会、社区事务咨询协商委员会及居民组织等，青岛的社区代表会议、社区委员会、居民小区自治组织等的设置为社区公民参与提供了制度保障。

其次，社区各类组织的发展为公民参与提供了更多的渠道。城市社区居民委员会作为城市居民“实现自我管理、自我教育、自我服务的基层群众性自治组织”，成为社区公民参与基层事务，实现利益诉求的重要形式。公民除了参与居委会的政治事务外，“发挥社会组织在扩大群众参与、反映群众诉求方面的积极作用”也是公民参与的重要组织形式。社区各类非政府组织、民间组织、志愿者组织等在社区公共事务中发挥的作用越来越大，其独立性和自主性也在加强。有的地方出现了新兴的社区管理委员会、监察委员会、社团组织、企事业组织等社区组织，承担着公民与政府之间的沟通与协调的功能。以利益诉求为基点的社区公民参与必须以社区自组织为依托。各类社区组织也有助于促进公民个体对其自身行为和社区事务承担更大的责任，更好地促进公民权的发展。以社区自组织发展为标志的公民社会也在公民参与实践中渐进发展，并在与政府的合作博弈中逐步地推动着中国公民社会的发展。

2. 城市社区治理承担的民主任务要求扩大公民参与

我国城市社区治理担负着双重任务：一是国家启动城市基层社会管理体制改革，维护城市基层社会稳定，“把城乡社区建设成为管理有序、服务完善、文明祥和的社会生活共同体”的任务；二是保障公民基本权利和程序正义，实现基层群众自治，使城市社区治理成为中国民主政治发展的基础性工程的任务。我国城市社区治理可以看作是一种内在的政治民主化过程，在缓解城市贫困、解决社会问题、培养公民民主意识、发展基层民主等方面发挥着积极作用。公民参与社区治理是城市基层民主的实践起点和必然要求。

首先,居委会直接选举是公民行使民主权利的直接途径。社区居委会是城市社区治理的现有制度依托,也是公民参与的直接形式。社区居委会的民主选举是居委会民主管理、民主决策、民主监督的前提,民主选举既是公民参与社区公共事务,行使选举权的过程,也是实现社区公平和正义的过程。公民依据自身利益需求参与社区居委会的直接选举,行使社区公民的民主权利,推动社区治理。政府自上而下的主动动员和组织实现了政府强力推动与社区公民自下而上的民主集体表达的互应,实现了政府行政管理与基层群众自治的有效衔接和良性互动。从制度上吸纳了公民参与的需求,创新了基层民主的实现途径。“因为真正的选举能够消除各种非正义和歧视,使社会每个成员都获得平等的政治权利和各种机会;而且因为真正的选举能将社会各种各样的意志集中起来并予以适当的反映,使社会生活能在一定程度上按大多数人的意愿进行。”①推进社区居委会直接选举,说明了国家自上而下的赋权与社区公民自下而上的增权,共同创建着基层社区的民主空间,勾勒出参与式民主框架下基层社区民主的轮廓。从1998年开始,城市社区居委会开始“直选”试点,到2002年,很多城市社区实现了直接选举。北京、上海、南京、杭州、济南、郑州和武汉等地都进行了城市社区居委会的选举改革。在2003年的广西柳州、北海、贺州、钦州、防城港、百色地区、河池地区等8个地区中共有364个社区进行了直接选举,约占这8个地市社区总数的54%。绝大部分社区直接选举的选民参选率都达到80%以上。柳州市柳南区的2个城市社区选举中,采用了国际上比较通用的秘密划票间的做法,同时也有国外的选举观察团在这2个社区进行了现场观摩。这是中国城市社区选举中第一次有外国观察员进行观察。② 社区直接选举已具备了集体表达公民意愿的民主功能。直选的“小巷总理”也是继村委会直选后,我国民主政治建设的又一尝试和巨大进步。社区居委会直接选举加深了社区公民对社区的认同感和归属感,增强了社区成员的主体意识、参与意识和民主意识。公民参与社区政治及公共事务的最直接途径就是参加城市社区居委会直接选举,这也是城市基层民主政治的有效演练。

其次,城市社区是扩大公民参与和发展基层民主的最直接场所。参与是民

① 林尚立:《选举政治》,香港:三联书店1993年版,第29页。
② 李凡:《城市社区直接选举五年》,《新民周刊》,2003年9月30日。

主的应有之义,但民主与参与之间又存在着现实的张力。从国家宏观层面上分析,一方面,民主与公民的直接参与密不可分,但另一方面,现代国家的政治现实又使得大规模的直接参与变得不可能。但如果把宏观的民主放在公民生活的村落和城市社区的微观层面进行考察的话,我们发现,公民在参与社区治理事务中不断增长的参与意识和参与热情,不断积累的参与技能和参与知识,不断增强的参与效能感,不断成长的公民精神等,都为基层民主的实现创设着各种有利条件。公民在社区治理的多方博弈过程中逐渐学会以和平、合法的理性方式表达利益诉求,逐渐习得了现代民主的规范、程序和规则,逐渐培养了理性宽容地对待公共问题的习惯,公民的政治认同和现代民主素养不断积淀,社区居民逐渐转化为权利自足的现代理性公民。以社区为单位的公民社会也在公民参与实践中不断壮大,基层民主在公民的社区生活中逐渐转化成真实,实践着“国家一切权力属于人民,从各个层次、各个领域扩大公民有序政治参与”的目标。正如杜威所言:“没有什么力量可以疏离与割裂人们对家庭、教堂和邻里社区的精神皈依,没有什么力量能够摧毁人们回归地方家园的行动……虽然我们说尽家庭和邻里组织的所有不足之处,但是,它们永远是培养民众精神的首要组织。借助于家庭和邻里组织,公民性格得以稳步地形成,公民特有的草根思想得以逐步确立。民主必须始于公民的家园,而这个家园就是我们生活的邻里社区。”①因此,城市社区是扩大公民参与、发展基层民主的最直接场所。

(二)公民参与是城市社区治理的基础主体

中国城市社区治理和基层民主的发展,有赖于现代国家与现代公民社会的共同成长,有赖于政府自上而下的主动推动和自下而上的公民参与的良好合作。当政府主动提供了社区治理的制度平台后,公民参与是城市社区治理的达成及城市基层民主的基础主体。

1. 社区治理达成的双向路径——政府动员与公民参与

城市社区治理任务的实现仅仅有政府的制度安排是远远不够的,无论是实现城市基层社会稳定还是发展城市基层民主都要有公民参与的发生。自上而下的制度安排为公民参与社区治理提供了制度保障,政府努力地通过现有制度

---

① 转引自孙柏瑛、李卓青:《公民参与:社会文明程度和国家治理水平的重要标识》,《上海城市管理职业技术学院学报》,2006 年第 3 期。

依托实现国家权力下沉到社区,并开展各种形式的公民教育,提升公民意识,有意识地对公民参与的需求加以激励与引导,政府的主动动员是社区治理达成的重要途径。但再好的制度安排如果得不到基层民众的认同与支持,没有公民自下而上的参与实践,社区治理也仅仅只能停留在制度构建的层面,并不能达成现实的任务。"在这样一个时代里,如果没有公众的积极参与,政府很难使其行动合法化。"①。"治理之所以被视为比政府统治可取,就是因为它体现为一种更具参与性,因此便也更为民主的过程。"②"只有通过积极地参与才能够最有可能达到最佳的政治结果,这些最佳的政治结果不仅反映了公民作为一个整体的广泛判断或特定群体经过深思熟虑的判断而且也符合民主的规范……通过参与可以获得满足最大多数公民利益需求的规则和决策。"这也被称之为"民主道德"。而"民主道德假定,个人的要求可以通过所有人对决策过程的参与来得到最好的促进,并且参与不仅仅是一种工具价值,而且参与对于民主公民权的发展也是必要的。"③"离开公众的参与,行政人员或专家往往无法获得制定政策所需的全部意见,甚至得不到正确的主张,无论是公共部门还是私人部门,没有一个个体行为者能够拥有解决综合动态、多样化问题所需的那部分知识与信息。"④只有公民才最了解自身的公共需要,政府和任何组织都不能包揽,公民在争取自己利益的过程中,必须过问并参与和自己利益密切相关的公共管理过程。政府也只有吸纳公民参与公共事务管理,广泛听取民意和集中民智,才能促进社区公共服务和基层治理的实现。社区公民自下而上的参与实践对应着政府自上而下的制度供给,社区治理在政府的主动动员与公民参与的双向路径中得以实现。这种制度性的安排,可以有效避免社区治理中出现过度的"参与爆炸",也为国家维护城市社会稳定、基层政府获取合法性支持及解决基层社区治理中的问题提供了工具性的渠道。

2. 社区治理为公民主体性的构建提供了最直接的场域

---

① [美]盖伊·彼得斯:《政府未来的治理模式》,吴爱明、夏宏图译,中国人大学出版社 2001 年版,第 59 页。

② [法]Christoph Eberhar:《法律、治理与可持续发展:几点初步思考》,让居易译,http://www.jus.cn/ShowArticle.asp? ArticleID =654 2010 -2 -10(中国法理网)

③ [美]珍妮特·V. 登哈特、罗伯特·B. 登哈特:《新公共服务:服务,而不是掌舵》,丁煌译,中国人民大学出版社 2010 年版,第 36 页。

④ 李惠斌、薛晓源:《中国现实问题研究前沿报告 2005—2006》,华东师范大学出版社 2006 年版,第 213 页。

在社区治理中，公民参与不仅仅是出席、在场、列席或者旁听，参与意味着社区公民或组织有资格在社区各项事务中实行管理、监督并承担主要职责。新型城市社区治理强调多元主体共同参与治理，就必须突出公民的主体性。公民的主体性包括公共事务决策的主体性、治理事务的主体性、社区文化建设的主体性等。传统社区管理中的公民是被排除在社区事务的决策之外的，新型社区治理强调公民参与决策的过程之中。现在国际上流行的社区参与式治理项目就是一种很好的社区公民参与方式，充分体现了公民的主体性。在社区文化建设与社区认同方面，社区公民对文化建设的参与权、对社区及城市的文化保护与发展的权利等，都应该得到承认与保护。规模和范围都较小的城市社区恰恰为社区公民的主体性构建和各种公民参与社区治理项目提供了最直接的场域。

现实社区公民基本表现为要么顺从、服从现行体制，要么作为积极参与者，表达利益并要求有所改革。公民参与的直接历练可以为现代民主发展培养合格公民。我们可以把社区公民分为三类，一是主动参与的积极公民，二是“搭便车者”①，三是消极不参与的公民。具有现代公民意识的公民，一般会主动参与社区公共事务，而参与的实际效能又反过来会激励他们成为现代“积极公民资格”的公民；“搭便车者”更多的是只关心与己利益最密切的事务，大多数是指望别人出头露面，自己响应，分得利益。这更需要制度激励与外力推动，当他们发现积极公民资格的参与者的参与成本与参与效能和收益回报成正比时，他们就有可能转向积极的参与者，反之，则会导致他们放弃参与机会，成为消极不参与者。这些公民又占了社区居民的大多数，所以怎样才能使这些人转化成现代民主的合格公民，除了进行公民教育提升公民意识及政府的适度动员外，更多的应该是促进公民的“实质性参与”及主动参与。只有公民在主动参与过程中实现其利益诉求并真切感受到参与的实际效能，才能建构公民的主体性及“主人翁责任感”，才能提升其自助与互助的能力，才能促使更多的公民向积极

---

① 奥尔森对“搭便车者”的分析认为，除非一个群体中个体的数量很少，或者除非有强制或其他的特别措施使个人根据他们的公共利益而行动，有理性的、寻求自我利益的个人不会采取行动以实现他们共同的或集团的利益。见[美]曼瑟尔·奥尔森：《集体行动的逻辑》，陈郁等译，上海三联书店 1995 年版，第 2 页。

公民转化,并在具体真实的社区参与中转变为权利自足的现代理性公民。①

三、公民参与城市社区治理的动力、能力和方式

有了城市社区治理的制度供给和创新,公民参与城市社区治理有了制度的驱动和保障,在社区治理的制度平台上,利益驱动和社区认同的驱动也是公民参与城市社区公共事务的主要动力。有了参与社区公共事务的动力后,公民个体或公民组织参与的能力也是公民参与城市社区治理需要考察的重要内容。公民参与城市社区治理实现利益诉求,在公民参与的动力和能力的制约影响下,必然会呈现出不同的参与方式。

(一)公民参与社区治理的动力

1. 制度的驱动

从制度供给的角度来看,国家自上而下推动的社区治理制度创新是公民参与的制度驱动力。"小政府、大社会"是城市基层社会管理体制创新的指导理念,政府开始从具体细微的社区日常事务中退出,而赋予社区更多的自治功能。在"以人为本、社区依法自治"的总原则下,构建以社区自治系统与政府行政系统共生的城市社会管理机制,基本上形成了政府依法行政、社区自主管理、社区人自愿参与的城市社区治理的多种模式。如上海模式将社区定位于街道,"沈阳模式"将居民区视为社区,而南京鼓楼区则将街区定位为社区,武汉江汉区则定位为"小于街道、大于居委会"之间的新社区等,都重新对社区居委会的自治功能进行了定位,在制度上保证了社区不再是政府行政的子系统,改变了过

① 由于公民参与政府治理过程中公共利益的相关性和相容性的特点(公共利益的相容性是指增加新的受益者并不会减少原有受益者的利益,相关性是指公共利益受到损害,不仅仅是我一个人受到损害,而是同一社群的其他人也受到损害。)决定了现实中大多数公民充当着"搭便车者"与"守门员"的角色,公共利益的增加或减少不会直接使公民个人利益比别人更多或更少,所以公民个体对公共利益的态度是让别人去奉献,自己则坐享其成,积极的公民(activist)并不占多数,影响着公民参与治理的实际效果。

去的"准行政组织"地位和"上面千条线,下面一根针"①的尴尬处境,保障了社区居委会的自治性和自治功能(公民的自我教育、自我管理、自我服务、自我监督职能)。街道办事处把本来属于社区自治权利的社区"人事权"(如居民小组长的推选等)、社区资金支配权和社区资产管理权等归还给社区自治组织(如居委会的经营性房产、低保申办初审权等),做到权随责走、费随事转。② "社区组织成立了,有了工作内容,但要把工作做起来,而且要做好,社区组织就必须有职、有权、有钱,这就需要区、街政府部门放权让利,这是保证社区自治的关键。"③社区治理的制度创新体现了"小政府、大社会"的创新理念,在制度创新过程中始终坚持把政府社会职能转变、理顺街道与居委会关系、建立有效行政运行机制与发展社会自治机制、培育民间力量、吸纳公民参与等结合起来,为城市社会管理体制改革和扩大公民参与,重构城市基层社会提供了制度平台。

社区治理的制度架构是居民参与社区公共事务和公共管理的平台。根据《中华人民共和国居民委员会组织法》精神,经过民主协商和依法选举,各社区都建立了完备的"议行分设"的社区组织的架构。虽然各地称谓不尽相同,但一般实行决策层、议事层、执行层相分离的体制。社区成员代表大会、社区居委会和社区协商议事会等组织的建立及社区党组织的核心保障地位,基本上比较明确地界定了社区党组织及各组织在社区治理中的职责权限。社区党组织是社区治理的领导核心,其职责及领导方式是把握社区建设的总体方向和基本的原则,并不介入具体的社区事务。社区的权力决策机构(社区成员代表大会)一般由社区居民和社区单位代表组成,每年定期召开会议,讨论决定社区的重大事项及选举社区居委会成员等工作。社区自治工作执行机构(社区居委会)成员由招选人员、户籍民警、物业公司负责人等组成,是专业化、职业化的社区

---

① 调查显示,过去居委会日常工作多达147项,名目之多,项目之杂,几乎涵盖了区政府有关部门方方面面的工作,有悖于群众性自治组织的性质。其中最突出问题是承担多项收费:治安费、计生费、综合治理费、军人保证金、残疾人就业基金、军人抚恤费、绿化费、防汛费、城镇义务兵征收费、社区服务管理费、水费、电费、卫生费、房租费、人口普查费、有线电视费、防"四害"费等。在新的制度框架下,原居委会承担的不合理的行政事务全部回归各行政部门。见陈伟东:《城市基层社会管理体制变迁:单位管理模式转向社区治理模式》,《理论月刊》,2000年第12期。

② 有两种情况:一是区街政府部门需要社区居委会协助处理"与居民利益有关的"工作时,经有关部门批准,并征得社区组织同意后,区街政府部门必须同时为社区组织提供协助所需的权利和必要的经费,不得借协助之口行下派任务之实,只交任务而不交权利;二是区街政府部门做不好也做不了的社会服务性职能向社区转移时,必须同时转移权利和工作经费,做到"谁办事、谁用钱,谁负责、谁有权"。

③ 陈伟东:《城市基层社会管理体制变迁:单位管理模式转向社区治理模式》,《理论月刊》,2000年第12期。

工作者，他们对社区成员代表大会负责、报告工作，发挥其教育、服务、管理和监督的职能，代表居民行使民主议事、民主管理、民主决策的权力，是社区内最高权力组织的常设机构。社区自治议事监督机构(社区协商议事会)的成员由社区内的人大代表、政协委员、知名人士、居民代表、单位代表等组成，在社区代表大会闭会期间行使对社区事务的协商、议事的职能，并对社区管理委员会的工作提出建议进行监督，这些人员都是兼职的，不领取任何报酬。社区自治组织的基本架构明确了各自的职责和工作方式，各组织都在制度的规定下行使自己的职责，基本形成了社区居民、社区组织、社区驻地单位等共同参与社区治理的制度架构。此外，《社区自治章程》《居民公约》等社区自治的各种规章制度也在实践中基本形成，公民参与社区治理有了较为完善的制度供给。

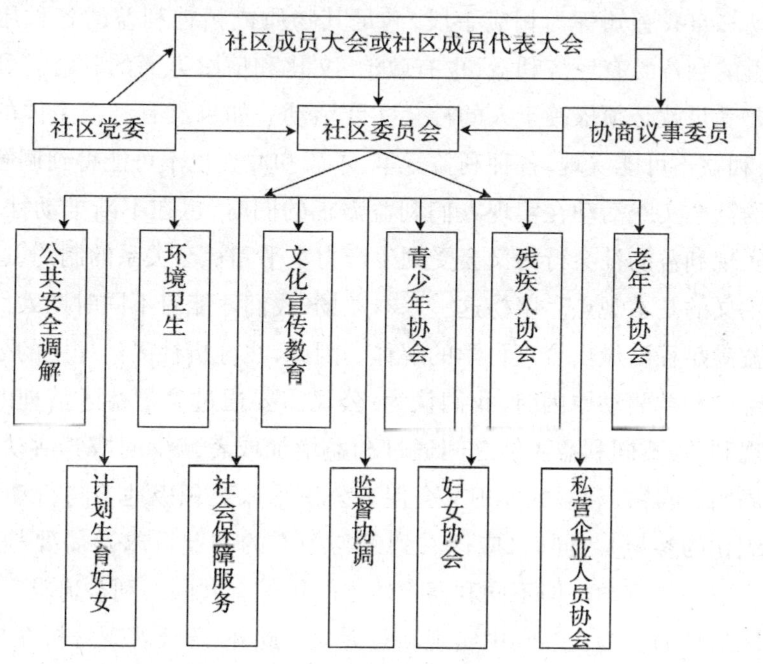

图 2－1 沈阳市社区治理组织机构

在我国现有政治、体制和文化环境中，城市社区治理仍然主要由国家及政府推动，没有国家及政府主动的制度创新及强力推动，单凭公民责任权利意识自觉和参与行动是不可能的。国外的社区建设经验也表明，国家的制度引导与供给为社区居民提供了非常广阔的制度化参与空间，社区公民通过制度化渠道亲身参与社区事务，通过参与行动增强了彼此的信任与合作，居民的社区认同和参与积极性也才会被调动起来。社区公民选择制度化的参与途径,并在参与过程中不断提出更多的制度创新要求,促使政府不断地进行制度改革。而制度供给也在型塑着参与者的行为与观念,在双向互动的过程中,社区治理的制度创新为公民参与提供了制度化的驱动力。

2. 利益的驱动

追求利益成为人类历史活动的基本动力。公民参与社区的公共事务,必定有其利益的诉求,利益的驱动是公民参与社区治理的基本驱动力。

首先,需要是形成利益的根本前提,不断追求各种各样利益以满足其需要是人们进行社会实践的基本动力。我们在考察城市社区治理的公民参与行为时发现,公民个体或社区组织在参与社区公共事务时,以社会规范、文化习俗、他人行动和自我感知等为相应手段,满足其物质或精神利益的各种层次的需要。这里的利益既有经济利益,也有政治、文化和情感方面的利益。利益主体的需求要满足就必须依赖于人的社会实践活动。如果没有利益主体的社会实践活动,利益不可能实现,各种利益竞争、矛盾和冲突也不可能得到调解。而利益主体的社会实践活动在实现人们利益需求的同时,也在不断推动社会进步。但人类实现利益的社会行为又会受到生产力水平和社会关系的制约,这就是历史唯物主义的基本观点。坚持这一基本立场,我们才能对不同时期人们利益追求及利益满足程度做出合理科学的解释。因此,在分析社区治理中的公民参与行为发生的利益驱动原因时,我们认为:公民需要通过参与社区治理的行为实践来实现利益,不同利益主体之间通过利益增加或者减少的博弈活动,最终实现共赢局面;而各方利益的实现又会促进公民采取更积极地参与行动(居民个体或组织化的参与)。同时,应该看到参与各方的利益诉求及需要是不同的,不可能采取一致行动。但不同利益主体之间仍然有共同的利益追求,可以通过参与社区治理的行为在互动中实现利益诉求。此外,还要客观分析在公民参与社区治理、实现利益的过程中会有种种限制,并不是所有的公民参与行为都必然成功。这样我们才能客观分析利益驱动下的公民参与行为呈现出的各种景象(如积极参与行为、搭便车和不参与等)。

其次,社区公民参与行为开始从关注个体利益向关注公共利益转化。在社区治理中,公民参与的利益驱动一方面是公民要实现个体利益,如,行使民主选举权、维护社区安全卫生、参加各种文体活动等。另一方面,公民参与在实现个体利益的同时,又在社区公共生活中有着现实的或潜在的公共利益驱动。居民在长期的社区共同生活中形成的社区公共利益有:优美的社区环境、良好的公共服务、和谐的人际关系、健康向上的社区文化等。这些公共利益与生活在社区的每一位公民都息息相关。社区的公民个体不可能关起门来生活,不可能只为关心和追求个体利益而参与社区事务。他们在实现个体利益的同时,也必须为整个社区的公共利益尽责,也只有这样,个体利益的实现才有可能。从社区治理层面讲,社区公共事务也必须依靠社区内的居民或组织来参与协商解决,单纯依靠居委会或上级政府机关的推动是不可能最终实现社区治理的。公民个体或组织必须参与到社区事务中来,在个体利益诉求实现的同时也促成了社区公共利益的实现。

个体利益的叠加并不必然转化成公共利益,公共利益也不会自然地成为社区成员之间共同参与、协商合作的直接驱动力。我们很难区分在具体的公民参与行为中到底是个体利益在驱动,还是公共利益在发挥主要作用,有时二者是交互在一起的。我们认为,社区公民及各组织在对个体利益有了明确的认知后才会对公共利益有较为清晰的认同。基于个体利益追求基础上的公民参与行为在多方之间的竞争与合作中逐渐达成对公共利益的认同,这是一个渐进的过程,而此过程必须先由实现公民个体利益开始,由个体利益追求出发再到公共利益的达成。这一理论观点,不同的学者有不同的解释。亚当·斯密认为:"个人通常既不打算促进公共的利益,也不知道他自己是在什么程度上促进那种利益……他所盘算的也只是他自己的利益。在这种场合,像在其他许多场合一样,他受着一只看不见的手的指导,去尽力达到一个并非他本意想要达到的目的。也并不因为事非出于本意,就对社会有害。他追求自己的利益,往往使他能比在真正出于本意的情况下更有效地促进社会的利益。"①奥尔森的"集体行动逻辑"则认为,理性的个体行为一般不会导致理性的集体结果,反而会出现"集体行动的困境"。这表明集团成员的"搭便车"倾向阻止了集体行动,即对于公共物品而言,个人在集体利益中的份额十分微小,即使某成员提供了集体物品,他也不能排除其他人分享集体收益,因此,个人没有参与集体行动的积极性。但集体行动的逻辑"可以解释为什么有一半的美国公民不参与投票,但它无法解释为什么毕竟还有另一半的美国公民参与投票"②。只有当公民意识

① [英]亚当·斯密:《国民财富的性质和原因的研究》(下卷),郭大力、王亚南译,商务印书馆1974年版,第27页。

② 高春芽:《集体行动的逻辑及其困境》,《武汉理工大学学报(社会科学版)》,2008年第1期。

到，通过提升社区生活的整体福利和社区公共利益，通过邻里的互助互惠等活动，才能改善个体生活质量，才能实现个体利益的时候，公民参与才能转换为积极自觉、有效的参与行为。而现实中的公民个体“事不关己，高高挂起”的态度阻碍着社区内公共利益的生成。再加上社区没有相对独立的经济资源、权力资源给居民带来实实在在的直接好处，而社会发展的开放性也使得公民个体利益需求及实现并不完全局限在社区范围内。他们的工作收入、社会地位及个人名望等都超出了社区的范围。在不同城市不同社区，相当多的公民参与还主要是为实现个体利益而发生的，公民参与中仍然存在“搭便车”和不参与的现象。当然，在经济发达地区的城市社区里，也有一部分公民参与已经走出单纯为实现个体或家庭利益而参与的制约，开始向为社区公共利益而参与的方向转化。这主要体现在部分社区的积极参与者身上，他们大多是社区内的离退休人员、志愿者、社会 NGO 和 NPO 的人员。在社会关系越来越复杂、组织化程度越来越高的现代社会，仅仅依靠个体力量去实现利益的成本会越来越高。更多的时候，集体行动会更容易达成目标，所以，社区公共利益可以在个体利益基础上不断培育并生长，社区公民参与也会由过多关注个体利益向关注公共利益逐渐转化。

马克思主义学说和西方功利主义学派也都解释过人们政治社会行为背后的利益驱动因素。相对而言，公共选择理论的计量分析模型更为精细。公共选择理论以“经济人”追求个人效用最大化作为分析公民参与行为的基本依据，剖析了公民参与行为的利益动机，试图揭示个体自利行为与公共利益追求两者之间的沟通与互动。由于个体理性与“公共产品”及集体理性并不必然一致，有时还表现为矛盾和冲突，公共选择理论对现代西方社会中存在的公民参与冷漠现状及民主发展前景也是持困惑态度的。①

---

① 奥尔森在《集体行动的逻辑》一书中分析到，对于个体而言，不参与是最好的选择，“有理性的、寻求自我利益的个人不会采取行动以实现他们共同的或集团的利益。”（[美]曼瑟尔·奥尔森：《集体行动的逻辑》，陈郁等译，上海三联书店 1995 年版，第 2 页。）为避免和解决“搭便车”和“理性的无知”等及公民参与的消极和冷漠现象，公共选择理论提出了“选择性激励”“强制的民主接受”。恰当的“选择性激励”可以达到消除部分成员的“搭便车”现象，但是“选择性激励” 对于普遍的大范围的公民参与的作用是有限的。“强制的民主接受”认为公民参与是对社会价值认同和追求基础上的一种表达方式，公民参与除了追求利益的内驱力外，集体或组织还必须对其成员保持一种外在强迫力，以化解一些成员“理性的无知”和“搭便车”的企图，使其成员能够协调一致，共同行动实现集体目标和公共利益。德尔和韦尔瑟芬认为：“在集团内要使合作的策略变得吸引人，而不合作策略被劝阻或者甚至被排除，制裁就变得不可缺少。”（[荷]汉斯·范登·德尔、范·韦尔瑟芬：《民主与福利经济学》，中国社会科学出版社 1999 年版，第 110 页。）

对于社区治理中的公民参与而言,社区公共事务涉及居民的公共利益越多,居民对于社区的依赖程度越高,居民的参与动力就越强。而我国城市社区所提供的公共物品目前还比较有限,社区公民对社区的认同和依赖都不强,也就自然会出现公民参与不足及"搭便车"的现象。具体到我国社区治理中公民参与的利益驱动,我们认为公民个人或组织在坚持自身利益的同时,又不能脱离整个社区、社会和国家而存在。公民在参与社区治理时,既有自身内在的个体利益需求,也有外在制度、社会和社区的推动。由于社区的公共利益并不必然与社区每个公民的个体利益直接相关,因此,作为一项具有公益价值的社区参与活动,公民采取集体行动时并不总是与参与者个体利益需求完全对称,而这又必须在很大程度上依赖公民的公共精神和奉献精神等意识层面的内心支持等。所以,公民参与社区治理的利益驱动也不是单一的,很难用单一的利益因素来加以解释。利益是推动公民参与的刚性驱动力,但不是唯一因素,社会的共同价值观念、社区认同、风俗习惯、宗教文化等因素在推动公民参与行为时也发挥着重要作用。

3. 社区认同的驱动

认同(identity)是哲学、社会学、政治学研究的重要议题,关于认同的概念,不同学科的学者从不同角度给出了不同定义。[①] 认同是一个"求同"和"存异"同时发生的过程,认"同"与求"异"都必须在特定的社会边界中确认,超出此边界,认同就变成了求异。只要社会存在边界,有着不同群体的划分,就必然有内外区分,我与他的区别。由于区分"我的社会"和"他的社会"的边界是不断变动的,因而会产生出不同的认同来。小到个人自我身份的认同,大到民族国家

① 弗洛伊德从心理学的角度把认同看作是个人与他人、群体或模仿人物在感情上、心理上趋同的过程,即社会群体成员在认识和感情上的同化过程。安东尼·吉登斯则在社会哲学层,把认同看成是社会连续发展的历史性产物,它不仅指涉一个社会在时间上的某种连续性,同时也是该社会在反思活动中惯例性地创造和维系的某种东西,是人寻求自身本体性安全的结果。哈贝马斯则强调,应从人的自我发展与社会进化的关系的共生性、同一性、一致性等方面解释认同。查尔斯·泰勒则从文化层面来理解认同概念,认同问题关涉到一个个体或族群安身立命的根本,它所要解决的是如何确定自身身份的方向性定位问题。涂尔干则强调认同是一种"集体意识",是将一个共同体中不同的个人团结起来的内在凝聚力,这一凝聚力并不排斥某一群体与其他群体的差异性。认同概念的界定各有侧重,但一般来说认同都包括自我认同(self identity)或是个人认同(personal identity)和社会认同(social identity)两个层面。自我认同是对"我是谁"的回答,具体指自己对自我现况、生理特征、社会期待、以往经验、现实情境、未来希望等各层面的感知,统合而成为一个完整、和谐的结构,是追求自我统一性及连续性的感觉。社会认同是"我"对"社会"的观念与态度,是个人拥有关于其所从属的群体,以及这个群体身份所伴随而来在情感上与价值观上的重要性知识,也就是个体作为一个群体成员方面的自我观念。

的特征界定等,这就是“认同”的复杂性。从社会层面看,认同是确定群体的符号边界、实现内群体(ingroup)向心力的生产和再生产、确立群体的内向的合法性的必要条件。“个体通过社会分类,对自己的群体产生认同,并产生内群体偏好和外群体偏见。个体通过实现或维持积极的社会认同来提高自尊,积极的自尊来源于内群体与相关的外群体的有利比较。当社会认同受到威胁时,个体会采用各种策略来提高自尊。个体过分热衷于自己的群体,认为自己的群体比其他群体好,并在寻求积极的社会认同与自尊中体会团体间差异,就容易引起群体间偏见和群体间冲突。”①在建构主义学者看来,认同虽然是想象的,但同样具有实在的意义,对现实社会和民族国家有强大的建构作用。卡斯特认为不同的认同可以产生出不同的社会,而不同的民族国家共同体的建立以及不同民族国家之间冲突的重要根源都与认同有着强大的关系。② 所以,认同对群体价值的作用重大。社会学学者直接把社会认同与“社区认同”“社区认同感”“社区归属感”等概念等同使用。本书主要从社区成员的集体意识及社区归属感对公民参与社区治理事务的作用方面使用社区认同概念。所谓社区归属感是指社区居民把自己归入某一地域人群集合体的心理状态,这种心理既有对自己社区身份的确认,也带有个体的感情色彩,主要包括对社区的投入、喜爱和依恋等情感,是居民对社区的一种自觉自愿的情感认同,是社区居民强烈关注本社区并积极参与社区活动的结果。

首先,公民社区认同的产生。社区认同是社区公民个体或组织在交往活动中彼此从自我出发而寻求共同性的过程和结果,它是不同主体之间通过不断变化的合作交往等手段,使自身的价值观念重新定位,以适应社区整体利益与群体价值的过程。这种合作协商强调共同的利益与价值,但又相互尊重与承认自由主体之间的独立性、差异性及多元性,是不同利益主体之间的相互沟通与协作。这种交往与合作是以多元主体的平等为基础的互动过程,是不同主体努力摆脱自身局限性并高扬自身主体性的过程,这种相互协作也必须是使多方主体受益的过程。唯有此,社区治理中公民参与的多元主体才能在合作协商中逐渐

① 张莹瑞、佐斌:《社会认同理论及其发展》,《心理科学进展》,2006 年第 3 期。

② [美]曼纽尔·卡斯特:《认同的力量》,夏铸九等译,社会科学文献出版社 2003 年版。[美]本尼迪克特·安德森:《想象的共同体:民族主义的起源与散布》,吴叡人译,上海人民出版社 2005 年版。[美]塞缪尔·亨廷顿:《文明的冲突与世界秩序的重建》,周琪等译,新华出版社 2002 年版。

凝聚起对社区的归属感与认同感。当然在合作沟通中必须有规则可遵循，这种规则包括对社区利益共同体的整体认可，对社区权力及公共组织的承认，对社区公共利益的维护，对社区公共物品价值的共同享用，对社区社会资本的信任，对社区归属的心理依恋等。社区认同的形成有多种途径，有基于共同利益诉求而产生的，有基于共同生活居住的社区范围产生的，有基于邻里交往网络产生的，有基于共同的心理情感需求产生的，也有国家的公民道德教育宣传等产生的。由利益而导致的社区认同在现实社区治理中是最为明显的。比如，商品房小区业主基于房屋私有产权和对小区公共设施及公共空间的共有物权产生对小区的认同；社区居民可以通过具体的社区服务、社区治安、社区保障等获取直接的物质利益或其他情感及社会归属的满足，逐渐增强对社区的认同。这里有经济利益，也有政治、文化和情感的利益获取，社区内的公民个体或组织在参加集体行动或社区公共事务时为利益而参与，对于自己生活的社区内徒步可及、伸手可触的共同资源的参与可以激起社区居民对这些公共资源的享有欲，在分享公共资源的过程中的偶然相遇、无意点头，进而发展成相互熟识、自愿结对的邻里关系等都强化了他们对社区的认同。由于社区是一种小型的“面对面交往的共同体”，是一种能够维系社会团结、具有强大集体凝聚力的“生活家园”，生活在其中的公民有凝聚共同精神需求的潜力，他们在社区安全卫生、环境秩序、生活质量等方面的共同需求，可以增强对社区的归属与认同。社区集体利益和公共事务也推动社区成员因为公共物品的相互依赖而形成对社区认同的凝聚力。

其次，社区认同对公民参与社区事务的驱动。在公民参与社区公共事务的治理中，如果把利益驱动作为刚性驱动力，社区认同就可以看作是软性驱动力。社区成员基于社区的归属感和认同感而非某种理性的利益计算促使公民参与行为发生。很多时候，社区成员明知道自己所追求的公共物品为社区所有人共享，却仍然愿意承担时间精力等成本而参与其中，这就是社区认同的情感因素在起着重要作用。社区认同的强度与公民参与社区公共事务有正相关的关系，“低度认同者在行动的决策中更注重个人利益的计算，而高度群体认同者则感到了忠诚和团结，并由此克服了集体行动中个人成本方面的障碍。”[①]居住时间

① 陶传进：《集体行动难题与中国社会转型》，中国人民大学2002年博士论文，第26页，中国博士学位论文全文数据库。

较长的居民对于社区环境的变迁通常更敏感和关注,也更容易参与共同利益和集体行动;在社区邻里关系网络中的地位影响较大的居民也更愿意主动参与社区公共事务,并承担社区治安、环境卫生等责任。再如,对社区满意度高的社区居民更愿意认同"社区是我家,我家靠大家"的集体意识的宣传等,并更愿意积极主动参与社区各类事务。社区认同对我国社区治理中公民参与的驱动,更多体现在老城区的传统单位社区或最初由单位建设的居民区或新兴的商品房社区中。这里的社区成员一般通过面对面的接触而产生了较强的社区认同,"社区就是家"的归属感和集体意识较强。在社区组织各种文体协会等,将有共同爱好的居民汇聚在一起,这些爱好者在参与文体活动时,创造出了共同的需要及对社区的集体认同,尤其是得到了社区中老年居民的认同支持;近几年,新兴商品房小区的"业主维权运动",使得居民由于购买商品房的产权,在对社区公共设施及公共空间的共有物权基础上,对社区环境和社区质量更加关注,形成了比较一致的共同利益和集体意识,产生了较强的社区认同和权利意识,加强了社区的凝聚力。

在国家社区治理的制度创新框架下,社区成员的公共利益诉求与社区认同在现实公民参与社区治理中是相互作用的。由于社区利益主体的多元化需求及利益分化的存在,构建社区公共利益至关重要,它可以使社区成员在共同利益基础上产生参与社区事务的愿望。而共同利益与社区认同又是相互促进的。一方面,社区集体利益和公共事务将推动社区公民的广泛参与,并不断培育出社区成员之间的密切联系及社区认同,在对公共物品的相互合作过程中形成对社区的情感凝聚力,这会促使社区成员更积极地参与,公民更自觉地承担对社区的责任与义务。另一方面,社区认同的不断强化,又加强了社区成员对社区共同利益的认知,因而更容易达成共识和采取集体行动,使社区人习惯于从社区获得公共物品的供给与消费,使社区人更加关注社区提供的公共物品质量的优劣好坏,使社区居民不得不去参与到与己利益直接相关的社区公共事务中。因此,不同的理性个体基于社区共同利益,通过自愿、赞同、主动的公民参与实现利益诉求,同时互惠交换的规范及社区归属感与认同感也在参与网络和社区组织合作中慢慢地形成,并不断推动着公民采取共同的集体参与行动。

(二)公民参与社区治理的能力

关于公民能力的研究,国内外学者取得了丰硕的研究成果。有的学者从政治角度出发，把公民能力等同于公民政治能力；也有学者把公民能力与民主政治需要公民具有的公民美德联系起来讨论。[①] 国内学者少有专门研究公民能力的，而更多的是从公民教育、公民文化、公民素质、道德教育、思想政治教育、人的现代化等层面探讨公民能力的内容，以及提高公民能力的方法及途径等（如外部制度环境、发展直接民主、扩大参与、提升公民教育等）。[②] 我们这里重点讨论的是公民作为社区治理的主体应该具有的参与公共事务的主观能力和客观能力，包括公民参与权的法律保障、公民参与能力的主观意识、公民参与应有的政治知识的习得、利益表达、合作协商、沟通谈判的各种能力等，不涉及公民的道德能力。

1. 公民参与权的法律保障

现代公民参与理论的创始人 Sherry Arnstein（阿斯坦）在《公民参与的阶梯》一文中论述了公民参与是公民权利的重要表述的观点："公民参与是一个公民权利的范畴。它涉及权力和资源的重置，使得那些被排除在政治和经济过程之外的尚未享有公民权益的人，能够被包容在未来的发展中。它作为一种发展战略使得未享有公民权益的人能够参与到信息分享、目标和政策确立的过程中……总之，公民参与是一种方法，用以促进社会改革使人们能够分享富裕社会的资源。"[③]并指明没有权力分享的参与是空洞的，所以公民参与权的享有是公民参与行动的前提。

---

① 德国学者胡贝图斯·布赫施泰因（Hubertus Buchstein）提出二个层次的公民能力：关于政治决策实质的认知能力（公民政治选择的能力），关于发现政治决策程序的程序能力（公民对政治程序的忍受和利用能力），集体共有、以情感为基础的意向（也称习惯性能力，指付诸于行为的能力）。见王浦劬：《民主、政治秩序与社会变革》，中信出版社 2003 年版，第 23 页。英国学者昆廷·斯金纳认为每一个人作为公民需要拥有一系列能力，这些能力能够使我们自觉服务于公共利益，从而自觉地捍卫我们共同体的自由、并最终确保共同体的强大和我们自己的个人自由。见许继霖主编：《共和、社群与公民》，江苏人民出版社 2004 年版，第 74 页。加拿大学者威尔·凯姆利卡（Will Kymlicka）认为公民除了一般美德与经济美德外，还必须有民主秩序运行需要的四种美德（公共精神），包括评价政府工作人员表现的能力以及参与公共讨论的愿望，公正意识，以及辨别并尊重他人权利从而缓和自我要求的能力，礼貌与宽容，团结与忠诚的共享意识。（马德普：《中西政治文化论丛》，天津人民出版社 2003 年版，第 27 页。）威廉·甘斯通（William Galston）指出了四项公民品德：一般品德（勇气、守法、诚信），社会品德（独立、思想开通），经济品德（工作伦理、有能力约束自我满足、有能力适应经济和技术变迁），政治品德（有能力弄清和尊重他人的权力、要有提出适度要求的意愿、要有能力评价官员的表现、要有从事公共讨论的意愿）。（［加］威尔·金里卡：《当代政治哲学》，刘莘译，上海三联书店 2004 年版，第 519 页。）

② 如沙莲香的《中国人素质研究》，河南人民出版社 2001 年版。马振清的《中国公民政治社会化问题研究》，黑龙江人民出版社年 2001 版。时延春的《公民政治素质研究》，郑州大学出版社 2005 年版。

③ Sherry Arnstein. *A ladder of Citizen Participation*. Journal of the Royal Town Planning Institute, April, 1971.

公民参与权是法律赋予公民个体或组织的基本权利，是公民参与社会公共事务的前提，也是公民参与所应具备的法律权利与能力。亚里士多德强调："凡有权参加议事和审判职能的人，我们就可以说他是那一城邦的公民"，"公民是有权参与议事和审判职能的人，政治权利是公民资格的真正条件"。[①] 卢梭在《社会契约论》中也认为公民是"主权权威的参与者"。阿尔蒙德则认为："只有在民主政体中，普通人作为其国家政治事务参与者的作用，才是有意义的。"[②]《公民权利和政治权利国际公约》第 25 条规定，每个公民都应有直接或通过自由选择的代表参与公共事务的权利和机会。在民主宪政体制下，公民参与是公民民主权利的重要内容，是民主、人权价值目标的基本要求与体现。公民参与权是公民的一项基本权利，是与自由权、平等权、社会权一样的人权的基本组成部分，是国家尊重和维护人权的重要内容。一个国家对公民参与权的法制保障与维护也体现了一个国家在保护人权，实现现代政治民主方面的实际行为。公民维护自己的主权地位和宪法及法律规定的公民权利，也是公民参与公共事务的最基本能力之一。

首先，我国公民参与权的法律保障。我国公民参与权首先是一种程序上的权利。公民参与权的法律保障，主要体现在公民参与权的宪政地位上。我国宪法第二条规定"中华人民共和国的一切权力属于人民，人民依照法律规定，通过各种途径和形式，管理国家事务，管理经济和文化事业，管理社会事务"。这体现了国家的一切权力属于人民，人民是国家主人的宪法精神和原则。公民参与管理国家事务，这是宪法赋予公民的合法权利，任何单位和部门都不许以任何理由剥夺公民参与权。中国的公民，无论民族、宗教、习俗、性别、偏好、经济地位等都不应该成为他们参与公共事务的障碍。保障公民参与权除了宪法和法律的保障外，在党的文件及其他文件中也都有较强的体现。中共十七大报告就强调"坚持国家一切权力属于人民，从各个层次、各个领域扩大公民有序政治参与，最广泛地动员和组织人民依法管理国家事务和社会事务、管理经济和文化事业"；"尊重和保障人权，依法保证全体社会成员平等参与、平等发展的权利"。"扩大人民民主，保证人民当家作主。人民当家作主是社会主义民主政治的本质和核心。要健全民主制度，丰富民主形式，拓宽民主渠道，依法实行

① ［古希腊］亚里士多德：《政治学》，吴寿彭译，商务印书馆 1997 年版，第 113 页。

② ［美］加布里埃尔·A. 阿尔蒙德、西德尼·维巴：《公民文化——五个国家的政治态度和民主制》，徐湘林等译，东方出版社 2008 年版，第 170 页。

民主选举、民主决策、民主管理、民主监督,保障人民的知情权、参与权、表达权、监督权”等。[①] 2009 年 4 月 13 日,《国家人权行动计划(2009—2010 年)》提出,切实把保障人民的生存权、发展权放在保障人权的首要位置,在推动经济社会又好又快发展的基础上,依法保证全体社会成员平等参与、平等发展的权利,要畅通人民对社会经济事务的参与渠道,从各个层次、各个领域扩大公民有序政治参与,保障公民的参与权。[②]

其次,公民参与权具体可以划分为实体性参与权和程序性参与权。实体性参与权,是指公民参与权作为一项宪法性权利,是现代民主政治发展过程中的公民所享有的重要政治权利。实体性参与权强调“人依法享有的具有直接的实际意义的权利,它可以直接表现为一定的物质利益或精神利益”,而程序性参与权则是指“人作为程序主体在实现实体权利或为保障实体权利不受侵害时所享有的权利”。[③] 罗尔斯强调:“公正的法治秩序是正义的基本要求,而法治取决于一定的形式的正当过程,正当过程又主要通过程序来体现。”[④]程序性参与权体现在各领域被物化的具体的权利与制度,如立法、司法领域,行政领域,城市规划建设领域,城市社区治理中的公民参与权的实现等。公民参与城市社区治理的前提,就是通过宪法和相关法律首先赋予公民参与的权利。真正意义上的公民参与,不但是被告知信息、获得咨询和发表意见的基本权利,而且还包括公民对项目整个过程的参与和控制。政府从制度上、观念上给公民参与权以实际的支持和保障,将公民参与权作为一项公共品向社会提供,让公民主体地位在参与实践中得到体现和保证。在涉及公民利益的一切事务时,都需要和应该邀请公民参与,都要向公民开放,以保障公民参与权的真正有效行使。

再次,对公民参与权的法律保证还应有相关责任追究机制,对公民参与权轻视和亵渎以及故意侵犯的行为,必须受到相关法律和法规的惩处,并追究相关机构和人员的责任。例如,对应听证而不听证的,对按照规定应公开、公告的程序和内容而未公开或公告的,对没按程序制定的行政法律政策等都应视为无效,并对相关责任人进行法律的追究和惩罚。只有这样,才能真正保护公民的

---

① 胡锦涛:《高举中国特色社会主义伟大旗帜 为夺取全面建设小康社会新胜利而奋斗——在中国共产党第十七次全国代表大会上的报告》(2007 年 10 月 15 日)。

② http://news.xinhuanet.com/newscenter/2009-04/13/content_11177077.htm

③ 徐亚文:《程序正义论》,山东人民出版社 2004 年版,第 312 页。

④ [美]约翰·罗尔斯:《正义论》,何怀宏、何包钢、廖申白译,中国社会科学出版社 1988 年版,第 245 页。

参与权，公民参与权也才能真正发挥保障公民权益的作用。政府或相关部门也才不会因借口保密或信息不宜公开等理由去压制公民参与的要求，或阻碍公民参与的行为发生。

最后，公民参与权行使的自由。公民参与权不仅仅是停留在法律文本上的规定，更应该在现实公共生活得以具体体现。公民参与权的行使是现代民主实践的重要形式，是公民实现权利或利益诉求，获取政治知识，培养参与能力，提升参与意识，成长为具有民主观念和民主能力的现代公民的必要途径。公民参与权行使的自由体现在两方面，一是公民在自愿条件下行使参与权，不受外界强迫。二是公民有不参与的自由，法律虽然规定了公民的参与权，但公民有不行使这项权利的自由。公民参与权在有了法律规定的条件下，到底怎样去行使这项权利，必须是在充分尊重公民意愿和公民自主的前提下去实现公民参与权。我国人民参与管理国家事务内容涉及的领域很多，这些都与公民的行动及公共实践有直接或间接的关系，而公民在行使参与权时必须是在自愿条件下，任何个人或组织都不能强迫或压制。作为行使公民权利的公民个体或公民组织来说，参与不是无限的。任何社会"并不是每一个公民都愿意参与解决邻里问题，或者参与解决其居住区地方政府内出现的公共问题"①。尤其是对公民个体而言，由于每个个体的经历、阅历、职业、职务、知识和兴趣的不同，公民参与权的行使不可能适用于任何领域，他们有选择参与的自由，也应该有不参与的自由，尤其是在与自己利益并不直接相关的事务，应该允许公民有不参与的权利。

公民参与社区治理应该是出自公民自愿的，而不是迫于上级行政部门的强制要求或为了完成既定目标而去参与。尤其是现阶段，高参与率并不能真正代表公民参与的有效性，在社区选举的高投票率下，我们并没有看到公民自治精神和民主能力的显著提高，反而出现了公民对社区选举的冷淡。当然，对于政府主导下的城市社区治理，我们不能否认政府的动员对推动社区治理的积极作用，但对于多元化的参与主体而言，高度的一致性往往预示着某种操纵的结果。公民参与社区治理在最终结果上并不单纯追求高参与率或高投票率，而更应注重强调利益的表达和价值分享及博弈互动的过程。在此过程中，尤其要避免地

---

① [美]理查德·C. 博克斯:《公民治理:引领21世纪的美国社区》，孙柏瑛等译，中国人民大学版社2005年版，第4页。

方行政机构单纯以参与率来评价社区治理及公民参与实际效果的传统行政做法,对政府的各种动议应保持谨慎态度,以避免对公民参与利益表达的政府强势限制。政府也应摒弃过去单纯追求高度一致性和传统群众动员、集体参与的社会控制的惯性思维及管理方法,在承认与正视社会利益分化与阶层分化的基础上,扩大公民参与,在自上而下的法律保障与自下而上的主动利益诉求的互动过程中实现公民参与权,这才是城市社区治理及公民参与的正常态势。

2. 公民参与的各项能力

公民参与的能力既指公民个体或组织的主观参与意识及意愿,也包括公民个体或组织本身的参与知识储备、参与技巧的运用、利益表达及谈判沟通等各项能力等。主观上认为自己有参与能力的公民,在具备了一定的政治知识和参与技能的基础上,以平等、协商、合法、有序等方式理性参与社区公共事务,培养沟通、宽容、理性妥协等现代民主意识,学会在多方博弈中实现利益诉求,这样的参与才是良性的公民参与。同时公民参与的技巧、获取现代政治知识和信息的能力及现代公民意识等也会在参与实践中不断提高。可以说公民参与能力是公民参与不可或缺的重要条件之一。

(1)公民参与的主观意识。公民参与的主观意识是指公民在主观上认为自己有参与能力,并可以对公共事务的过程及结果带来一定影响的意识或态度。公民参与的主观意识主要反映在如下方面:公民的权利意识。权利意识的主观自觉意味着对公民主体地位的认知,只有公民有了权利意识,才会有公民主动践行其权利的参与行为的发生。公民的平等意识。这反映在公民主体地位的平等、公民依法享有权利的平等、公民参与机会的平等上。公民的法治意识。法治意识的主观自觉是指公民认同和尊重法律,知法、守法、依法保护与实现自己的利益,这样才可能使公民参与有序、理性、合法地进行。公民的责任意识。公民权利意识的觉醒也必然要求责任意识的自觉,享有权利的同时必须担负责任,这是法制社会的规则要求,公民不应消极享有权利而不承担责任,公民普遍具有了责任意识后,参与行为也会更自觉和理性。公民的参与意识。参与意识的觉醒在于公民能自主地意识到代替或包办都不可以实现自己的利益,只有参与到具体的公共活动中才是有意义和价值的,这对培养理性自足的现代公民意义重大。

阿尔蒙德在《公民文化》一书中关于公民参与的意识有较完整的研究。他认为:“如果民主包含了对决策的高层次的切实参与,那么一个民主政体公民的态度，就应当包括对他们事实上能够参与的知觉。”①而普通公民“要有这样的信念，即个人可以对政治精英和政治决策有某种支配力。”②公民对其所具有的这种影响的知觉对公民参与是有重要意义的。公民了解并清楚自己对于政治决策或政治过程有影响的这种态度或知觉，即普通公民对于自己的参与能力有信念，相信自己有能力去影响、去参与公共事务的管理，他就有了试图利用这种能力的想法与机会。因此“一个主观上有能力的公民更有可能是一个积极的公民。”③即便是他们很少尝试去使用这种影响，或者他们去尝试参与了但很少成功，但是，“个人想象他们所能够影响政府的范围，和他们相信能够这样做时而采取的方式，都是公民文化的重要要素。”④一个国家的公民认识到他们自己的能力对政府有多大的影响力，会影响到他们的参与行为。同时公民的这种参与的主观意识也可以对政治系统及决策者的行为产生影响，即使公民个体并不必然采取参与行动或直接参与到公共事务过程中，但对于决策者而言，也必须考虑到这种潜在的参与能力意识的影响，从而会在政府决策时更加谨慎。阿尔蒙德的调查研究显示，公民参与地方事务能力的主观意识要强于参与国家政治事务能力的主观意识，在地方层次上的政治参与行为对于具有参与能力意识的公民的发展起着重要作用。公民个体相信他们能够影响政府的能力，至少在较小的权力范围和结构中（如家庭、学校、社区、工作单位等）更有机会，也更有效地得到实现。

在社区治理中，公民个体或组织对自身参与能力的主观意识对公民参与很重要。具有了参与意识的公民能够重新认识评价公民、社区、地方政府及行政官员之间的关系。公民对自己参与的能力有正确的认知与客观评价是公民参与行为的心理基础，以理性态度运用自己的参与能力，就更有可能成为一个理性的公民。如果公民对自己的影响和参与缺乏足够的信心，对行使公民权利和参与没有自觉意识，也就失去了表达利益、意见的机会。当公民个体或组织面

---

① ［美］加布里埃尔·A. 阿尔蒙德、西德尼·维巴：《公民文化——五个国家的政治态度和民主制》，徐湘林等译，东方出版社 2008 年版，第 170 页。

② ［美］加布里埃尔·A. 阿尔蒙德、西德尼·维巴：《公民文化——五个国家的政治态度和民主制》，徐湘林等译，东方出版社 2008 年版，第 328 页。

③ ［美］加布里埃尔·A. 阿尔蒙德、西德尼·维巴：《公民文化——五个国家的政治态度和民主制》，徐湘林等译，东方出版社 2008 年版，第 171 页。

④ ［美］加布里埃尔·A. 阿尔蒙德、西德尼·维巴：《公民文化——五个国家的政治态度和民主制》，徐湘林等译，东方出版社 2008 年版，第 172 页。

对国家或地方政府时,是感到无能为力、焦虑不安,还是认为有能力并可获取他人及其他社会资源的支持,对公民是否参与公共事务至关重要。当然,对公民个体来说,这种参与的主观意识会受到诸多因素的影响,由于受教育程度、经济收入、职业类别、家庭环境和社会地位等的影响,在权利诉求及权利行使或利益表达方面的能力是有差别的。“一个人对自己作为一个公民的作用的自我意识,随其在一个国家内的社会地位而大不相同。”[①]而信念和主观意识在公民个体能力中是关键性的政治态度。有参与意识的公民更愿意朝着积极的公民方向努力,也更主动地坚持参加选举等活动。意识到自己参与能力的公民,不仅仅可以在参与公共事务中表现得更自信,也更有能力接受更多的政治知识和公共事务的信息,并试图影响周围人的参与,同时也会对其他公民的参与给予较为客观的评价。这样将鼓励更多的公民成为积极的、自信的、参与的公民。“一个社会的政治发展在很大程度上取决于人本身的政治发展。”[②]

(2)政治知识。将政治视为一种知识形态是一个古老的理论命题。古希腊的柏拉图“哲学王”思想就把理性视为政治与知识关系的核心,“理性所具有的知识,是它统治自我其余部分的资格所在,这知识,连同因这知识而有理的统治,构成王者之学。”[③]亚里士多德把政治当作一门学问来研究,并认为政治是一种知识,政治学是最高的学术形式。阿尔蒙德等人则以两种基本的政治知识(识别各自国家的主要政党的国家领导人的能力以及识别内阁职责与国家政府各部门的能力)为基础,调查了五个国家民众的政治知识与政治信息量对公民文化的影响,得出的结论是:民众的民主能力与拥有关于政治问题和过程的有效知识,以及在制定影响政策中运用知识的能力紧密相关。而巴伯认为“政治知识是在历史与经验的情境下创造的,它意味着将要运用于未来的共同行动的领域。政治知识回答了这样一些问题,比如‘我们应该做什么?’,‘我们应当如何缓解这些分歧?’和‘我们怎样做才能使我们大家组成为一个正义的共同体?’……而这些规范是通过民主讨论、审议、判断和行动的持续过程而产生……”[④]我国学者一般把政治看作是一种知识形态,并认为任何一种政治形态

---

① [美]加布里埃尔·A.阿尔蒙德、西德尼·维巴:《公民文化——五个国家的政治态度和民主制》,徐湘林等译,东方出版社2008年版,第199页。

② 王沪宁:《当代中国村落家族文化》,人民出版社1998年版,第259页。

③ [美]约翰·麦克里兰:《西方政治思想史》,彭淮栋译,海南出版社2003年版,第38页。

④ [美]本杰明·巴伯:《强势民主》,彭斌,吴润洲译,吉林人民出版社2006年版,第201—202页。

均有与其相适应的知识类型和知识基础。作为一种知识的政治是关于公共社会生活管理的共识,而知识的公共性、普遍性决定了作为知识形态的政治,普通民众都可以参与其中,都可以理解,都可以学习与领悟,而政治知识具有规范政治行为的价值和功能。

政治知识包括被人们自己明白表述出的,也包括为人们认识到的、但却不能明白说出的,还包括不为时下民众自身所意识到的确定性的认知与信仰等。[①] "政治、知识和美德是紧密相关的,政治知识是关于政治理念、政治道理、政治规律和政治技术的体系,政治知识本身就是一套政治规范,具有明辨政治方向、建构政治行为模式的功能,知识的客观性、中立性和公共性特征有助于树立知识的权威,加之知识具有广泛的可传播性,使知识权威容易为民众所接受与认同。"[②]我们认为,政治知识是指一个国家的民众或公民的政治知识储备、理性的分析判断政治态势及参与公共事务所应具备的基本知识和技能等。一个国家的民众对国家政治制度等基本政治常识的认知、对参与政治或公共事务时理智与科学的态度、对公民基本权利与义务的清醒认知等,直接影响着公民参与的实际效果。公民个体或组织有无这种政治知识的储备,影响着公民个体或组织是选择主动式参与还是被动式参与。我们无法设想,没有任何政治知识储备,不懂得使用正当、合法理性手段实现利益的公民个体或组织,又如何能在复杂的公共事务治理中理性参与。当然,这并非绝对要求所有普通公民都应在掌握现代复杂的政治与行政知识后再去参与公共事务,但是民主法治意识淡薄,对政治信息与政治知识漠不关心,对权利与义务并不珍视的公民,即便在有限的参与活动中也往往是盲从应付,不可能有实质性的参与。而参与行为又反过来会影响公民政治知识的进一步学习与积淀。

在我国,公民的政治知识伴随着社会经济、政治、教育与文化的发展而不断地增长。公民获取政治知识的渠道开始多元化(如对网络的使用),公民获取的政治信息量明显增大,对政治信息的取舍也较自主;随着年龄及文化程度的增长,公民的政治知识量也会增长。城市社区公民的现代民主政治观念有了一定的提高,但由于中国传统政治文化在某种程度上已和中国民族性格融为一

① 我国学者曹沛霖、刘建军、郭剑鸣、张树平等都对政治知识有过论述。见曹沛霖《制度纵横谈》(人民出版社 2005 年版)、刘建军《中国现代政治的成长:一项对政治知识基础的研究》(天津人民出版社 2003 年版)、张树平《政治知识:中国政治研究的可能视角》(《学习与探索》2008 年第 6 期)等。

② 郭剑鸣:《政治知识化与科学政治生活的成长》,《学术月刊》,2007 年第 3 期。

体,"忠、孝、义、盲从、权威崇拜、与世无争"等成为公民行为的最高道德标准,"臣民、顺民"的附庸意识及宗族乡土重礼俗不重法制等传统意识经过长期积淀固化成一整套的伦理结构、思维模式及文化心理等,深刻影响着人们的思想与行为。我国民众的政治知识存量不高,公民对获取政治知识兴趣不大。[1] 总体上看,我国部分公民政治认知层次较低,获取的政治知识信息量和政治学习不够、政治知识较贫乏、对身边公共事务不够关注,政治知识总体不足导致公民政治认知能力不高,又直接影响着公民对公共事务及自身利益诉求的正确评价与判断。因此,提高公民政治知识存量是国家、政府应承担的重要责任。政府应注重通过家庭、学校、社区等场所,利用各种手段加大政治知识的传播力度,提升公民学习政治知识的自主性与自觉性。也可以通过发放社区事务手册及悬挂宣传标语口号等,在社区内提供更多的公民学习政治知识的机会。还可以利用现代媒体、政治常识出版物(尤其是以现实案例的形式)等方式。地方政府或社区向公民发放有关国家大政方针的出版物,使公民较容易接触到有关国家机构组成和国家有关政治事务等政治常识。以地方政府为主导,结合社会力量开展各种政治知识讲座或讲堂、召开政策咨询会及各种听证会等,向民众输送政治知识与技能,让公民在学习、工作和社会生活中体悟政治理念,掌握参与政治生活的基本技能与技巧,这些都是提高公民政治知识储备的有效手段。

公民从参与现实社区治理实践中获取政治知识,可能比上述政治知识普及手段更为有效。尤其是通过社区治理中的居委会直接选举等活动,政府可以在动员过程中推广现代选举知识的程序技巧,使公民对具体的政府机构、政治流程、操作程序等有较清醒的认知。并放手让公民在民主选举的过程中体验公民行使权利的效能感,使他们在参与过程中学会理性对待政治,习得民主程序与规则,掌握"讨价还价"和"妥协"的技巧,以和平合法的方式表达和争取自己的利益,逐渐累积政治知识。

---

① 在影响公民政治知识的各变量中,年龄、收入、职业、文化程度和政治面貌等都对公民政治知识的获取有较显著影响。根据政治知识调查问卷设置的选项(公民对中央领导人的认知、公民对地方政府政治领导人的认知、公民对重大政治事件的认知、公民对国际重大事件的关注、公民对我国国家机关基本职能的认知、公民对自身权利与义务的认知、公民对民主的认知等)总结发现,公民对中央领导人的认知就远比对本市市长的认知度要高;公民对权利与义务有一定的认知,但对自身权利与义务两者之间关联性认知的程度不高;公民对自身政治知识能力评价也不高,如被调查者中大部分人不认同"公民的意见和建议会对当地公共事务或社区事务决定有一定的影响力"这种说法。梁莹《公民自治精神与现代政治知识的成长》(《南京社会科学》,2008 年第 7 期)的部分数据及作者社区问卷涉及有关公民意识的调查数据。

当然,公民具备了一定的政治知识为公民参与行为奠定了基础,但这与公民参与行为并不必然是正相关的关系。政治知识的学习、获得与储备并不必然标志着公民参与的勃兴。政治知识储备较高的公民个体或组织也并不一定是积极的参与者,相反,政治知识储备不高的公民个体或组织也有很多是社区治理的积极参与者,①政治知识储备的高低对参与行为发生的影响并不是关键因素。因此,地方政府或某些学者借口中国公民政治素养低、政治知识储备不足,目前还不具备扩大公民参与规模及发展社区基层民主的理由是不充分的。

(3)利益表达能力。利益表达是利益实现的逻辑起点和现实基础,是公民个体或组织通过何种手段实现利益诉求的过程,是公民陈述意见、发表看法、维护权益的重要手段,也是公民言论自由的具体体现。阿尔蒙德在《比较政治学》中认为,某个集团或个人"提出要求的过程称为利益表达。利益表达可以由许多不同的结构以不同的方式进行"②。公民参与的利益表达能力主要体现在怎样有效地利用现有利益表达渠道更好地实现公民利益诉求,以及怎样积极地拓展更多新渠道为实现公民利益服务。公民个体或公民组织利益表达的传统渠道有选举、投诉、信访、接触人大代表及政协委员(人大代表接待日、人大代表联络站等),政府主导的民意调查等,具体有参与社区居委会选举,参与社区组织的各种活动或通过投诉、信访等进行面对面的语言沟通,或通过书信等书面形式的信息交流进行利益表达。

首先,公民利益表达能力的强弱体现在是否能够充分利用现有正式或非正式渠道去实现公民的利益。公民利益表达能力的强弱在一定程度上受制于公民参与意识的高低,当公民个体或组织的参与意识高涨,公民个体或组织就会有利益表达的动力,反之,则阻碍其利益表达。我们以公民个体或组织参与社区居委会选举活动为例,可以考察公民利益表达能力高低与参与行为之间的关系。当公民积极参与社区选举活动,充分行使选举权与被选举权时,对社区治理事务承担相应责任并向上级机构提出建议与方案,为实现社区治理及公民利益实现的目标努力时,我们说,公民在充分利用选举的机会与渠道进行利益表达的能力是较强的。反之,当部分公民放弃参加选举,或者找人代选或者即便

---

① 如社区治理的积极参与者中的离退休工作人员及下岗失业人员,他们的政治知识储备并不比一些不积极参与的社区知识分子或城市精英高。

② [美]加布里埃尔·A.阿尔蒙德、小G.宾厄姆·鲍威尔:《比较政治学——体系、过程和政策》,曹沛霖等译,东方出版社2007年版,第179页。

到场也只是应付时,公民就主动放弃了通过合法渠道表达利益的机会(包括主观上对选举反应冷淡、不愿意或消极参与选举活动、故意使选票作废、出卖选票等),其利益表达能力就较弱。社区公民或公民组织通过最大化地利用现有利益表达渠道,向社区居委会或上级行政机构进行政策建议,为社区决策提供政策咨询,积极参与社区公共事务等,都是公民利益表达能力较强的重要体现。此外,社区公民通过多种正式或非正式的渠道,包括信访、面对面的交流、听证、参加座谈会、听证会、居委会组织的各种评议活动、民意调查、领导接待日、接触人大代表或政协委员等现有渠道进行政策建议倡导与利益表达,都是公民参与利益表达能力的重要体现。①

其次,公民利益表达能力更重要的体现在通过整合公民组织的利益表达功能实现公民参与。公民个体利益表达是单一公民个体面对强大的国家权力机构,在这种悬殊的地位对比中,公民个体的利益往往是被淹没在强大的国家利益和集体利益中,公民个体参与成本过高影响着利益表达。日益兴起的公民组织则弥补了传统的公民个体利益表达的缺陷,在公民参与的利益表达机制中发挥着越来越大的作用。公民组织相对于公民个体而言,能够更充分有效地调动和利用各种社会资源,发挥公民组织在公民利益表达方面的诸多优势,如,多种的利益表达渠道、与媒体的接触、收集多方信息、与专家领导的沟通、集中人财物等方面。正如托克维尔所说:“在民主国家中,全体公民是独立的,但又是软弱无力的。他们几乎不能单凭自己的力量去做一番事业,其中的任何人都不能强迫他人来帮助自己。因此,他们如不学会志愿性自动地互助,就将全都陷入无能为力的状态。”②十七大报告也强调:“发挥社会组织在扩大群众参与、反映群众诉求方面的积极作用,增强社会自治功能。”③“行业协会、商会要收集行业、企业的意见和建议。学会、研究会要研究社会大众的呼声,基金会、公益性

① 2005年4月深圳市南山区南山街道办事处月亮湾片区成立了“社区人大代表工作站”,公民通过工作站进行利益表达有了较为畅通的渠道。而这些联络员并不是人大代表,主要是各小区业主委员会、物业管理处及附近一所学校的负责人,其中该工作站的主要发起人和负责人是某业主委员会主任。工作站全天候开放,有联络员轮流值班,并设立公告栏,公布便于居民反映问题的电话、意见箱及电子邮件等,主要工作是专门代理人大代表履行日常的社区民情调研、征集和反映社区民意、撰写提案等职能,并就住宅区的一些公共事务与有关方面进行协调和沟通。段安平等:《南山设全国首个人大代表社区工作站》,《晶报》,2005年6月2日。

② [法]托克维尔:《论美国的民主》(下),董果良译,商务印书馆2003年版,第637页。

③ 胡锦涛:《高举中国特色社会主义伟大旗帜 为夺取全面建设小康社会新胜利而奋斗——在中国共产党第十七次全国代表大会上的报告》(2007年10月15日)。

组织要反映弱势群体利益诉求和需求，城乡社区社会组织要了解社情民意，引导社会公众合理表达意见，有序参与公共事务。”[①]如浙江宁波海曙区的“参与式治理”项目，通过公民组织的倡导，利用公民组织的专业力量与资源，通过培训等方式促进了社区利益主体的积极参与，提升了公民利益表达的能力，同时也实现了公民在社区的利益诉求，并增强了公民的主体意识、参与意识和责任意识，强化了社区社会资本。在新兴的社区里，业主们也越来越注重以成立业主委员会等形式进行维权，在某些地方甚至出现了试图成立全市性的“业主联合会”以维护业主利益，公民参与通过组织进行利益表达的能力有了较大提高。

再次，积极拓展和利用新兴渠道进行利益表达是公民参与利益表达能力的重要表现。公民个体或组织通过热线电话、“直通车”等渠道直接给相关部门提出建议，利用电台、电视台、报社的合作平台、政府门户网站、有关社区治理事务的网络资源、手机短信等进行利益表达，都是近年来出现的公民参与利益表达的新形式。尤其是公民充分利用网站发表网上评论、进行网上讨论等，已成为不可忽视的公民利益表达的重要形式。某些市场化程度较高的媒体报刊在公民利益表达方面的积极介入与联系也在发挥重要作用。公民进行利益表达时也更倾向于诉诸媒体，以获取媒体的关注和支持，并扩大利益表达的社会显示度和影响力，从而在公共舆论方面先获取道义上的支持，并给相关政府部门或权力机关带来行政的压力。近年来，政府相关部门也非常重视通过互联网和各类媒体进行社情民意的调查，积极拓展和利用新兴的平台和渠道进行民意沟通。这也是公民降低参与成本和风险，提高公民利益表达能力的重要途径。

第四，我国社区公民利益表达的能力还不理想。公民利益表达在社区范围内最简单的方式就是通过面对面的或以其他形式进行信息沟通，但这些方式在目前的社区公民参与中并不十分理想。因为参与者的信息表达与社区治理客体的信息接受并不对等，通常表现为一种漏斗式的利益表达与沟通。这限制了公民参与所需要的各种信息的准确传递与沟通，从而限制了公民利益表达能力的提升。如下图所示，公民参与的利益表达被重视或吸纳的仍然很少，公民在社区治理中的利益表达能力还有待于进一步提高。

---

① http://news.xinhuanet.com/newscenter/2009－04/13/content_11177077.htm

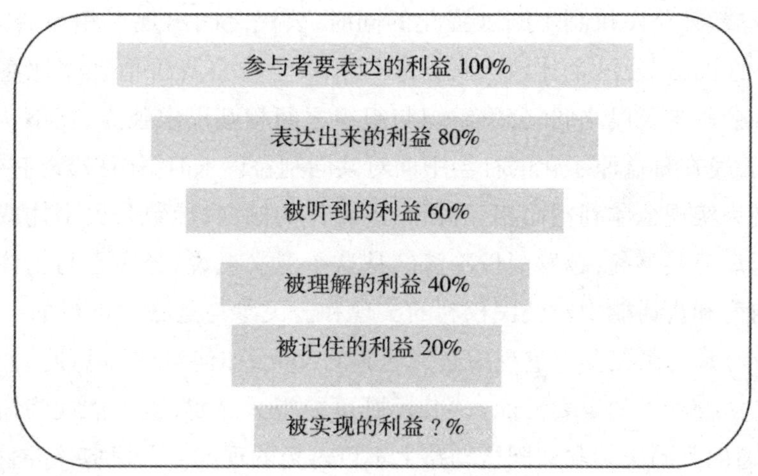

图2－2 漏斗型的公民利益表达

最后,应避免公民在制度外的无序利益表达。上述的各种现有及新兴的参与渠道为公民利益表达提供了制度化的途径,但有些制度渠道因欠缺具体可操作的程序而限制了公民利益表达的能力。如信息表达与沟通的不充分,选举条件的设定过高,公众占有的信息量与政府主管部门掌控的信息严重不对称,公民诉诸媒体未果,公民参与的组织化程度较低等,都影响着公民利益的表达与实现。当公民个体或组织通过制度化渠道,合法理性地表达利益不能实现时,当部分公民认为合法理性的利益表达成本过高时,便会采用制度外的利益表达形式,甚至是违法的形式实现其利益诉求。如采用蓄意滋事型(打击报复、无序上访、非法集会抗议)、暴力型(对抗围攻、群殴政府工作人员)等极端的对抗方式来实现利益。社区居民的非法集会、围攻居委会工作人员、扰乱正常的社会秩序等现象时有发生。虽然这种对抗的利益表达并不占主流,但对公民合法、理性的利益表达和有序参与带来消极影响,而且这种利益表达往往在与政府或社区的博弈中无助于公民利益的最终实现。

总之,公民参与社区治理的利益表达是否充分,是以个体来表达还是以公民组织来表达,是有序运用程序、遵守"游戏规则"还是无序表达,都影响着公民参与的实际效果,也考验着公民利益表达的能力。

(4)合作协商、沟通、谈判的能力。首先公民参与的合作协商能力。这种能力主要体现在参与实践过程中公民个体或公民组织能否与其他参与者之间平等合作,能否为实现共同利益而以公共理性的态度对待合作者等方面。随着社会的发展，在公民权利不断被强化的同时，公民之间出现了相互的“我不从属于你”的状态，公民个体或公民组织以积极争取自身价值独立地实现为目标。这种公民与公民之间、公民组织与组织之间相互谋求独立、互不从属的状态，使得公民在日益原子化的社会中面对共同利益诉求时，往往难以有效合作，甚至出现为实现个体利益而相互拆台、不合作的倾向，导致公民个体或公民组织越发远离公共事务，越发消极冷淡。从这个意义上说，公民参与主体所具备的合作协商和沟通能力对公民权利的实现和公民参与是必不可少的。“他者”(the Other)是公民在参与过程中必然遇到的，那么如何对待“他者”，便是检验公民合作协商能力的重要方面。“公民既可能视为障碍，也可能视为盟友。但是，这是通向共同决策和共同行动路上不可避免的现实。公民应该并且可以聚合下来直接解决冲突，达到目的或执行政策，也使得公民必须以公共方式去思考和行动。”①虽然“自由人不希望他的公民伙伴以某种‘客观’真理的名义将他们的主张强加给他，但是，如果公民过于软弱无能以至于回避他们应该承担的公共正义与共同利益，那么其结果是他们几乎完全不能称其为公民，同时也未必能够运用各种方式来捍卫自由。”②所以，合作起来共同实现自由权利在公民参与社区公共事务中是必然的选择。

公民个体或单个组织的力量在面对较强势的地方政府时是相对弱势的，因此，公民参与要成功，公民个体或公民组织必须学会与“他者”的合作协商及共同参与，平等、理性、宽容地处理好与合作者的关系。在推进共同利益实现的过程中，既能够接受“他者”的利益诉求差异与冲突，又善于发现与“他者”的共同利益，这是公民参与能力的重要体现。在社区治理多元参与机制下，公民组织或公民个体联合起来，平等参与社区公共事务的治理，共同协作讨论，在公民社会的交往活动中通过对话、参与、合作协商、讨论形成共识，公民权利也就在对话商谈过程中得到实现。公民权利的实现就是参与者在对话、讨论中自我理解的过程，也是共同实现社区治理美好愿景的过程，在合作对话协商中公民参与的合作协商能力也可以得到实践的检验和提升。

其次，公民参与的沟通能力。沟通能力主要指参与过程中参与主体能够平等讨论、耐心聆听、尊重他人意见和想法、并根据不同参与主体，选择容易被各

① [美]本杰明·巴伯:《强势民主》，彭斌、吴润洲译，吉林人民出版社2006年版，第182页。

② [美]本杰明·巴伯:《强势民主》，彭斌、吴润洲译，吉林人民出版社2006年版，第127页。

方理解和接受的沟通方式的能力。法国社会学家涂尔干认为:“民主并不取决于支配国家的人有多少;民主的本质及特征,是人们与整个社会的沟通方式。”[1]所以沟通能力是现代民主社会公民应具备的能力之一。其中讨论是沟通的重要手段,“讨论既能创建一个共同体也能维护个人权利,既能寻找共识又能解决冲突”,“区分讨论(talk)与演讲(speech)很重要,作为沟通的讨论,明显地包含着接受与表达、倾听与演说、移情与倾诉”。[2] 本杰明·巴伯列举了民主过程中“讨论”的九大功能来说明其重要性。耐心倾听则强调公民参与过程中作为参与主体对合作者或对手的态度,对待合作者的正确、客观评价有利于公民参与的成功。“我愿意倾听”(I will listen)就是善待合作者必须具备的能力之一。“倾听是互惠互利的艺术,正是这种实践增强了平等”,通过倾听、谈话和相互理解就弥合了差异,“意味着我既不会为了找到对手的弱点和潜在的交易而审视对手的处境,……我会将自己置于他的处境中,我会试图理解他人,我会尽力倾听使我们相似的东西,我会倾听那种能够唤起共同目的和共同善的共同言辞”。[3] 公民个体或公民组织通过选择合适的倾听方式(比如电话、面对面的交流、谈心等方式)与合作者或对手进行沟通,尊重他人的意见和想法,掌握更多的信息,客观公正地评价对方的合作意愿、态度及能力等,以便于合作的开展。选择不同的沟通方式也是考验公民参与能力的重要环节,一般来说,公民参与社区治理的具体沟通方式有书面的信件、文件等,也有论坛、面对面的交谈、讲座、电话等口头形式,也有手机短信、互联网等新兴的方式。根据不同的形势选择不同的沟通方式可以更好地实现公民参与的效果。如社区中公民与公民之间、公民与社区居委会成员之间的面对面的交流,就是一种最直接的获取信息和沟通的方式。在交谈中,双方不仅可以获取语言等显性信息,还能通过语气、表情、动作等细节感知到对方的心理、态度、感受等隐性信息,这都是公民参与的沟通能力的重要表现。

再次,公民参与的谈判和处理冲突的能力。谈判能力是指参与主体在参与过程中对参与客体(社区治理中主要是指居委会或街道办事处或物业公司等)运用讨价还价的技巧与策略的能力。通过恰当的谈判技巧可以对参与客体或

---

① [法]爱弥尔·涂尔干:《职业伦理与公民道德》,渠东等译,上海人民出版社2001年版,第91页。

② [美]本杰明·巴伯:《强势民主》,彭斌、吴润洲译,吉林人民出版社2006年版,第207—208页。

③ [美]本杰明·巴伯:《强势民主》,彭斌、吴润洲译,吉林人民出版社2006年版,第207页。

合作伙伴施加某种压力,从而使其能够支持参与主体按既定利益目标方向实施参与行为。这其中的谈判策略的制订、谈判双方信息是否对称、双方的谈判底线与谈判预期,以及谈判的基本态度等都是影响谈判结果的重要因素。社区治理中的公民个体或组织的谈判能力主要体现在与街道办事处或社区居委会、物业公司等的具体事务中。公民个体或组织如不能很好地利用各种谈判技巧与资源,甚至用静坐、示威抗议、谩骂等“威胁策略”,以展示自己破釜沉舟的决心,这种情况下谈判对方对此行为往往视而不见,这样公民参与是很难实现预期的目标的。一旦谈判双方关注的焦点与利益出现争执时,谈判双方就应该及时妥协、调整、沟通,在相互尊重、信任、理解的谈判态度基础上继续进行沟通。否则,任何一方坚持己见、意气用事、相互攻击、互不退让、相互指责甚至于漫骂与嘲讽,都会导致谈判陷入僵局,或者达成低劣协议,都不利于谈判双方及最终目标的实现。当然公民个体或组织的谈判能力也是在参与社区治理事务中不断磨炼成长的,同时谈判能力的提高及谈判技巧的运用也有助于公民参与效果的实现。

在参与过程中双方或多方的利益冲突的存在是必然的,怎样将冲突转化为合作,是现代公民应具备的基本参与能力之一。冲突之所以发生是由于参与各方观点利益需求的不同而引起的矛盾与摩擦,通过怎样的有效方式明确各方利益诉求,分析冲突原因,并积极寻求解决方案,是达成双方或多方利益实现的必然环节。承认利益的差别存在并理性对待矛盾冲突是公民个体或组织的基本能力,公民个体或组织不能以己之利取代“他者”的利益诉求。公民个体或组织能否以理性、恕道的态度尊重参与主体间的差异,并在差异中寻求合作,在冲突中寻求平衡是民主社会公民个体或组织发育成熟的重要标志,也是公民参与能力相对完善的重要指标。目前我国社区治理中的公民个体利益差异明显,社区公民组织发育也不平衡,所以,只有理性对待各参与主体间的利益差异,才能在尊重各方利益前提下寻求合作与协商,才能在现实社区治理中实现公民参与。公民解决冲突的能力表现在从对方角度考虑问题,体验并理解对方的环境与状态,互换角色,尊重对方利益,在互动中共同学习、克制冲动、缓和冲突、化解矛盾、增强彼此的信任,为最终打破僵局、解决冲突和谋求互惠寻求共同的策略。

公民参与能力的主观意识高低和公民参与所应具备的各种能力与公民参与行为之间是双向互动的关系。一方面,在社区治理制度创新下的公民参与实践活动对公民参与的能力提出了相应的要求,只有公民个体或组织有了相应的参与能力后才能承担参与者的行为责任与义务,公民参与的主客观能力是参与行为发生的前提和基础;另一方面,公民参与的各项能力也在参与实践过程中不断得到检验与提升。公民参与实践为参与主体提供了彼此感知、谋求共识的最直接、最现实的体验,是多元参与主体进行协商对话、妥协理让、达成共识、施加话语影响、增进理解并交互学习的最真实的场景。在参与实践中培育的参与效能感与经过检验证实的不断提高的参与能力都推动着公民参与行为的发展,增强着公民参与的实际效果。

(三)公民参与社区治理的方式

关于公民参与方式的划分,不同标准可以划分出不同的方式。[①] 本研究是针对在社区治理的既有制度安排下的公民参与,而通过破坏法律,甚至于使用暴力形式来表达意见(如冲击机关驻地、围攻机关工作人员)的非制度化参与不属于本书考察的公民参与范围。社区治理中的公民并不是一个抽象的整体,而是既有公民个体,也有各种社区自组织。而不同的公民个体和群体有不同的需求,关注的重点不同,参与的事务不同,采用的行动策略不同,参与的方式也会不同。本书依据公民参与的意愿进行分类——是否主动自愿参与和是否是被强制动员参与,把公民参与社区治理的方式划分为:主动式参与和被动式参与。当然这种参与大部分是建构在思辨性和理论性分析基础上的,而现实社区治理中的公民参与并不必然像理论分析的那样清晰区分。

---

① 姜晓萍、衡霞从参与机制的成熟度与公民参与自主性的关系出发,将公民参与社区治理的模式分为机制完善的公民自主参与(公民的社区参与意识最强,对社区的认同度也最高,有一套完善的公民参与机制);机制完善的公民假性参与(政府没有完全退出社区治理的领域,仍然扮演管理者角色,社区组织还没有形成真正自治,造成了一种公民参与社区事务的假象);机制不完善的公民自发参与(居民习惯传统的街居制管理方式,也愿意接受上级单位委派的居委会领导,多见于一些传统单位,如国有企业职工宿舍、大学教职工宿舍等)。杨敏从社区是一个充满阶层分化的社会生活空间这一前提出发,指出不同阶层的居民对社区的需求不同,由此产生的参与动机与策略也不一样,形成不同的参与模式。主要有四种参与模式:依附性参与、志愿性参与、身体参与和权益性参与。孙柏瑛指出,公民社区参与形式主要有:公民会议、公民论坛、社区发展公司。社区发展公司提供多种服务项目,如环境保护、犯罪青年帮教、残障人士和失业者救助、精神病患者心理辅导、向无家可归者提供公共住房等,其人力主要来源于公民志愿者。还有分类为福利性参与、志愿性参与、娱乐性参与和权益性参与。其他的如分为有序参与、无序参与;真性参与、假性参与;制度化参与、非制度参与等。见姜晓萍、衡霞:《社区治理中的公民参与》《湖南社会科学》,2007 年第 1 期,杨敏:《公民参与、群众参与与社区参与》,《社会》,2005 年第 5 期;孙柏瑛:《公民参与:社会文明程度和国家治理水平的重要标识》,《上海城市管理职业技术学院学报》,2006 年第 3 期。

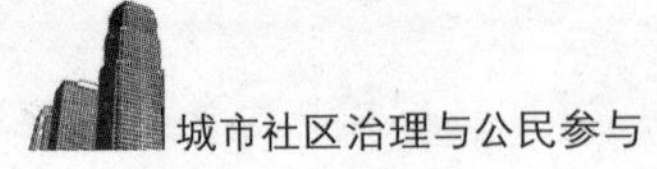

1. 主动式参与

主动式参与是指公民个体或组织在参与社区治理事务时主要是出于本身的主观自愿而参与的,并不是由于外力强制而被迫参与的,包括参与者主观上认为自己是自愿的而非被迫的部分公民参与在内。主动式参与又可分为:组织化的主动式参与、利益驱动的主动式参与和基于社区关系网络的主动式参与三种。

第一,组织化的主动式参与。这种参与大多数是公民通过居委会、社区组织或其他的社团组织进行的参与,主要分为经常性的有固定组织的参与,临时性的组织化参与,还有虚拟的组织化参与等。经常性的有固定组织的参与大多是在社区居委会组织下进行社区政治性选举或以居委会名义进行的各类活动,或是通过业主委员会维护个人住房质量和产权进行的公民参与等,这也是目前社区治理中的公民组织化主动式参与的最重要形式。公民通过各种社区民间组织和非营利性组织而进行的参与,也是主要的组织化参与。这类社区民间组织和非营利性组织是通过法定注册,拥有规范名称,有固定组织机构和办公场所及工作人员,并有合法资产和经费来源,能独立承担民事责任,在我国民政部门正式登记备案的组织。临时性的组织化参与是社区公民为实现公共利益,通过暂时形成的社区团体组织而进行的参与。这种临时性的组织,机构较为松散,存在的时间往往是以某项公共利益目标的实现为存续时限的,一旦这项目标实现了,这类临时性的组织也就解散了,如为启动社区选举而临时组织起来的社区自治监督委员会等。虚拟的组织化参与是指社区公民通过网络技术进行的参与。公民参与以网络为依托,在短时间内形成规模较大的组织体系,公民的组织化参与和资源交流共享都是通过网络平台进行的。这类组织开放性较强,信息交流速度也快,参与的成本较低,而参与的大多数人都是以非真实身份出现的,更便于交流,如社区的 QQ 群和社区论坛等。

第二,利益驱动的主动式参与。这种参与又可分为个体利益驱动参与和公共利益驱动参与。个体利益驱动主要是公民个体或社区组织以实现个体或小团体利益而主动参与社区事务,这是目前社区公民参与的主要类型。如,选举社区业主委员会会长或委员,参与社区治安文体卫生等活动,尤其是社区弱势群体为获得来自居委会的低保,或者由居委会出面给自己优先安排工作等而主动参与社区事务。而公共利益驱动式参与,一般是指社区公益组织或社会上的 NGO 或 NPO 主动参与到社区治理活动中,如前所述的社区参与行动组织开展的"城市社区参与式治理"及北京地球村环境教育中心开展的"乐和社区"活动等。

第三,社区关系网络下的主动式参与。这种参与主要指公民个体或社区组织等介入到以感情、人情、信任为基础的社区互动网络中,利用相对便利的社区熟人关系或社区社会资本而主动参与社区治理。如选举居委会成员时,倘若候选人中有公民认识的熟人,社区公民则会主动参与选举,以便选举出自己的熟人来方便以后自己在社区利益的获得。还有,社区的自组织或公共组织在参与社区事务时,都会利用与居委会、街道办事处或是与社区部分精英人物(一般是居委会主任或委员或楼长、门栋长等)的关系主动参与社区事务,这对实现其利益是绝对有利的,尤其是营利性质的市场组织主动参与社区治理事务中更是如此,这样更便利于其购买街道或居委会的某些社区服务项目。

主动式参与是参与者出于各种自身利益而进行的参与,一定程度上说明了参与者在参与前已经对其要参与的社区事务有了较为详细的了解,对参与过程及结果是抱有一定的参与信心的。一般情况下,主动式参与能够赋予参与者对所要参与社区治理事务一定程度的控制权,有助于参与者向负责任的行动者的方向前进,也能够更好地使参与者发展成为具有公共精神的公民,并使公民产生对社区的认同感与归属感。这对参与者的心理品质及参与效能感的提高,对社区治理的发展等都是有积极效应的。在我国公民参与城市社区治理的事务中,尽管参与的过程和结果可能并不必定能够达到参与者预期的目的,但这并不能否认主动式参与的民主效果。公民基于内心的真实意愿而主动参与社区事务,必然会逐渐产生对社区公共事务的兴趣,参与者对参与事务多方信息的收集,对现代公共事务的熟悉,对参与知识与技能的学习等,都促使了参与者对社区公共事务的主动介入,形成了参与者为实现目标而进行的多种合作博弈,真实展现了社区治理中公民参与的现实逻辑。

2. 被动式参与

被动式参与是指参与者并无参与意愿和参与时间进入社区公共事务过程,但又因为受制于动员者或强势者的主导控制地位,只能被动响应而参与。有服从性参与、动员式参与、强制性参与等形式。

第一,服从性参与。服从性参与主要指参与社区治理的公民,在内心上是接受并服从处于主导地位的动员方的动员,并愿意配合参与的一种形式。社区居委会是主要的动员方,它在动员过程中承担着社会控制与利益表达的双重功能。尽管居委会本身并不是一级行政机关,其掌握的社会控制资源也非常有限,但在实际动员过程中,它的社会控制职能仍然在社区福利或社会保障方面表现出来,社区里的某些群体就极易成为被动员方并自愿接受动员参与社区事务。如,城市里的低保户在获得低保收入时接受并服从与居委会签订义务劳动的协议,他们必须要参与社区义务劳动、值班和治安巡逻等被强制性安排的社区活动。这是低保户与居委会之间实际存在的一种控制与服从关系的现实反映。但这并不意味着他们没有其他任何自主活动的选择权和空间,不同的低保居民也会采取不同的行动策略来应付这种任务,有些低保户或再就业工人往往是在满足了自己的利益后,就不再遵守与居委会之间的协议。再比如,以门栋组长为代表的社区公民,他们大多在接到居委会通知后,很自觉地服从来自于街道办和现任居委会干部的安排而进行各种参与活动,如选举投票,或是在约定时间、约定地点被安排去开会、听课、唱歌、接受采访、拍照等表演性的社区公共活动。这些门栋组长对于为什么要这么做并不十分清楚,最多就是知道这是"上面"安排好的,要服从、要顾全大局,不要出乱子。而集体主义、党性修养等传统意识或价值观教育,使得一部分社区公民,尤其是老年人或离退休党员更愿意服从这种被安排的参与行动。

第二,动员式参与。这种参与主要指公民参与的事务并不是内心的自主要求,而是以一种被动的道具式的角色参与社区活动。动员方主要以社区居委会或楼长或门栋长为代表,他们掌握着社区治理的主要资源(城市低保户等福利资源和部分行政权力),被动员的公民在参与社区选举或其他活动时是被动不自愿的。但这种不自愿和被动是以不损害他们切身利益为原则的,有时还可能为他们带来切实利益(如参与选举活动的公民每人可以当场领取街道办事处或居委会准备的礼品一份)。而被动员的公民有一部分是在传统的国家动员年代成长起来的,头脑中还保留着过去国家群众动员的集体记忆,这也是部分社区公民容易被动员的部分原因。居委会换届选举活动前的社区动员过程,楼长或门栋长挨家挨户的进行选民登记和动员就是典型。组长或楼长经常主动告诉社区居民,自己打算选谁,被访问的家庭一般情况下会表示同意,甚至有时居民就直接说:"我们没有时间,你就尽管放心地代替我们选吧。"因此,我们发现参与投票选举的社区公民在并不完全自愿、时间精力也并不允许的情况下还是参与了社区选举活动。还有,动员社区积极分子带头观摩、学习典型社区,参与建设文明社区或平安社区的活动等都属于动员式参与。还有一种,是由社区民间精英动员起来的社区公民参与。主要围绕房屋拆迁和商品房权益维护等而出现的社区集体参与行动,其中有很多公民被动员到参与过程中,只是为了壮大场面,起到一个“在场”或壮大声势的道具式作用。但同时,我们又不能否认社区公民“到场”与“在场”对培育公民的社区认同感是有一定帮助的。著名的城市社会学家曼纽尔·卡斯特(Manuel Castells)曾高度评价动员与认同的相关关系:“人们抗拒个人化及社会原子化的过程中喜欢聚集在社群组织中,经过一段时间后,逐渐产生归属感,最后,变成社区及文化的认同。要达到如此的结果则必须经历社会动员的过程。也就是说,人们必须参与都市运动(urban movement 并非具有强烈革命性)并在其过程中发现彼此共同的利益,人们以某种方式分享彼此的生活,新意义也就有可能产生。”①

我们发现,现阶段的社区动员与传统的中国群众动员有某些相似性。在动员手段上仍然习惯使用开会、培养积极分子、做思想政治工作等传统动员技术。树立典型、模范带头、竞赛活动、宣传运动等常用的动员手段也在社区公民参与中广泛存在。又如,在动员机制上,利益刺激、资源垄断、搞仪式等,在今天的公民参与社区治理中仍然得以沿用。但与传统的群众动员和群众运动相比,社区动员的目的已不是单纯地为了实现国家动员和社会控制的目的,公民个体或社区组织对国家也不是高度依附,社区公民对某些仪式的顺从也不是无条件的。社区公民有了较大的自主权,参与不参与的权利在公民自己手中,社区公民参与的自主性在增强,已经不完全是被动地接受动员。也不可能和过去那样,如果公民不接受动员,就会受到各方面的压力甚至了制裁。所以,社区公民参与动员的操纵功能在逐渐消失。我们必须承认,这些传统的动员手段在今天社区治理中仍然可以觅到它们的影子,证明了公民参与社区治理的中国特点:城市社区治理是在政府主导下进行的,政府自上而下的动员在推动社区治理和公民参与中发挥着不可替代的作用。在有些城市,地方政府更习惯于利用传统的动员手段实现既定的目标,甚至为了获取高参与率而简单粗暴地强制公民参与;在社区治理过程中,忽略了社区公民的实际利益需求和真实意愿的表达,导致了公民参与的“走形式”和公民参与的低效。当然,我们在肯定传统动员手段在现实社区公民参与中仍可以发挥一定作用的同时,更应看到这些传统手段的局限性,如公民的真实意愿被忽略,甚至公民的利益被损害,社区治理进程的政

① [美]曼纽尔·卡斯特:《认同的力量》,夏铸九等译,社会科学文献出版社2003年版,第69页。

府单方主导等。这也提示我们必须立足现实社区治理的实际情况，寻求更符合社区治理及公民利益的参与方式。

第三，强制性参与。强制性参与是指公民参与不是出于关心社区公共事务而是出于居委会或其他组织单方面的强制性安排而必须参与的一种方式。强制性参与有时并不是明显地表现出来，而是隐藏在各种仪式性的活动中。如传统政治文化中民对官的恭顺态度，导致部分社区居民在情与理的强制性逼迫下被动参与社区的选举及其他活动。尤其是与居委会或楼长组长（尽管他们并不是真正意义上的行政官员，但居民仍然是以官与民来区分的他们与普通社区公民的）比较熟悉的公民，他们在被动员时，由于“不好意思”“碍于面子”“再见面时不好交代”等理由而被动地参与社区活动。另外，社区治理中的各种惯用的仪式性运动，也在强制性地迫使公民参与其中。“文明社区”“五好家庭、文明户”的评选，“和谐社区、平安社区”的评建，“社区是我家，建设靠大家”的标语宣传与社区开展的各种迎接上面检查而安排居民参与的文体活动等都属于此类。“抓典型”“树榜样”、领导动员、模范带头、人人表态的动员仪式在一定程度上“具有某种强迫性特征……具体而言，能否参与和是否参与仪式成为认同、区分以及确定身份、（阶级）地位的标志。”①尽管这种仪式性的强制参与不同于革命战争年代的强制性参与，但居委会作为动员方仍然将普通公民拉到仪式或“运动”中去的社会文化基础并没有完全消失，所以在现阶段公民参与社区治理的活动中仍存在这种强制性参与。

城市社区治理中的被动式参与的存在，与中国传统的群众动员、群众参与有相似的地方。居委会作为主要的动员方，其本身所拥有的行政资源极为有限（福利与服务职能），而要完成上级的行政任务就必须发动社区内的各种资源，尤其是利用社区互惠网络来动员社区居民参与。被动员的社区公民往往出于各种需求被动式地参与社区事务，或者为了获取福利资源（如低保户的服从性参与），或是为了获得某些心理与精神上的认可（如老年人的参与），或是在单位解体后寻求一种组织的庇护（如下岗失业者的参与），或是出于情理及仪式强迫而参与等。被动式参与的公民一般是在参与行动或参与仪式过后并无联系与沟通，也无共同的利益诉求，更重要的是在居委会动员下的被动式参与不

① 郭于华：《民间社会与仪式国家：一种权力实践的解释——陕北骥村的仪式与社会变迁研究》，郭于华主编：《仪式与社会变迁》，社科文献出版社 2000 年版，第 364 页。

能代表居民的根本利益与真实意愿，某种意义上只是参加而非参与。所以，在理论层面上，我们认为这种被动式参与对发展社区治理及基层民主的作用是有限的。但它在现实中又是存在的，这种被动式参与也可以看作是基于一种权益实现的利益性参与，必须在现实公民参与中给予足够的重视并在理论上进行分析。

在上述的参与方式中，既有公民的主动参与，也有公民被动性的参与。除此之外，公民在维护自己权益，参与社区事务时并非都是和风细雨的方式。当社区居民的利益通过正常方式不能实现时，就会采取其他的方式进行利益表达与参与，如诉诸媒体、抗议、示威等，这也是近年来我国城市社区治理中公民参与的较为突出的现象，必须引起足够重视。①

四、公民参与城市社区治理的进程

我国公民参与城市社区治理的进程是伴随着城市社区治理改革的进程而不断发展的。从总体上看，社区公民参与情况受制于社区治理的整体进程。我国社区建设经历了从社区服务到社区建设再到社区治理的历程。从 1984 年国家明确提出"社会福利社会办"的思想开始，到 1985 年民政部从民政工作社会化、社会福利社会化的角度开始倡导社会服务工作，到 1986 年民政部倡导在城市基层开展以民政对象为服务主体的"社区服务"，"社区"首次被引入中国城市基层管理体制中来。1991 年，民政部又提出了"社区建设"的概念。1998 年，国务院赋予民政部"推进社区建设"的职能，在上海、石家庄等城市社区开展社区建设试点工作，创新街道和居委会管理模式。2000 年 12 月，中办国办发出通知，转发民政部意见《在全国大力推进城市社区建设》（简称中办[2000]23 号文件），此后全国社区建设进入了全面发展时期，逐渐向规范化、纵深化发展。社区建设突破了单纯的社区服务、社区环境改善等硬件设施建设的局限，

---

①　2010 年 6 月 25 日，济南名士豪庭业主冲着开发商宣传的优质教育资源买了房子，当孩子要上学时，自己的孩子却无法到小区新建学校上学。名士豪庭的业主多次和开发商（南丰地产）就小区学校等相关问题进行协商却没有结果，又通过向党报热线等反映他们的问题，但眼看新的学期即将到来，孩子上学问题仍然没有解决。在多次与开发商协商无果后，200 多名业主一起来到售楼处讨要说法。由于人数众多，一度造成了经十路辅道的交通拥堵，公安部门派出多名民警进行疏导、劝解，维持现场秩序。多位业主表示之所以采取如此举动，原因在于"不得已而为之"，目的是引起开发商和相关政府部门的重视，尽快解决有关问题，迫使开发商兑现承诺。具体内容见附录 1 的案例材料。

逐渐向社区治理和社区民主方向发展。2002 年底，根据民政部的精神，上海等地的实验社区对社区居委会进行了改革，出现了一批“议行分设”的居委会管理模式，如上海模式、沈阳模式、青岛模式、深圳模式、江汉模式等。2006 年，国务院又发布了《关于加强和改进社区服务工作的意见》（国发[2006]14 号），强调城市社区在经济社会发展中的地位越来越重要，社区居民对社区服务的需求越来越高，做好社区服务工作对提高居民生活质量、扩大就业、缓和基层社会矛盾、构建和谐社会等意义重大。我们以社区治理的准备阶段、启动阶段和全面推进阶段来考察公民参与社区治理的基本进程。

（一）准备阶段的公民参与（1991—1996）

社区治理的准备阶段是从 1991 年开始到 1996 年。公民参与也在此阶段总体呈现出弱参与的特征。1991 年，民政部基层政权建设司发出《关于听取对“社区建设”思路的意见的通知》，开始了我国城市社区建设的准备。到 1992 年 6 月，社区建设开始从理论准备向实践转化。民政部在 1992 年 6 月，在天津市河北区召开了第一个“社区建设理论研讨会”，这是社区建设实践的开端。同年 9 月下旬，杭州市召开的“全国城市社区建设理论研讨会”开始关注社区的定位问题，也开始关注社区建设的主体，也就是社区居民群众的自我管理、自我教育、自我服务的行为，并认为，这是社区建设的生命力所在，应该保证居民的民主权利并最大限度地激发公民的参与积极性。社区建设的兴起，在全国 17 个省自治区直辖市的 42 个城市的 56 个街道开始了试点工作。

此阶段公民参与在实践上主要体现为：居民参与社区服务，形成社会救助制度；参与改善社区环境，提高社区居民生活质量；参与社区综合治理，维护社区安全稳定；帮助弱势群体；参与社区文体、教育等活动。但从总体上看，居民委员会作为群众自治组织的功能还未实现，其成员仍是街道办事处的“下派干部”或社会招聘人员。由于社区建设处于准备阶段，居民对社区的认同感十分缺乏，好多居民并不认为自己是社区建设的主体、应该对社区建设担负责任，更多的居民认为社区建设是政府的事，与自己无关。社区公民参与意识还不明确，社区也只是自己生活的区域，与自己工作与实际切身利益关系不大。

（二）启动阶段的公民参与（1997—2000）

1996 年开始，上海、石家庄等地的社区建设进入实践操作阶段，我国社区建设进入了启动阶段。中共上海市委组织了规模较大的社区管理和基层政权建设问题的调查研究，形成了《关于加强街道、居委会建设和社区管理的若干政策意见》，进一步探索和完善“两级政府、三级管理”城市基层管理体制改革。1996 年，中共石家庄市委、市政府制定了《关于进一步加强社区工作的意见》，确立“两级政府、三级管理、四级落实”的新体制。1998 年，国务院批准民政部设立基层政权和社区建设司，并将原来由社会福利司分管的社区服务工作职能划归该司，表明了社区建设也成为政府的一项专门职能。这个时期，民政部制定的《全国社区建设实验区工作实施方案》规定，实验区社区建设工作的一个基本原则是“扩大民主、居民自治”，在社区内实行民主选举、民主决策、民主管理、民主监督，逐步实现社区居民自我管理、自我教育、自我服务、自我监督；建立并完善社区自治组织、管理体制；按照“社区自治、议行分设”的原则，适当调整街道、居委会辖区规模，建立新型社区；探索社区内议事层与执行层分开的社区建设组织形式，理顺社区内各种组织的关系等。此时期，以全国 25 个社区建设试验区为蓝本，开始了与市场经济体制相适应的城市社区管理体制的实践改革，推进街居工作社区化，社区工作社会化，创建文明和谐社区，推动基层民主建设，实行居委会的民主选举、民主决策、民主管理和民主监督以及社区居民的自我管理、自我教育、自我服务等，扩大群众的广泛参与。

1999 年 11 月，民政部基层政权和社区建设司，召开专家论证会，对“沈阳模式”社区建设改革进行评估。“沈阳模式”引起了国内外广泛关注和强烈的反响，并被称为是“中国民主进程的一次历史跨越”，对全国的社区建设产生了重大影响。1999 年 12 月的《中国青年报》连续刊登了《“海选”进城，“居大妈”淡出》《居民成了社区的主人》等文章介绍“沈阳模式”，并发表《从凤阳到沈阳》的评论，认为中国的改革又一次演绎“农村包围城市”的故事，只不过主角是“居民自治”。

此阶段，社区建设的内容已超出了社区服务的范围，涉及社区治安、社区环境、社区卫生、社区文化、基层民主建设等各方面，公民开始参与到社区组织的各种知识讲座、科普宣传等活动中。社区志愿者开始成长，社区居民对由居委会组织的活动开始表现出一定的兴趣与参与意识。这个时期，政府主导推动社区建设的行政力量还比较明显，青岛社区建设中提出社区建设是“一把手工程”，并制定了社区规划和三年发展目标等。当然，社区治理并不能脱离政府的支持与主导，但社区治理的内容和范围越来越广，社区建设与治理也不仅仅是当地政府的事，社区内的各单位、公民组织和社区居民更多地参与到社区公共事务中来，公民参与总体意识提高，参与的公民个体和组织的数量明显增多，参与的广度和深度及实际效果相比前一阶段都有明显提高。

（三）全面推进阶段的公民参与（2001—现在）

2000年11月19日，民政部以中共中央办公厅、国务院办公厅的名义向全国转发了《民政部关于在全国推进城市社区建设的意见》（简称“中办23号文件”）。中办23号文件标志着社区建设进入全面推进阶段。该文件在总结26个试验区经验的基础上，为规范社区建设发展指明了方向：明确把“扩大民主、居民自治”作为城市社区建设的重要原则确定下来；提出“推进城市社区建设，是巩固城市基层政权和加强社会主义民主政治建设的重要途径”的目标；明确了社区居民自治的内容是“实行民主选举、民主决策、民主管理、民主监督”，逐步实现社区居民自我管理、自我教育、自我服务、自我监督；提出了科学合理地划分社区，“要以改革创新精神，按照便于服务管理、便于开发社区资源、便于社区居民自治的原则，并考虑地域性、认同感等社区构成要素，对原有街道办事处、居民委员会所辖区域作适当调整，以调整后的居民委员会辖区作为社区地域，并冠名社区”，“社区居民委员会的成员经民主选举产生、负责社区日常事务的管理”；明确了“社区居民委员会的根本性质是党领导下的社区居民实行自我管理、自我服务、自我教育、自我监督的群众性自治组织”，“社区党组织是社区组织的领导核心”。[①] 中办23号文件丰富和发展了《城市居民委员会组织法》的精神，成为社区建设的指导性文件，社区建设也进入了全面推进的新阶段。

在社区建设全面推进过程中，公民参与社区治理的重要性开始凸显，具体表现在以下方面：公民参与的内容超出了社区服务的范围，不再是单纯的社区文化、体育、卫生、治安、环境等，开始更多地涉及居委会和业主委员会的直选、社区自治章程的制订、社区公民的维权活动、城市规划等维权和决策层面的事务；参与主体多元化趋势明显，除了社区内的居民委员会、业主委员会、物业公司、公民个体外，更多的外部组织（包括商业组织、民间组织）积极地参与到社区治理中，为社区发展注入强大的动力；参与形式多样化，尤其是随着互联网的

---

① http://zqs.mca.gov.cn/article/sqjs/zcwj/200912/20091200044439.shtml

兴起，公民参与的形式突破了传统的选举、参与文体活动等形式，开始利用新兴网络论坛等参与社区事务；主动式参与呈现上升趋势，利益表达的自主性明显增强，公民意识、公民参与能力等明显提高。

随着社区建设进程的逐步推进和社区治理结构的逐渐合理化，社区治理的制度创新为公民参与提供的制度平台的作用逐渐发挥出来。我们从社区建设的发展进程角度，考察我国公民参与的历时性特征，发现其总体上是向前发展的。随着时间的推移，公民参与社区治理的范围在扩大，公民参与的深度、频度、影响度也在扩展，公民参与的意识、公民参与的能力、公民参与的方式等都呈现出积极发展的总趋势。

社区治理是我国城市基层社会管理体制的历史性突破，也是基层民主实践的一次探索。社区治理作为一种新型的城市社会管理方式，从其在城市基层管理体制中所处的地位来看，将摆脱其原来依附于国家统治的“边缘”地位，逐渐成为城市基层社会管理的基本体制。从社区自治组织（社区居委会）与社区居民的关系来看，社区居民正逐渐掌握社区的自治权。从社区居委会自身的变化来看，居委会正在向社区多元治理结构所要求的方向转变，而不再单纯地作为政府的“腿”存在。当然，我国城市社区治理刚刚起步，社区居委会功能转化还不彻底，公民在社区治理的主体地位还不牢固，各种社区自组织发育不成熟等，仍然是影响公民参与的重要因素，公民参与社区治理总体不足的困境还没有从根本上改变。我国大部分学者也认为，现阶段社区治理中公民参与总体不足，如普遍的公民参与意愿较低，参与形式单一，参与层次较低，利益驱动的参与较多而自主性参与相对较少等，这又在某种程度上影响了我国城市社区治理的健康发展。认识到这些问题并不是否认公民参与在社区建设沿革中总体向前发展的正向作用，而是要求我们更应从实践上总结现阶段公民参与存在的问题，更好地从理论上为扩大公民有序参与和推动社区建设提供更多的解释。

第三章　公民参与城市社区治理与民主政治发展

民主的改革必须从基层开始，鼓励普通公民的参与是现代民主发展的重要基础。现代民主政治制度下的公民参与的广度、深度和质量等，成为衡量社会政治现代化发展的重要指标。“人民民主是社会主义的生命”，城市社区公民参与城市社区治理的行动也是现代城市基层民主发展的实践起点。公民参与社区治理是公民个体、社区自组织和政府等多方共同学习、共同进步的过程。民主意味着参与，参与也是民主最初的表现形式，但现代民主并不简单地等同于定期的选举及政党竞争，公民参与民主也不仅仅是投票和选举，还是社区生活中真实的协商与合作。我国城市社区治理为公民参与社区的公共事务创设了良好的制度平台，社区“守望相助、首尾相济”的“草根政治”为我国民主政治建设提供了良好的基础，公民参与行为在实现自身利益的同时也必然推动着中国城市“草根民主”的渐进发展。公民参与城市社区治理的行动使得民主在中国基层社会首先生长运作起来。

一、公民参与城市社区治理的民主价值

任何民主都是价值理性和工具理性的统一。“当我们思考治理制度时，对

民主价值观的关注应该是极为重要的。”①卢梭强调个人对政治过程的参与，现代参与式民主强调个人参与越多，他们就能够参与得越好，民主才能真正实现等观点，他们都强调公民参与对于现代民主的重要性。公民参与社区治理体现着基层社区治理的民主价值。我国城市基层民主的公平、秩序、和谐、正义等价值目标不仅仅体现在参与政治选举与投票，更体现在具体社区公共事务的公民参与中。公民参与社区治理在实现个体或组织利益的同时有助于实现基层社区治理的民主价值，多元主体间的信息传递与合作也有助于改善社区治理的民主环境。

（一）体现了现代民主的本质

公民参与是现代民主制度的重要维度，现代民主价值的体现不仅要有完备的民主制度设计，更要有公民参与的推动。社会主义民主所追求的公平、正义的终极目标不仅仅体现在国家宏观层面的政治选举与投票中，公民参与的具体行为践行着社会主义民主所欲实现的基本价值：主权在民、自由平等、公平正义等。“以人为本，服务居民”“居民是主人”的城市社区治理体现了平等的民主观。尊重公民个人尊严，以人为本，而不是以某个既定的政治目标为本，从人的幸福生活与全面发展出发，“居民是主人”核心理念凸现出社区居民作为社区主人在社区治理过程中的权力。“社区是我家，建设靠大家”等“以人为本”的理念有利于公民主动参与社区事务管理，并在实际参与活动中实现其利益诉求，体现了人民当家作主的社会主义民主的本质。“民主过程的本质就是参与决策。民主社会中任何成员都不能保证他在参与的争执中一定稳占上风，但可以肯定（如果是真正的民主）他能公正地享有一份决策权。他可能在表决中失败，意见还是提出来了。”②公民参与城市社区治理的最初动因是基于个体利益的实现，在个体利益实现的过程中，公民也共享着公共利益及现代民主价值。诚然，社区公共利益并不等于简单的公民个体利益相加，但个体利益的实现需要被整合到公共利益之中，需要公民对社区的认同、信任与支持，需要对基层民主的和谐、秩序、公平等价值的认同与共同分享。现代民主承认并允许社会存在利益差异，在个体利益和公共利益差别基础上通过公民参与、合作协商等再

---

① ［美］珍妮特·V. 登哈特，罗伯特·B. 登哈特：《新公共服务：服务，而不是掌舵》，丁煌译，中国人民大学出版社 2010 年版，译者前言，第 8 页。

② ［美］科恩：《论民主》，商务印书馆 1988 年版，第 219 页。

达成利益共识，而这种共识以社区共同体的名义或意志执行下去，实现着现代城市基层民主的价值目标。而公民参与日常社区事务的行为不断积淀着人们对民主的感性认识：民主不是抽象的、遥远的，而是具体的、真实的，就在自己的身边。公民在具体的社区治理中逐渐养成理性、宽容地对待公共问题的习惯，习得现代民主的规范、程序和规则，并以和平、合法、有序的方式表达其利益诉求，能够平等对待竞争对手，以理性态度处理分歧与矛盾，而不是简单的盲从。公民有序参与践行着公平、正义、平等、理性、和谐的民主价值。城市社区治理中的公民参与，在日常身边事务中实践着“民主是一种现代生活”的民主理念。[①]

（二）发展了以社区为单位的公民社会

公民社会是民主发展的基本条件，一个民主政体如果存在的话，就必须相应地存在一个参与型的公民社会。达尔曾指出在一个大型的民主政体中，独立的社会组织是民主过程本身运作所必需的，“其功能在于使政府的强制最小化、保障政治自由、改善人的生活”[②]。现代公民社会是以人为本的社会，是以保护私权和公民自治的社会，是社会组织良性发展的社会，是公民积极参与的社会。公民自由的平等权利和自我发展只能在参与型社会中才能实现。只有在公民社会中，才能培植政治效率感，才能培养公民对集体或公共问题的关心，才有助于有足够政治能力的公民的成长，才会有真正意义上的公民参与的发生。公民社会是国家和市场之外的所有民间组织或民间关系的总和，其组成要素是各种非国家或非政府所属的公民组织，包括非政府组织、公民的志愿性社团、协会、社区组织、利益团体和公民自发组织起来的运动等，它们又被称为“第三部门”。[③] 公民社会消解了民主的政治压力，孕育了民主的政治文化，构建了民主的外围机制。现代民主政治是随着公民社会的发展而发展起来的，只有在相对成熟的公民社会基础上的民主政治才能成功。

我国学界大体赞同在市场经济基础上推进政治改革的思路，但二者如何有效衔接？以城市社区为基础不断发展的公民社会就是很好的中介。我国社会正从同质的单一性社会向异质的多样性社会转型，社会利益结构发生了分化，

① 蔡定剑：《民主是一种现代生活》，社会科学出版社 2010 年版。
② ［美］罗伯特·达尔：《民主理论的前言》，顾昕译，东方出版社 2009 年版，第 227 页。
③ 俞可平：《民主与陀螺》，北京大学出版社 2006 年版，第 31 页。

新的利益群体和阶层正逐步形成。生活在社区中的公民也划分为不同的阶层，他们因不同的利益需求而以不同方式参与社区治理。由于利益分化和所处社会阶层的不同，公民必须要有相应的组织依托才能在集体表达时获得成功。各类公民组织是公民参与社区治理的重要组织形式，公民通过组织化参与有利于社区居民的社会化、公民化和自我管理、自我教育、自我服务功能的实现。公民以社区自组织为载体参与社区治理，在参与、合作、竞争、博弈与互动中，以社区为单位的公民社会不断发展壮大，为城市民主发展提供了充分的社会条件。破解过去社区治理和城市基层民主建设把重点单纯放在社区居委会和街居体制变迁上的困惑，可以有效解决单一的政府行政管理社区的困境。

（三）培育了现代公民精神

“健全和稳定的现代民主不仅仅依赖于‘基本结构’的正义，且还依赖于公民的品性与态度。”①在共享价值观和义务感基础上的公民精神对社区治理的实现与基层民主建设提供着精神支持。而基于利益诉求基础上的公民参与社区的具体行为仅仅“用程序与制度的方法去平衡个人利益是不够的，一定的公民德性与公益精神是必要的”，②而这种“使民主政治成为可能的文明品质只有在公民社会的团体网络才能习得”。③

现代民主社会的公民精神养成不能仅仅依靠公民教育，更重要的是公民参与实践对现代公民精神的培养与历练，应使公民“习惯于履行公民义务……使他们熟悉那些超越于个人环境的即时性的利益，鼓励他们去承认，公共事务才是他们应当加以关注的。”④这样，公民在参与活动中才会逐渐养成平等、责任、理性、守法、参与、宽容、互惠互利、必要的妥协及理性公民内心真实的同意等现代公民精神，并在具体事务中不断打破传统的臣民意识、顺民意识与私民意识等。参与社区公共事务、监督公共权力过程中的公民，增长了参与的热情和积极性，积极主动的公民角色观念逐步确立。“有自信的公民看来是民主的公

---

① ［美］威尔·吉姆利卡、威尼·诺曼：《公民的回归》，许纪霖主编：《共和、社群与公民》，江苏人民出版社2004年版，第236页。

② Galston, William. *Liberal Purposes: Goods, Virtues and Duties in the Liberal State*. Cambridge: Cambridge University Press 1991, P217.

③ ［美］威尔·吉姆利卡、威尼·诺曼：《公民的回归》，许纪霖主编：《共和、社群与公民》，江苏人民出版社2004年版，第253页。

④ Oldfield, Adrian. *Citizenship: an Unnatural Practice*. Political Quarterly. Vol1. 1990, P184.

民。他不仅认为自己能参与,还认为别人也必须参与。此外,他不仅认为自己能参与政治,而且往往是比较积极的。”①“参与的人克服了一般情况下使他们分开的那些差异,他们意识到其共同追求的目标的意义,并且有理由感到,达到这一目标或许就是自我管理要求的胜利。在这样一个共同的目标之下集中起来,对于公民和集体来说都是很令人振奋的。这是民主经验的一个重要因素。”②

(四)锻炼了现代理性公民

每一个社区公民都有法律规定的民主权利,但并不是任何人天生就会参与民主公共生活,对于努力推进政治民主发展的中国来说,民主的学习和锻炼及在实践中培养现代理性合格的民主公民至关重要。现代民主意义上的公民必须是“积极公民资格”的公民,而不是一般意义上的普通市民和社区居民,民主本身要求公民对与他们利益相关的事务能发表意见并参与其中。在培养民主理性的合格公民方面,公民参与社区治理的实践有不可替代的作用。社区居民从自己关心的社区公共事务做起,学会如何参与,如何表达利益,如何实现公民权利,如何与社区其他治理主体合作与竞争,并在参与行为中逐渐接受现代民主的多种价值理念。平等参与、守法理性、协商合作、宽容尊重、竞争博弈、有序表达等现代民主所蕴含的价值观念,在公民参与社区治理的实践中逐渐内化为公民内心的真实体验。就民主政治建设而言,“如果公民和领导人对民主的观念、价值和实践给予强有力的支持,一种稳定的民主的前景就更加光明。”③社区公民在参与、合作、对话协商的过程中公平地改善生活状况,提高社区生活质量,锻炼了民主理性的现代合格公民。了解和熟悉民主规则和民主精神的现代公民,在参与社区治理实践中遵守民主自治、自律守法、恕道妥协等现代民主价值,参与到为社区公共福利和公共利益的活动中,以和平、合法的方式表达其利益诉求,提高了公民参与社区治理的积极性和效能感。现代公民在影响公共政策、参与社区决策及推动城市基层民主发展方面的作用越来越大。现代民主中

---

① [美]加布里埃尔·A.阿尔蒙德、西德尼·维巴:《公民文化——五国的政治态度和民主》,徐湘林等译,东方出版社2008年版,第232页。

② 转引自[德]托马斯·海贝勒、君特·舒耕德:《从群众到公民—中国的政治参与》张文红译,中央编译出版社2009年版,第159页。

③ [美]罗伯特·达尔:《论民主》,李柏光、林猛译,商务印书馆1999年版,第165页。

的公民参与,使公民学会并且开发了那些适合于参与过程的方法。"他不仅学会了做一个个体公民,而且学会了做一个公共公民。""有道德的公民明显地就是一个参与社区工作的公民……民主公民权的理想自早期就已经意味着公民为了促进社区的改善而应该承担的某种责任或义务。"①

美国学者亨廷顿在研究政治发展的过程及影响政治发展的相关因素时,把公民参与视为影响政治发展的重要变量。多元民主论的代表人物罗伯特·达尔在论述什么是民主时,提出的五项民主标准中第一项就是"有效的参与"。巴伯也提出了作为一种公民直接治理形态的"强势民主"的概念,"强势民主"意味着公民只要做基层的决定即可,并不需要在政府管理的每一层级中均出现,其基本的价值在于公民参与的行动和公民积极地参与决策过程的态度。美国学者帕特南在分析现代民主制度运行的条件时强调:"世界各国的经验表明,对于民主制度的绩效来说,至关重要的要素是普通公民在社会中充满活力的群众性基层活动。"②"通过积极地参与才能够最有可能达到最佳的政治结果,这些最佳的政治结果不仅反映了公民作为一个整体的广泛判断或特定群体经过深思熟虑的判断而且也符合民主的规范。"③我国公民参与城市社区治理的实践推动着城市基层民主的发展,并在具体实践中不断探索创新着社会主义民主的多种实现形式。

二、公民参与城市社区治理的民主实现形式

任何民主都是民主本质与民主实现形式的统一,社会主义民主"一切权力属于人民,人民当家作主"的民主本质必须有具体的民主的实现形式。民主的实现形式就是"一种社会管理体制,在该体制中社会成员大体上能直接或间接地参与或可以参与影响全体成员的决策。"④民主是个好东西,但民主不能仅仅是抽象地停留在文本上的国家政治规定,"人民当家作主"的社会主义民主必

---

① [美]珍妮特·V.登哈特,罗伯特·B.登哈特:《新公共服务:服务,而不是掌舵》,丁煌译,中国人民大学出版社2010年版,第38—39页。

② [美]罗伯特·D.帕特南:《使民主运转起来》,王列、赖海榕译,江西人民出版社2001年版,中译本序。

③ [美]珍妮特·V.登哈特,罗伯特·B.登哈特:《新公共服务:服务,而不是掌舵》,丁煌译,中国人民大学出版社2010年版,第48页。

④ [美]科恩:《论民主》,聂崇信、朱秀贤译,商务印书馆1994年版,第9页。

须要有制度化、规范化和程序化的具体实现形式，只有这样，抽象的民主才能转化成真实的、具体的民主。每个国家由于具体国情不同、民族文化传统不同、经济社会发展的体制及水平不同，其民主的实现形式不可能是一个模式。社会主义民主实现形式并不是过分追求民主技术操作层面的细节，否则容易陷入就民主形式谈民主形式的逻辑思维，邓小平曾强调“如果追求形式上的民主，结果是既实现不了民主，经济也得不到发展，只会出现国家混乱、人心涣散的局面。”[①]“世界上的民主，都是具体的、相对的，而不是抽象的、绝对的。任何一种民主的本质、内容和形式，都是由本国的社会制度所决定的，并且都是随着本国经济文化的发展而发展的。”[②]党的十六大强调“扩大基层民主，是发展社会主义民主的基础性工作”。十七大报告中又指出“人民民主是社会主义的生命”，提出了从各个层次、各个领域扩大公民有序政治参与，实现民主选举、民主决策、民主管理、民主监督的社会主义民主目标，并坚持“健全民主制度，丰富民主形式，拓宽民主渠道”，在具体的基层农村和城市社区治理中发展和创新社会主义民主的实现形式。公民参与城市社区治理事务就是一种规则化和程序化的民主治理过程，体现着城市社区治理的民主选举、民主决策、民主管理和民主监督的基本规则与程序。选举民主、协商民主、网络民主等多种民主实现形式在公民参与城市社区治理中都有体现。

（一）选举民主

选举民主（包括直接选举和间接选举两种方式）是指公民通过自由、公正、广泛、定期、平等、竞争性的选举进行治理的民主实现形式。选举被确认为是现代民主宪政体制内在的基石和外在的标志，尤其是二战后相当长时间内，民主几乎被等同于选举与投票，“选举成为了民主的实质”。[③] 上到现代民主国家的统治者，下到社区基层社会事务的管理者等都由选举而产生。公平的选举是民主实质的直接体现，而且是不可或缺的必要条件，现代民主国家则普遍采用间接选举方式。“选举即民主”已成为西方民主理论及实践中的共识，选举民主也被视为保障公民权利实现的最为有效的一种方式。

---

① 《邓小平文选》第3卷，人民出版社1993年版，第220页。

② 《江泽民文选》第2卷，人民出版社2006年版，第257页。

③ ［美］亨廷顿：《第三波——20世纪后期民主化浪潮》，刘军宁译，上海三联书店1998年版，第6页。

从1997年党的十五大到2007年党的十七大，我国一直都把“民主选举、民主决策、民主管理、民主监督”并列为人民民主的四个内容和程序，其中选举是民主的起点，人民授权主要是通过选举来实现的。选举民主是社会主义民主得以实现的最根本、最普遍的形式。城市社区公民参与社区治理过程中发生的选举行为主要体现在三个方面：选举区人大代表、选举社区居委会成员、选举自治的业主委员会成员。我们以城市社区公民参与的最普遍的社区居民委员会选举为例，考察社区的选举民主。

1. 公民参与社区居委会选举体现了选举民主的程序性

公民参与社区居民委员会的选举是社区治理的重要内容，也是公民参与社区基层民主建设的重要机制。居民委员会选举作为城市居民直接管理社区事务的民主形式，是加强基层民主建设的重要起点。1999年6月，我国城市社区选举改革首先从沈阳开始。沈阳市沈河区文化路金生社区管委会进行的换届选举，改变了原来由街道垄断提名的方式，实行由候选人自由报名，并由户代表进行差额投票的方式选举产生了第一个新型的社区居委会。此后，从2000年到2003年，北京、上海、南京、杭州、武汉、合肥、西安、海口、威海和青岛等地都进行了社区居委会选举改革，2003年成了全国社区换届选举年。社区居民委员会直接选举，是继农村村民自治实践的“草根民主”后的城市基层民主的“都市突破”。[①] 社区直接选举的实践体现了民主选举的程序性。各地的社区选举办法不尽相同，但大体都包括了建立选举组织机构；推选社区选举委员会；推选社区成员代表会议代表；选民登记；推选社区居委会成员候选人；召开正式选举大会进行投票选举；推选居民小组长，建立下属组织等基本程序。其中选举委员会的工作在整个选举过程中作用重大，选民登记则是选举工作中比较困难的环节。这些选举程序符合现代民主建设的要求，社区公民也在遵守民主选举程序中逐渐形成了理性参与的习惯。以济南市甸柳一居2003年社区居委会直接选举为例，选举历时一个月，经历了准备工作、宣传动员、选民登记、提名推荐初步候选人、确定正式候选人、投票选举、总结完善等六个阶段。选举中的各个环节都注意调动各方面力量，并进行了充分的准备与动员工作，积极发挥社区精英人物（如原居委会主任担当选举委员会的主持人等）及社区志愿者的作用。选举活动中还邀请了第三方的介入，以体现民主选举的公正、公开性。如：选举

---

① 徐勇：《“绿色崛起”与“都市突破”》，《学习与探索》，2002年第4期。

当天，济南大学社区研究方面的学者被邀请到现场进行监督，《大众日报》《济南时报》等大批媒体持续做前期、现场及后续报道等。从政府推动、制度安排、社区居民参与再到媒体的持续报道等，都体现了公民参与社区居委会直接选举的基层民主意义。①

2. 公民参与社区居委会选举体现了选举民主的实质性

以公民参与社区居委会直接选举为例，公民参与体现了城市基层民主选举的实质，社区选举的普遍性、真实性、有效性、公平性等得到体现。第一，坚持了公民选举权的普遍性原则。《城市居民委员会组织法》规定年满十八周岁的居民，不分民族、种族、性别、职业、家庭出身、宗教信仰、教育程度、财产状况、居住期限，都有选举权和被选举权，但是依照法律被剥夺政治权利的人除外。社区居民都享有直接或间接参加社区选举活动的权利，在社区范围内实现了选举权的普遍性原则，体现了社会主义民主的本质。第二，坚持选举的平等与公开原则。公民在行使选举权时是平等的，每一位选民在同一项选举中只能投一张选票，每张选票的实际效力是完全平等的。尽管《城市居民委员会组织法》没有对此做出具体直接的刚性规定，但在实际选举过程中大都遵循这一规定。每个选民在一次选举中只有一次投票权，多投则无效，任何人都不能享有多于他人的投票权。公开原则是指民主选举的各环节公开、透明。社区各项选举程序从选举计划、过程到结果都要及时向选民通告或由选民当面参与，这里具体涉及选举委员会成员名单、选民资格及名单、社区居民委员会候选人名单、选举时间、地点及会场投票箱开启、唱票计票等，每个环节都要公开透明。与此相应的是秘密划票，即选民在填写选票时不对任何人公开，对选票上的候选人可以投赞成票或反对票，也可以弃权，也可以填上更合适的其他人。平等与公开的选举原则直接体现了人民当家作主的社会主义民主本质。第三，坚持了直接选举和差额选举相结合的原则。社区居民委员会实行直接选举原则体现了社区居民委员会的基层性、群众性、自治性的特点。居委会直接选举使社区公民能够直接充分行使民主权利，维护自己的切身利益，是公民在基层实现民主的最直接机制。在社区居民委员会选举中实行差额选举原则为选民提供更大的选择机会，以选出更为合适的社区治理的代理人，同时也形成了具有活力和竞争力的选举机制。

① 具体内容见附录1公民参与社区治理实例。

3. 公民参与社区居委会选举体现了政府主导基层选举民主的特点

现阶段，一般只能由政府主动推动，城市社区的民主化进程仍由政府主导推动，地方政府相关部门对社区选举活动细节设计、成本投入、较大声势的宣传动员等，都表明了“国家试图借助声势热闹又不会挑战国家权力的仪式性参与，以获致社会整合的目标”。[①] 政府精英阶层主动通过民主化的选举方式来试图化解城市转型期积累的各种社会问题和矛盾，公民参与社区民主选举既成为了解决基层社会问题的工具，同时也是基层民主发展的目标。政府主动推动并动员公民参与社区选举活动，为城市基层社会整合及消除城市遇到的社会问题寻找到新的突破口，通过这种选举方式可以让社区公民都相信，社区是可以实现自身利益的地方，每个人都有机会参与社区公共事务活动，营造了社区治理与公民自治的社区愿景。政府主动推动居委会选举不仅仅是为实现社会控制，同时也可以使参与其中的公民浸染在选举的实际操作过程中及政府推动的选举氛围中，使公民的政治效能感和参与能力也都有了实际提高。公民参与社区的民主选举活动会创造出公民对政治体制的信任和效能感，从而强化公民对现有体制的合法性认同。因而，直接选举的试点实现了城市基层民主的“都市突破”。[②] 此外在实际选举过程中出现的主动上门到选民家中进行选举动员、充分发挥媒体作用、候选人竞选演说等新兴的社区选举方式，不仅提高了候选人参与竞选的积极性，而且对整个社区民主参与有较好的推进作用，在客观上为扩大公民参与城市基层民主和社区治理创设了有利条件。

选举的要义是选民利益在选举中要得到真实的表达和充分保护，选民可以在不受任何意志指使的情况下，理性地在多个候选者之间选出符合自己利益的代表去代行公民的权力。现实中，公民参与居委会选举活动仍受制于政府主导、城市社区组织发育不健全、公民参与成本较高等因素的影响，还存在着各种问题，如：政府高调推动社区直接选举，而社区居民反应冷淡；高投票率、高参选率表象下的居民被动参与、走过场等形式主义的做法；选民与候选人之间并无沟通和信息交流，部分候选人由街道办事处指定，候选人之间不存在真正竞争等；公民较少拥有对社区选举的发言权，更多的是听从政府安排，响应政府号召参加社区选举等活动，充当了选举活动的到场者和旁观者的角色。城市社区选

① 杨敏：《公民参与、群众参与与社区参与》，《社会》，2005 年第 5 期。

② 徐勇：《“绿色崛起”与“都市突破”》，《学习与探索》，2002 年第 4 期。

举民主中存在的问题表明,要进一步创新基层选举民主,必须引入竞争机制,试行竞争性选举,这是保证选民选举权利和利益得以实现的较好的手段和方式。加大竞争性选举在选举民主中的适用范围,从基层社区开始建立竞争性的选举民主,实现向更高层次和更大范围选举民主的逐步扩展。

(二)协商民主

协商民主是20世纪后期在西方兴起的一种民主治理形式,它强调在一定的政治共同体中行动者通过对话、讨论、沟通和审议等协商性的方式参与民主政治生活。协商民主是一种具有巨大潜能的民主治理形式,20世纪80年代后,协商民主作为地方治理的主要形式,倡导公民参与、对话和讨论,以达成共识,实现公共利益诉求。在西方主要国家兴起的协商民主形式主要有参与式预算、市镇会议、公民大会、委员会、评议会等。协商民主强调通过公共协商来解决社会管理中存在的问题,它并不强调利益诉求的一致,而是在尊重利益差异的基础上,不同利益团体之间通过互相沟通协商理解,经过多次的谈判妥协、集体讨论、讨价还价,最终达成共识。协商民主与选举民主的最大差别是公民或公民团体不是简单地通过选举把公共权力完全交给精英人物,而是让公民有充分表达利益、讨论分歧最终达成共识的机会。协商民主植根于现实的民主选举、权力制衡等西方民主的制度要素及理性表达、平等参与和对话讨论等政治文化基础上,并力图通过公共协商完善民主程序、扩大参与范围以修正西方代议制民主的某些缺陷与不足。如美国地方治理中的市镇会议(town meeting)和市镇委员会(town council)就是美国协商民主出现的重要形式,社区居民可以充分参与当地公共事务和政治生活,通过各种渠道充分发表意见,与政府平等对话和交流,甚至辩论和讨价还价。

我国公民参与城市社区的民主选举仅仅是实现基层民主的第一步。在社区直接选举后,公民参与社区各项事务的民主活动,主要体现在民主决策、民主管理和民主监督上,而在此过程中的公民参与社区治理的民主事务体现着现代协商民主的实现形式。在涉及与社区公民利益紧密相关的社区事务的决策、管理和监督过程中,合作协商讨论成为参与社区事务的主要方式,体现了现代协商民主在基层社区的实现。

1. 社区居民会议是协商民主在基层社区实现的重要形式

社区居民会议(社区居民代表大会和社区协商议事会)是协商民主在基层

社区实现的重要组织形式。按照《城市居民委员会组织法》规定，居民会议作为社区治理的最高决策组织形式，拥有相应的法定权力：听取和审议社区居民委员会工作报告、讨论决策本社区公益事业、选举撤换和罢免社区居民委员会成员、讨论制定和修订社区自治章程和居民公约、讨论决定涉及全体社区成员利益的其他重大事项、改变或撤销社区居民委员会不适当的规定等。目前各地社区治理实践中，社区居民代表大会和社区协商议事会对社区民主起着越来越大的作用。在实际的社区事务中，有的城市更加明确规范了城市社区居民会议的内容、规则及程序等，强化了社区居民会议或社区议事协商委员会在社区民主事务中的主体地位。

2. 新兴的各种社区论坛是协商民主在基层社区的创新形式

新兴的各种社区论坛、理财会、居民论坛、民主听证等社区自组织体现了城市基层社区治理的协商民主机制。这些新兴的社区自组织都是社区居民在共同面对公共事务的处置过程中自主、自发地组织起来的，是完全出于社区居民自愿基础上的，没有受到外在行政力量的干预，不同于外来力量支持下建立的组织。社区公民基于信任与合作基础上的协商讨论成为公民参与的主要方式。社区公民的亲自到场和自身体验加强了彼此的信任与合作，他们不轻易破坏彼此间的团结合作，在增加了社区认同与归属的同时，也历练了社区公民的参与技能和现代民主意识。平等、自由、不受外界力量支配的公民在公共协商过程中，提出各种相关理由，说服他人，或者转换自身的偏好，在广泛考虑公共利益的基础上，经由公共论坛等社区自组织形式，对社区公共问题进行集中讨论，并在主动自愿、共同出场的情况下达成社区成员广泛接受的共识，并与政府或其他组织之间进行平等对话与谈判，通过协商讨论方式，为解决社区公共问题商讨解决方案。社区居民在理性、妥协、平等、合作协商的民主氛围中形成公共意见，在与政府及其职能部门的讨价还价中，对其决策和行为构成压力。这样可以适当避免低组织化的弱势个体直接面对高度组织化的强势政府所处的不利地位，可以提高公民的谈判能力和参与技巧，以使社区公民参与取得良好效果，公共事务也可以得到完满的处置。这种社区论坛或讨论会等社区自组织的创新形式，体现着社区内不同利益相关者之间的协商过程，是协商民主在社区治理过程中的具体操演与检验，增强了公民参与社区治理的实际效果，也为发展城市基层民主提供了一种新的途径。大力创新协商民主形式的意义在于不断激发民众在与国家及社会团体之间的博弈协商过程中更好地以协商形式参与

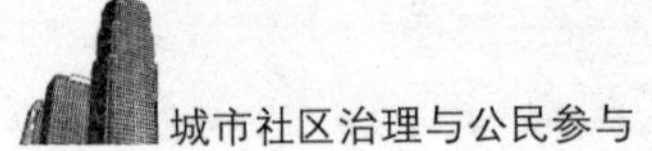

公共事务,培养公民的公共精神和协商能力,逐步推进我国民主政治的发展。

3. 公民参与社区事务大多采用协商的方式

公民参与社区事务大多通过面对面的协商方式来进行,在利益相关的社区事务中共同讨论,相互沟通,消除分歧,达成共识。尤其是公民个体或组织与社区居委会或街道办事处进行面对面的对话与交流,共同协商讨论社区公共事务,改变了过去社区居民简单服从的被动局面,社区公民或公民组织在社区治理中的主体地位得到彰显。公民参与城市社区治理的事务大体包括社区整体规划改造、社区公益事业、社区财务与社区建设公益管理、社区资金筹集方案与费用摊派,涉及社区服务、社区保障、社区科技文化教育、社区环境和治安等。我国各地在实践中创造出了许多有益的经验,如直接召开居民会议、居民公决等进行协商,而不是过去的单纯的通告。北京市东城区东直门街道胡家园社区居委会实行的社区代表会议公示制度和旁听制度就是很好的协商方式。一般在社区代表会议召开前三天,将会议召开时间、地点、内容等在公示栏公布,并在会上设立居民旁听席,允许旁听的居民发表意见。社区代表会议所形成的决议,必须在会议结束 3 天内向居民公布,接受群众监督。这些与社区公民息息相关的事务,公民必须参与其中,公民个体或组织以社区治理主体的地位与其他多元主体平等参与、共同协商,有竞争也有协商,有差异也有共识,在多次互动博弈过程中,公民个体既实现了自身利益,又维护了社区多方主体的公共利益。社区各种论坛等协商民主形式的兴起有助于拓展社区公民利益表达的渠道,推动公民个体、公民组织与地方政府的对话和交往,在充分表达自己利益诉求的过程中也充分了解并尊重其他各方的利益,从而在平等开放的对话协商中,形成社区公共利益的共识,提升了社区治理的绩效,也为城市地方政府的合法性获取了最大程度的支持。我国各地城市社区民主的实践表明,目前要达到理论上的协商民主还有相当的难度。因为公民参与社区民主还要处理好下面的关系:一是社区党组织与社区各种自组织的关系,在保证社区党组织的政治领导地位的同时又要防止社区党组织的包办代替和过多干预。二是社区居民会议、社区协商议事会与社区居民委员会的关系。在增强社区居民代表会议和社区协商议事会的决策主体地位的同时,又要避免社区居民委员会的自主管理功能的缺失。三是地方政府及派出机构与社区自组织的关系,在保证接受政府指导意见的同时,还要保持社区自组织的独立性和决策的权利。因此要建立社区协商民主的规则与程序仍是一项长期的工作。

（三）自治民主

“自治(self－government)指某个人或集体管理其自身事务，并且单独对其行为和命运负责的一种状态。更狭义地说，它是指根据某个人或集体所特有的‘内在节奏’来赞誉自主品格或据此生活的质量的一种学说。因此自治以自决权为先决条件。”①自治“意味着人类的自觉思考，自我反省和自我决定的能力，它包括在私人和公共生活中思考、判断、选择和根据不同可能的行动路线行动的能力。”②自治民主是小范围内的公民个人或团体在对涉及自身事务时直接行使民主权利，进行自我管理与控制的一种民主的实现形式。自治民主相对于选举民主和协商民主而言，属于一种非国家形态的民主，它关注的重点不是国家权力的归属与分配，而是自治组织成员内部实现平等自治权的一种社会民主。公民不依靠上级国家权力组织，而是自己组织起来，运用民主的原则和方法解决本区域内的社会公共事务，实现自治。自治民主是更为实质的民主，它不仅仅强调形式上的民主权利与程序，更关注民主本身的实质性价值，即公民在民主过程中获得自我完善与进一步发展的机会。自治民主在立论上也不同于传统的选举民主理论。自治民主认为传统选举民主把人看成自私自利的理性政治人或者对权力充满渴望与野心的“不懂得超越其欲望的贪婪的家伙”，③而自治民主认为自治和政治参与是公民发挥潜能、实现人生价值、确立自我认可(individual identity)的重要条件。英国政治学家詹姆斯·布赖斯则认为，现代民主制度都渊源于基层的民主自治，“地方自治实在是全国民治之最好的训练。因为训练是会把知识变活的”；“无论何处，自治的制度总能养成人民自由的精神，及为公共目的合作的习惯”。自治民主更适合人类自由与自治的精神本质，可以适用到社会生活的方方面面，也更能直接地对公民进行最基本的民主训练和民主意识的教育，可以为民主在更大范围内的良好运转做准备。

自治民主是我国人民民主最具体和最生动的体现，也是中国特色社会主义民主政治的基础和重要生长点，基层村民自治和城镇社区自治是自治民主最典型的形式。党的十七大报告第一次把基层群众自治制度作为我国人民民主的

---

① ［英］戴维·米勒、韦农·波格丹诺：《布莱克维尔政治学百科全书》，邓正来等译，中国政法大学出版社2002年版，第745页。

② ［英］戴维·赫尔德：《民主的模式》，燕继荣等译，中央编译出版社2004年版，第380页。

③ ［美］本杰明·巴伯：《强势民主》，彭斌等译，吉林人民出版社2006年版，第25页。

主要实现形式之一确定下来。"人民依法直接行使民主权利,管理基层公共事务和公益事业,实行自我管理、自我服务、自我教育、自我监督,对干部实行民主监督,是人民当家作主最有效、最广泛的途径,必须作为发展社会主义民主政治的基础性工程重点推进"。有学者指出:"自治的主体是基层群众,而不是地方;自治的内容是自治范围内与群众利益直接相关的事务,而不包括政务,即国家的政令法规和政策。自治组织本身不是政权机关,而是享有广泛自治权的组织;群众自治组织的领导人由自治体成员直接选举产生,不属于国家公职人员。"[①]公民直接参与城市社区公共事务和公益事业的管理,决定与自身利益相关的事务,表达自己的利益诉求,维护自身权益。从参与途径与效果来说,自治民主的真实性、直观性、有效性是其他民主实现形式所不具备的。

1. 公民是城市社区自治的主体

真正的自治"意味着主体应该尽量自我治理,尽量避免官僚式的治理。"[②]与个人直接相关的事务由个人自主去处理,而区域性和集体性的公共事务则由相关的人自主处理。在公民参与社区治理过程中,实行"自我管理、自我服务、自我教育、自我监督",公民是社区自治民主的主体。公民自主参与城市社区自治事务体现了居民自治的"四个民主",包含了"平等""自由""选举""参与"和"竞争"等现代民主的核心价值。《中华人民共和国城市居民委员会组织法》规定了社区居民委员会是居民自我管理、自我教育、自我服务的基层群众性自治组织。政府不再是社区治理的唯一的权力主体,不再包办社区的一切事务,只对社区事务给予宏观的指导,并引导和帮助社区居民参与社区事务管理。社区公民自主参与社区居委会的直接选举和其他事务,体现了公民在城市社区治理中的主体地位。在具体实践中,很多城市社区创立了"事务公开让民知,社情事务让民管,社区工作让民审,重大事务让民议"的工作机制,社区重大事宜、工作动态等都在社区公示栏中公布,提高了社区居民的自主参与程度,公民的主体地位得到充分体现。更多的社区公民自主参与社区治安、卫生和环境等事务。社区公民创造性地自主选举产生了由党员和门栋组长等社区先进分子组成的社区院落自治管委会,开展形式各异的门栋自治和院落自治等社区自治活动。社区公民逐渐把自治民主当作日常习惯看待,"自治""参与""责任义

① 沈延生:《村政的兴衰与重建》,《战略与管理》,1998 年第 1 期。

② 马德普:《自治与参与——论作为目的的社会主义民主》,《政治学研究》,1996 年第 2 期。

务”等现代民主精神在社区琐事中逐渐渗透到公民的心灵深处。公民参与社区各类事务不受任何团体与个人的强制，公民在自主自愿基础上参与社区事务。

2. 各种新兴社区自组织是社区自治民主的重要载体

各类社区自组织是社区公民在完全自主条件下进行社区自治的创新形式。社区自组织不需要外部强力介入，它不同于社区居委会的自治形式。社区中最常见的是由社区公民自主组成，满足公民个性化需求的社区腰鼓队、晨练队、交谊舞队、合唱队、读书会等组织，也有社区志愿者服务队、楼道互助小组等，还有为解决社区利益纠纷以及与社区外组织进行重大问题协商的各种社区论坛等组织。社区公民因共同利益需要或者共同兴趣爱好等自主参与这些组织的活动，逐步培养出公民的自主参与习惯，有利于公民自觉维护社区公共利益。尤其是在城市社区公民拥有了房产等物权保障后，他们开始更加自主地运用自己的权利来保障自己的利益。这在城市业主组建小区业主委员会进行自治活动中有较好的体现，如深圳、天津等城市都出现了以社区业主委员会为组织形式，同当地政府进行利益博弈的事例。2007 年 4 月天津市河东区星河花园住宅小区业主在入住小区后，两年多拿不到房产证，原来规划建学校的地方也由开发商改建成住宅小高层，规划的下沉式广场至今没有踪影……他们依据相关法规成立了小区业主委员会，与开发商进行谈判，但与开发商多次谈判并没有取得进展，矛盾越来越激化。因为该开发商负责人是区人大代表，业主委员会开会协商认为这一特殊身份导致相关部门没有重视业主的利益诉求，因此他们开始提出要维权必须罢免开发商人大代表的职务。业主们根据法律程序向河东区人大提交罢免该开发商负责人河东区人大代表职务的罢免函。此事受到区人大高度重视，引发了社会舆论关于选民对人大代表行使罢免权的讨论。[①]

理论上讲，社区居委会是社区居民自我管理与自我服务的机构，不是国家一级行政机构，但在实践中的社区居委会却承担着上级指派的过多行政职能，甚至有些政府部门的行政权力还阻碍着社区居委会的自治功能的发挥。这反映了我国城市社会体制改革中行政放权在渗透到社会基层时遇到的各种阻力，而国家行政放权、提升社会自治水平是逐步完善的过程。在城市社区治理中，我们应该肯定社区公民自治权的实践对城市民主的积极推动作用。

---

① 韦洪乾：《天津选民联名罢免人大代表事件调查》，《检察日报》，2007 年 4 月 23 日。

公民参与城市社区治理所体现的民主实现形式各具特点。选举民主是使用最广、最简单易行的民主形式。协商民主鼓励多元主体以协商讨论的方式参与公共事务,有利于激发社会活力。自治民主是基层社会最具有生命力的民主形式。但自治民主在保障公民自治权基础上鼓励公民直接参与,这种直接民主只能在小范围的社区或生活共同体中实现,超出一定的范围,取代公民利益表达的则是政党、利益集团组织等。公民参与城市社区治理事务体现的选举民主、协商民主和自治民主在社区的统一,有利于取长补短,实现良性互动,更有利于城市社区治理和社区公民利益的实现。各种民主实现形式在社区的有效实践,是由政府主导和社区公民自主创新相互推动的。政府积极推进社区居委会直接选举,社区居委会自治组织的法律规定等都为社区民主的实现提供了制度供给。而社区公民在参与社区治理中所表现出的创新精神和自治精神在制度框架内给社区民主注入了活力。各种社区自组织和各种社区论坛的兴起都表明社区公民在推动社区民主建设中的主动性、积极性和创造性。社区民主实现中的某些创举可能于“理”不通、于“法”无据,而这些民主实现形式本身也需要经历一个不断试错和修正的过程。我们的态度应该是尊重并鼓励社区公民的不断探索与突破,及时总结经验,在经验成熟以后适时调整法律制度安排,以满足社区公民的民主诉求。正如帕特南在《使民主运转起来》中所言:“民主的改革者必须从基层开始,切实鼓励普通公民之间的民间约定。”[①]政治民主本身也是一个允许试错的渐进过程。实现民主在基层的创新,是一个渐进的实践过程,我们不能操之过急。

三、基层民主与国家民主在城市社区的有效衔接

任何社会的民主都是基层民主与国家民主的统一。社会主义民主不仅体现在“人民当家作主”的国家政治生活中,还体现在城乡居民生活的基层社区里。社区基层民主具有明显的“溢出效应”,当城市基层民主运作起来后,必然会自觉地寻求新的生长空间,溢出城市社区的范围,向更高层次的国家民主扩展。社区基层民主与国家民主对接也就在社区公民参与活动中有了现实的可

---

① [美]罗伯特·D.帕特南:《使民主运转起来》,王列、赖海榕译,江西人民出版社 2001 年版,中译本序第 2 页。

能。

（一）基层民主与国家民主的衔接场所

参与是民主的应有之义，但民主与参与之间又存在着现实的张力。从国家宏观层面上分析，一方面，民主与公民的直接参与密不可分；但另一方面，现代国家的政治现实又使得大规模的直接参与变得不可能。但如果把宏观的民主放在公民生活的村落和城市社区的微观层面进行考察的话，我们发现，城市社区是扩大公民参与和发展基层民主的最直接场所。公民在参与社区治理事务中不断增长的参与意识和参与热情，不断积累的参与技能和参与知识，不断增强的参与效能感，不断成长的公民精神等，都为基层民主发展创设各种有利条件。基层民主在公民的社区生活中逐渐转化成真实，实践着“国家一切权力属于人民，从各个层次、各个领域扩大公民有序政治参与”的目标。正如杜威所言：“没有什么力量可以疏离与割裂人们对家庭、教堂和邻里社区的精神皈依，没有什么力量能够摧毁人们回归地方家园的行动……，虽然我们说尽家庭和邻里组织的所有不足之处，但是，它们永远是培养民众精神的首要组织。借助于家庭和邻里组织，公民性格得以稳步地形成，公民特有的草根思想得以逐步确立。民主必须始于公民的家园，而这个家园就是我们生活的邻里社区。”①

我国理论界对于如何发展社会主义民主一直存在着两种设想，一种主张自上向下推动民主，并强调国家高层政治民主化对中国民主发展的决定意义，另一种主张自下而上建设民主，并强调基层民主实践对社会主义民主进程的重要意义。现实中国民主发展是一个渐进的过程，在缺少民主传统和民主基础的中国，单纯强调某一方面的民主实践对中国民主发展的重要性都不实际。要使中国民主发展，需要高层和基层民主建设的相互配合，相得益彰。现阶段，公民参与城市社区治理使得民主在中国基层社会首先生长运作起来，城市社区成为基层社区民主与社会主义民主衔接的有效空间。有了社区基层民主作为基础，社会主义民主发展才能顺利进行。政府主动推动城市社区治理变革，积极倡导公民参与的目的就是使基层民主在社区首先发展起来，更好地奠定社会主义民主发展的基础。城市社区就是使基层民主生长起来、运作起来的最好空间。一方

---

① 转引自孙柏瑛、李卓青：《公民参与：社会文明程度和国家治理水平的重要标识》，《上海城市管理职业技术学院学报》，2006 年第 3 期。

面城市社区是社会的基层,基层民主能够在小范围的社区进行有效实践。公民在自己生活的社区里,参与到与己利益相关的社区事务中,并在与社区其他治理主体的多方博弈过程中学会以和平合法的理性方式表达利益诉求,习得现代民主规范和程序,培养理性宽容地对待公共问题的习惯。公民的政治认同和现代民主素养不断积淀,权利自足的现代理性公民不断成长,以社区为单位的公民社会不断壮大,基层民主在社区公民参与中成为真实。另一方面,社区基层民主发展具有很强的生长性,当社区居民逐渐熟悉社区民主的规范后,必然会对地方政府及其活动带来影响,城市社区民主会逐渐扩展到社区空间之外,进入更高层次和更大范围的发展空间。社区就成为基层民主与国家民主有效衔接的场所。

(二) “民评官”机制及其民主效应

1. 民主评议和“民评官”的现实经验

民主评议是社区基层民主的一种重要表现形式,公民通过社区居民代表会议、社区协商议事会,对从事社区日常事务工作的居委会及其成员的工作进行民主评定,督促其改进工作,更好地服务社区治理。民主评议一般由各地社区制定相关的民主评议方法和规则,由社区成员代表大会、社区协商议事委员会、社区的民主评议小组等出面组织;民主评议的内容主要包括对社区居民委员会工作的评议和对社区居民委员会成员的评议。一般是社区居委会主任向组织方(社区成员代表大会、社区协商议事委员会、社区的民主评议小组等)报告工作,各社区居民委员会成员分别报告各自分管的工作,再由社区居民代表大会代表等,审议其工作报告并投票评定。如沈阳市沈河区《社区民主自治规则(试行)》规定,如果社区居委会满意率未达到50%以上,社区居民委员会成员就要集体辞职;如果社区居委会成员个人评议满意率未达到50%以上,当事人应自动辞职。民主评议的结果对社区居民委员会及其成员来说,是刚性的,也是最直接、最有力度的监督方式。社区民主评议作为社区基层民主监督的重要方式,在社区民主发展过程中对社区居民委员会工作的规范运作、增强社区居民参与社区事务评定积极性及参与评议的社区居民的自我教育等方面都有重要作用。

我国社区治理的民主评议在基层社区民主建设中起到了很好的作用,这一形式开始向社区外延伸与扩展,主要体现为“民评官”机制的出现。“民评官”

机制是社区民主评议社区居委会工作做法向社区外的扩展，在某些城市形成了相对成熟的由社区公民评议政府及政府官员的一系列做法。这种制度化、民主化、程序化的“民评官”是社区居民对与社区公共事务密切联系的相关政府部门工作进行民主评议的过程。如沈阳的“民评官”工作与社区民主评议居委会工作同时进行，而武汉市江汉区的“民评官”则是以制度化的方式单独进行的。以武汉市江汉区为例，2000 年 12 月，江汉区委、区政府出台《关于开展社区自治组织评价政府职能部门和街道办事处活动》的文件进行动员。2001 年 2 月，江汉区社区建设指导委员会召开社区动员大会，同时下发具体“实施意见”，对评议活动的意见、组织结构、评议立法、评议对象、评议内容、评议原则、工作程序以及评议结果的应用等方面都做了说明。整个评议组织工作由社区建设指导委员会负责，先由各部门负责人向评议主体发表述职报告，具体汇报本部门在政府职能转变后面向社区搞好服务的情况等。各与会代表在认真听取述职报告的基础上，采取无记名的方式独立写票、投票。每张票（测评问卷）由 4－7 个不等的项目构成，每个项目设“满意”“基本满意”和“不满意”三个等次供选择。每个部门获得有效问卷中各项目总的满意率达到 70%（2002 年提高到 80%）以上视为评议满意，不满意率达到 30% 以上（2003 年降低为 20%）视为不满意，中间档次则是基本满意。2001 年的评议是全区社区自治组织派代表参加，2002 年扩大了范围，除社区组织全体成员外，社区内各级人大代表、政协委员也参加评议。另外从享受最低生活保障人员、残疾人、热心社区工作的居民中也推选出代表直接参加评议。2002 年以后增加了“议”的交流程序，即被评述者述职后，评议主体对部门和个人述职情况、存在的问题与建议，开展面对面的交流。最后，各部门根据项目的测评得分进行总结与整改，确定整改方案和措施。区委区政府也将测评结果作为对各部门的评先、考核和奖惩的重要依据。①

2.“民评官”的民主效应

“民评官”机制是社区民主的外扩和延展，是社会主义民主制度化、规范化和程序化的具体体现。定期化、制度化的“民评官”机制使政府部门始终处于社区民众的公开监督之下，在提升社区自治和基层民主的同时，也促进了政府职能和工作作风的转变。对公民负责、为社区服务是相关政府部门的工作准绳

① 尹维真：《论社区建设中的城市基层管理体制创新》，华中师范大学 2002 年博士学位论文，第 87—95、106 页，中国博士学位论文全文数据库。

和服务理念。相关政府部门的公共行政行为、出台的公共政策都必须以社区民众的意志、利益和需求为目的。实现这种服务，单纯依靠政府部门工作人员自我监督的效果是有限的，而公民参与“民评官”则使得政府工作部门的上述工作准绳和工作理念在实践中得以强化。因此，“民评官”机制使得公民对相关政府部门工作的评价与监督更有可操作性，更加制度化和规范化。这种监督与评价机制可以使政府部门在政策制定或社区服务时，时刻受到社会舆论和公民监督的压力，政府官员不得不加强对自己的约束和行为规制，恪尽职守，并以更加民主平等、更加公开透明的服务方式承担更多责任，从而强化了政府部门及工作人员的责任观念、服务观念、民主行政观念，有利于民主政府、责任政府和回应政府的建立。

当然，“民评官”的过程不仅仅是对政府的民主行政有促进作用，同时也增强了社区公民的民主权利意识、培养了公民进行民主监督、民主参与的习惯。在“民评官”的实际参与活动中，在地方政府的积极回应与互动中，社区公民的参与行为得到了有效回应，公民参与的效能感有较大的提高，社区公民对参与效果的预期和评价有了改变。公民参与“民评官”的过程，使社区工作人员和居民都认识到公民参与的民主价值，也更加珍视他们的参与权利，更加注重参与带来的实际效果，社区居民也逐渐摆脱了过去接受动员的被动地位，公民的主体地位及现代民主公民的自主地位得到强化。因此，“民评官”机制体现了社会主义“人民当家作主”的民主价值，也体现了基层民主在实践运作中逐渐扩展到社区外更高层次民主的实践创新。

（三）社区人大代表工作站及其民主效应

在城市社区设立社区人大代表工作站或社区人大代表联络员等是社区公民参与基层民主建设的重要创新形式。各地做法不一，但都是运用人民代表大会制度的现有制度资源（城市里的市辖区人大是人大组织在城市中的基层单位），实现城市社区组织与市辖区人大之间的对接，让人大代表来反映城市基层社区居民的意见及建议，影响政府决策、监督政府工作，从而为实现社区民主与国家民主对接寻求制度依托。

1. 深圳市社区人大代表工作站

深圳市南山区月亮湾片区在2002年底由5名业主委员会主任或副主任，担当起该片区区、市两级人大代表的义务联络员，以“月亮湾片区人大代表工作站”的名义开展工作。2005年4月25日，深圳市第一个社区“人大代表工作站”在月亮湾片区正式挂牌成立。南山街道办事处为其提供了办公场地、设施，工作站的13位联络员由居民推举产生，担当起了由该片区选区产生的区、市两级人大代表的义务联络员，负责联系人大代表和居民，定期到社区与居民交流，搜集民情民意。受人大代表委托对社区内一些公共问题进行研究分析，通过人大代表形成提案，提交政府职能部门解决，并跟踪办理进度；对片区内的环保、治安等公共事务进行监督和协调；针对热点问题、重大问题，协助人大代表以及有关组织、政府有关职能部门、公共舆论部门与居民进行讨论协商，促使问题妥善解决。人大代表工作站在新型社区的居民、党和政府相关部门、人大代表及片区企业等利益相关主体之间构建了一个沟通意见、协商对话、协调关系的多方参与平台。这个平台既有利于人大代表履行法定职责，又有利于政府通过人大的渠道了解和反映社情民意，同时又为居民参与社区公共事务的自治管理提供了通道。该社区的交通、污染、治安等问题比较突出，为了更有效地解决这些问题，人大代表联络员积极协助人大代表为片区居民解决了近100宗有代表性的问题。人大代表工作站是推进社区基层民主和公共治理的有益尝试。人大代表工作室（站）的制度设计，为人大代表履行职责提供了良好的平台，使各种民意诉求得到有序释放，解决了社区居民利益的有序表达问题。通过党员、公职人员和人大代表进社区和社区民间舆论领袖进人大代表联络工作站的良性双向互动，居民、人大代表、党委政府等有关各方都从中受益。2007年5月至6月，南山区委、区政府委托深圳大学对区内8个社区进行居民满意度调查。调查结果表明，居民对社区党组织建设、党员作用发挥及其他和谐社区建设指标的满意度平均达87.07%。①

2. 沈阳的“社区人民联络员制度”

2002年，沈阳市和平区创设了人大代表联系社区（选民）制度，沈阳市沈河区建立了“社区人民联络员制度”。从区人大常委会讨论“和平区人大代表联系选区（社区）选民制度”到《关于社区组织与人大代表对接联系制度》等具体制度及规定，构成了一个比较完整的人大代表联系社区的制度体系。具体包括：人大代表要与社区（选区）挂钩，每个社区至少有1名代表，每个代表都要

---

① 资料来源：邹树彬主编：《构建和谐社区——深圳市月亮湾片区：“人大代表工作站”个案研究》（重庆出版社2007年版）、《深圳特区报》《南方日报》《瞭望东方周刊》及相关网站等。

明确自己的联系社区;具体联系方式有代表接待日、代表信箱、代表联系卡、代表与选民(居民)座谈会以及代表向选区选民报告工作等方式,每年人大代表深入社区不少于 4 次,每年的 12 月是代表联系选民活动月,其间市、区人大代表必须深入到固定联系的社区、选区,走访选民征求意见;社区协助人大代表开展工作,社区居民委员会应为人大代表在社区开展工作创造条件,如帮助人大代表介绍社情民意,负责为人大代表召集、协调、组织召开社区成员代表大会等工作;区、市、省三级人大联动,把社区对接人大制度延伸到市、省人大代表,不同层次的人大联动制度更有利于问题的解决。

沈阳市沈河区创造性地创设了社区人民联络员制度。区人大常委会和区政府制定了相应的办法和细则,规定每个社区产生 1 名人民联络员(由社区居民选举或社区协商议事会推荐,报请区人大常委会批准,由区人大常委会颁发聘证书);对人民联络员的权利与义务也有具体规定(对区政府机关、法院、检察院、街道办事处的监督权,对上述部门的建议和询问权,列席区人大会的列席权等);同时各部门对社区人民联络员提出的意见、建议和询问必须认真研究解决和答复;社区人民联络员与正式人大代表相比,除不具备选举权与被选举权外,基本具备了人民代表的所有权力,因此,有人又称其为“准人大代表”。社区人民联络员可以定期或不定期以信函、来访等方式与区人大代表、区人大常委会保持联络,可以直接向区人大常委会提出建议、批评和意见。社区人民联络员制度的建立,实际上使社区和区人民代表大会之间有了更加直接的沟通,通过这一体制可以更通畅地反映社区居民的意见,实现了社区民主向国家民主的扩展,为社区监督政府(从区政府到市政府)以及法院、检察院的工作等提供了一个新渠道。

3. 社区人大代表工作站的民主效应

各地的社区探索创新仍在继续,但在实践中已经产生了积极明显的变化。社区公民学会了如何利用现有制度资源和参与机制,更好地以理性合法的方式实现利益诉求,提高了公民制度化参与和社区居民自我管理和自我约束的能力等。如在具体实践中,有的城市社区直接吸收本选区的人大代表担任社区协商议事委员会的委员,通过社区协商议事会等组织形式,充分发挥人大代表的作用,并使其在最基层的社区民主中履行职责,这都有助于社区公民的民主训练,有助于社区基层民主的实现,有助于社会主义民主的健康发展。

首先,社区人大代表工作站充分利用了人大制度的合法性资源,实现了社区基层民主与人民代表大会制度在社区范围内的对接。社区人大代表工作站机制在推动社区基层民主发展的同时,充分利用了人大制度的合法性资源,国家与政府主动创新人大制度在城市基层社区治理的民主作用,实现了不断成长的社区基层民主与国家民主的有机衔接。国家通过已有的完善的人大代表制度为基层社区公民参与创设了更完备的参与机制。通过这种机制,社区公民从传统的政治受动者向政治主动者转变,公民从过去在公共生活中经常扮演的非制度化参与者逐步改变为制度化的参与者,开始充分利用人大制度这一合法性资源实现利益诉求,提高了社区公民参与的制度化水平。人大代表工作室(站)的设立和运行,大大减少了社区公民以群体性冲突为典型特征的社区居民维权(尤其是住宅区业主因城市规划、公共服务供给等问题而维权)事件,从而把非理性参与导入为理性参与,街头政治行动正在转变为会议政治方式,社区草根民主因素也开始慢慢生长。深圳南山区的人大代表工作站的联络员敖建南总结了此体制的优势:"联络机制是公民有序参与的平台,既体现了基层民主,也体现了法制的规范。出了问题,市民去找政府,抱着我是纳税人、我的问题你必须解决的态度,立刻就会形成对立。而通过工作站来协调,他们一般都是商量和探讨的态度。去找政府是对位,到我们这里来是补位。我们就是一个缓冲器。"①

其次,人大代表工作站发挥了制度组织吸纳作用。联络员协助人大代表沟通信息,使易引发较大冲突的矛盾得到较好的控制,创新了"组织(机构)吸纳"的社区治理制度。人大代表制度将民间自发的组织机构纳入了现行体制,通过人大代表工作室(站)的制度设计,将民众利益诉求和参与冲动纳入体制内,并使其能够理性有序释放。人大代表工作室(站)的机制,既为人大代表履行职责提供了制度平台,又在居民、政府、人大代表等利益相关主体之间搭建了一座信息沟通、对话协商的桥梁,使各种民意诉求得到有序释放。该机制弥补了人大代表业余、义务、兼职化的薄弱环节,人大代表可以通过该机制深入了解民生,从制度上加强了人大代表与选民的委托代理关系,提升了人大代表在选民中的信誉,完善了人民代表大会制度。在操作层面上,该机制保证了人大代表履职的定时化、定点化、规律化、规则化,推动了人民代表大会制度的完善。②

① 如2001年5月,深圳市垃圾焚烧厂迁址事件和平解决。具体内容见附录1的案例材料。

② 具体内容见附录1的案例材料。

社区中与公民密切相关的事务通过行政吸纳、代表辅助、公民参与三种合力得到有效解决。深圳大学当代中国政治所副教授邹树彬总结联络员制度成功运作的经验是:依托民意谋发展,把握基点不越位,帮忙疏导不添乱,光大亮点不揭短,慰问拜年勤沟通。

社区基层民主的创新为实现社区民主与国家民主对接提供了崭新的经验,但仍处于初步探索阶段,在实践中积累了初步经验,有些具体做法还需要进一步改进与完善。如:人大代表工作站的运作绩效与人大代表个人的能力、素质及履职意愿具有重要关系,怎样保证人大代表的积极性及代表性;社区人大代表联络站如何处理好与社区居民委员会的关系,如何保证社区人大代表联络员补位不越位、真正按照代表的授权和要求开展工作并做好代表的助手;"人大代表工作站"的联络员怎样避免精英参与可能带来的各种问题;怎样调整区级人大代表结构,实现选区与社区的结合甚至统一,由社区公民直接选举部分人大代表,以更好地实现人民当家作主等。这些都需要在实践中进行提炼和创新。同时还要注意在实践中避免搞形式主义和一刀切,尤其要避免地方政府将创新机制作为走过场、搞形式主义的现象发生。

公民参与城市社区治理的各种机制创新是社区民主实现的重要形式。城市各种社会问题在这种创新机制中得到妥善解决,疏通了公民利益诉求与政府制度对话的渠道。城市社会稳定与公民利益及社区基层民主都在具体的公民参与过程中得以实现,公民参与、社区民主及政府善治在此实现了互动。公民参与社区治理中表明了社区基层民主与国家民主的对接是一个渐进的有差异的过程,社区民主的实现不可能在同一时间内采用同一模式。所以,公民参与城市社区在各地的进展程度不一,展现的特点不同,存在的问题也各异。各地城市社区治理中公民参与显现出的各种民主形式不存在对与错的价值判断,只是在探索创新过程中的经验积累。民主是个好东西,但民主的实现形式不应是单一的,而应是丰富的。约翰·杜威(John Dewey)曾经指出,"每代人必须为自己再造一遍民主",每一代人"……必须根据社会生活的需要、问题与条件进行构建"。[1] 我们对各地出现的民主制度创新必须要区别对待,允许其差异化发展,尤其是要给予基层社区治理中的公民参与以宽容、鼓励的态度。在已经取

① [美]约翰·杜威:《新旧个人主义——杜威文选》,孙有中等译,上海社会科学院出版社 1997 年版,第 27 页。

得一定经验的城市，如上海模式、深圳模式、沈阳模式等，也只是在探索中前进的一个阶段，还需要在实践中进一步检验。

"社会主义愈发展，民主也愈发展"。在当前，中国社会"参与、民主教育和民主实践必须从小的地方单位出发。"[①]以社区为起点的城市民主生活，为民主政治发展提供了最直接的场所和试验场地。公民参与社区治理的直接经验不断积淀着现代民主素养，而基层民主也在公民参与社区治理的具体事务中转化成生活中的真实。社区基层民主通过各地的创新机制实现着与国家民主的衔接与互动，公民参与社区治理的实践在中国民主政治建设过程中的基础性地位及价值也得到了实践验证，中国的民主也必将伴随着城市社区公民参与的发展而逐渐发展起来。正如温家宝强调的"群众通过基层的直接民主形式管理好一个村，将来就可管好一个乡，管好一个乡以后，将来就可管好一个县、一个省，真正体现国家是人民当家作主。"[②]

---

① [德]托马斯·海贝勒、君特·舒耕德：《从群众到公民——中国的政治参与》，张文红译，中央编译出版社2009年版，第196页。

② 潘多拉：《扩大基层民主大有可为》，《法律与生活》，2007年第1期。

第四章　公民参与城市社区治理的困境与成因分析

由于我国城市社区建设起步较晚，各地社区治理进程中的公民参与总体状况并不十分理想，大部分学者也认同社区公民参与总体不足的基本论断。① 从应然的角度讲，在有了社区治理的制度创新和制度安排下，公民参与理应呈现出整体的积极状态。而现实社区治理中则出现了政府自上而下积极地推动社区治理，大力宣传鼓动公民参与社区选举等公共事务，而公民参与并不积极，甚至出现了参与冷漠或不参与的现象。公民参与的整体状况和实际效果并没有达到社区治理的制度创新与理论设计之初的理想状态，公民参与社区治理遭遇了现实的困境。

一、公民参与社区治理的现实困境

公民参与社区治理总体上推进了城市社区治理的进程，也为城市基层民主

① 居民的社区参与意愿与实际参与水平都偏低，已经成为社区发展与社区建设中普遍存在的问题。陈万灵：《"社区参与"的微观机制研究》，《学术研究》，2004 年第 4 期；王珍宝：《当前我国城市社区参与研究述评》，《社会》，2003 年第 9 期等。

发展提供了直接的动力。但社区治理中的公民参与现状并不如政策设计时预期的那样乐观,也并没有实现学者们的理论研究所期待的目标。现实社区中的公民参与遭遇到了制度困境、组织困境和文化困境及公民个体的困境。

(一)现有制度的困境

城市社区治理进程中公民参与的有效实现,制度是关键。我国公民参与的制度环境总体上呈现出宏观鼓励、微观约束的特征。中央在制定政策的时候,往往只有笼统的原则性目标,具体的操作和执行是由地方和单位在实际中根据具体情况而进行的。在地方制度环境中存在着以限制与控制为取向的不利于公民参与的困境。由于我国城市社区建设及治理启动较晚,公民参与社区治理的制度体系在很短时间内迅速建立起来,必然有不完善的地方;而制度设计与创新又有很强的原则性和粗放性特征,同时社区治理的制度创新又有较明显的"拿来主义"特点,这些制度与中国本土经济、社会发展不可避免地会发生摩擦。从党和国家的各种战略性规定中我们发现,我国宪法、法律、行政法规、地方性法规、部门规章、地方性规章、规范性文件和领导讲话等都从战略高度鼓励公民参与,为制度化的公民参与提供了合法渠道,初步营造了公民参与的良好制度环境。[①] 但这并不意味着实践中的社区治理制度设计必然为公民参与提供便利通畅的制度渠道,公民参与社区治理在各地实践中出现了制度困境。

1. 现有制度法规不完善

首先,对公民参与权利的保障不完善。我国有关社区治理及公民参与地方社区治理事务的法律、法规、规章对公民参与权利的规定存在明显不完善的地方。党中央、国务院及民政部有关社区建设的政策和文件带有较强的指导性、全局性、原则性,对于社区单位和公民参与社区建设的权利规定并没有明确公民参与权利的具体内容、方式和途径,对社区单位和个人参与社区治理的奖励及惩罚措施的规定等也都很模糊。《城市居民委员会组织法》规定的公民参与权利也主要是选举权与被选举权,而对其他的公民参与权利、公民是否应承担

---

① 相关法律法规:《中华人民共和国宪法》《中华人民共和国城市居民委员会组织法》《中共中央关于国民经济和社会发展第十个五年计划纲要》《民政部关于在全国推进城市社区建设的意见》《中共中央办公厅、国务院办公厅关于转发〈民政部关于在全国推进城市社区建设的意见〉的通知》以及《全国城市社区建设示范活动指导纲要》和《全国社区建设示范城基本标准》等,以及各地的地方性法规,如《成都市城市社区管理条例(草案)》《上海市街道办事处条例》《青岛市住宅小区物业管理试行办法》《深圳市经济特区住宅物业管理条例》等。

一定责任,以及相应的公民参与权的救济途径等规定甚少。以社区公民的选举权为例,一些地方在选举中出现的选举程序不合法、不透明或是选民受胁迫等现象屡见不鲜,但却没有相应的制度对此进行规定。社区治理中的其他一些重大决策,如社区听证会、社区董事会等由谁组织、哪些人参与、什么时间参与等都没有具体规定。对公民参与的权利和责任、参与途径、参与内容、参与权利被侵害时的救济途径等相关配套措施和衔接手段,规定很不完善或根本没有制度涉及。如经常出现的现象是"采用会议或听证方式只用于告诉公民正在发生什么,或给公民一个表达意见的机会,但却绝少赋予公民拥有真正富有意义的参与决策的机会;公民大会的时间安排不便利公民,会议议程和程序冗长烦琐;决策程序过于专业化,使得被选出来参与的代表几乎无法表达自己的独立想法,从而不得不听从于那些全职工作人员的意见"①。

其次,对某些制度法律规定过于原则化。制度供给是重要的,但当制度赋予公民参与的权利过于原则化和抽象化时,在执行过程中必然会出现各种问题。我国公民参与城市社区治理,某种程度上讲,不是没有制度法规保障和自上而下的主动赋权,而是这种规定没有细化,在实践中可操作性较差,导致公民参与出现制度困境。如,社区居委会作为"基层群众性自治组织"的地位不容置疑,这为社区居委会建设提供了最高的法律保障,但这种原则性的规定缺乏具体可操作性。宪法和居委会组织法对社区居委会的自治领域、自治性质没有加以明确的限定或解释,对"自我管理、自我教育、自我服务"的内涵和外延也没有明确而科学的界定,法律规定的模糊性使得社区居委会开展工作显得杂乱,同时也为政府行政权力的过多干预留下了法律漏洞。再如,关于社区业主委员会的法律地位界定不清晰、不具体,《物业管理条例》规定,在同一个物业管理区域内成立业主大会,并选举产生业主委员会,业主大会是决策机构,业主委员会是业主大会的执行机构,但并没有明确规定业主委员会成立的具体时间等细致问题,导致城市里80%左右的新建小区没有成立业主委员会。同时,条例也并没有赋予业主委员会决策权,没有准确界定业主委员会的法律主体地位,业主委员会因其执行机构的性质并不具有代表全体业主公共利益的法定主体地位,其代表权属业主大会,但在实践中却是执行机构代表了真正的权力者

① [美]理查德·C.博克斯:《公民治理:引领21世纪的美国社区》,孙柏瑛等译,中国人民大学出版社2005年版,第35页。

从事各项活动，出现了法理上的矛盾。还有，法律中对公民参与社区治理的回应和反馈机制等，都没有明确具体的规定，完全依靠政府或主管机关的自主觉悟对公民利益诉求给予回应，无法有效保障公民参与的效果。由于公民参与社区事务的参与机制具有较大的随意性，常常是社区管理机构感到有必要了，就召集居民开会、布置、传达任务。即使成立了居民代表大会，但什么时候开会、讨论什么主题等，也都由社区管理机构来决定，居民代表只有“听”的份。所以，公民参与社区事务缺乏一套详细规范、操作性强的法律制度规定，参与机制不完善，很大程度上压制了公民参与社区治理的积极性。

再次，相关制度法规存在滞后性。《街道办事处组织条例》《城市居民委员会组织法》等基本法律，都是在城市社区治理刚刚起步时制定的，到今天已明显不适应现时城市社区治理及公民参与的需要，存在着严重的滞后性。除此之外，与社区治理的相关领域内还处于无法可依的立法空白状态，社区服务没有建立起统一的法律制度；许多工作只能靠政策规定和行政手段强制推行；专业社区工作机构与社区工作者的培育与发展无法可依；业主委员会的法律地位问题界定不清晰，导致业主委员会与居民委员会的关系没有厘清，公民参与的组织载体没有充分的制度保障；在现有的法律条文中有关社区治理及社区公民参与的法规也缺乏系统性和权威性，除了《条例》和《居组法》等是由全国人民代表大会常务委员会制定的法律以外，其余都是国务院行政法规、部门规章和一些地方性法规和规章，立法层次较低，缺乏较高的法律效力和必要的法律责任制度，在适用中的效力也是非常有限的，与公民参与社区治理的日渐扩大的现实明显不相符。

2. 制度困境在实践中的体现

首先，社区居委会的自治定位与实践中的错位。在现实城市社区治理中的居委会与法律规定的社区自治组织的地位不符。《居委会组织法》第二条规定：“居民委员会是居民自我管理、自我教育、自我服务的基层群众性自治组织。不设区的市、市辖区的人民政府或者它的派出机关对居民委员会的工作给予指导、支持和帮助。居民委员会协助不设区的市、市辖区的人民政府或者它的派出机关开展工作。”同时在第二十条中规定：“市、市辖区的人民政府有关部门，需要居民委员会协助进行工作的，应当经市、市辖区的人民政府或者它的派出机关同意并统一安排。市、市辖区的人民政府的有关部门，可以对居民委员会有关下属委员会进行业务指导。”但在实际运作中，政府仍习惯把居委会作为单位制解体之后实现国家对个人管理与控制的手段，政府及其派出机关与居委会关系变成了行政上的领导与被领导、管理与被管理的关系。街道办事处把许多政府职能部门及其派出机构指派的工作任务又下派给居委会，居委会承担了大量的多个上级机关布置或交办的不属于自治组织的行政性及指派性工作。[①]"上面千条线，下面一根针"，"社区是个筐，什么问题都往里装"，形象化地表明了社区居委会在某些城市退化为政府及派出机关的"准行政组织"。相关政府部门对居委会进行名目繁多的考核，导致居委会为了获取街道办事处和区政府及有关职能部门的认可或更多的经费支持，只对街道办事处负责，而不是按法律规定对居民会议负责。而实际中的事和费并不一致，"费随事转"成为一句口号。一位居委会主任曾言："我们的人员编制、工资奖金都由街道定，办公场所与经费由他们拨，不听他们行吗？我们首先要完成'规定动作'，而后才是'自选动作'。"这就陷入了两难困境：居委会究竟是向选民负责，还是向上级政府负责？由于居委会失去了居民利益表达、利益实现的自治功能，居委会的自治组织合法地位也就得不到广大社区居民的认可和支持，致使社区公民对居委会的性质及工作任务等认识模糊。居民很少利用居委会来维护自身的利益，也不相信自己的参与能够影响政府和居委会的决策。桂勇、崔之余等对上海市居民的调查也证明了社区居民对居委会所持的态度是疏离的，部分居民仍然把"居委会"当作基层政权组织形式，"居委会成员"是一级"政府官员"，居委会的工作与他们的日常生活及利益无关，出事情了也不会想到去居委会寻求帮助，"许多人对居委会漠不关心"。不少居民抱怨说："选举的时候，居委会对你好，选举完，就不好了。居委会解决不了问题，有事去找他们也是敷衍了事。"由此导致居民对社区公共事务和公益事业很少关心，再加上居委会工作方式的封闭性、缺少透明度及民主参与氛围不够，都使得社区居民对居委会的利益表达功能持怀疑态度。社区居委会的自治地位与功能在实践中与法律规定有一

---

① 如居民委员会很少关注自我管理，而较多地关注属于政府负责的任务：计划生育，发放养老金，对低保家庭获得收入支持的资格进行审核，调解居民冲突，处理离婚申请，关注残疾人、吸毒者与有犯罪前科者，以及心理咨询等，有调查显示居委会工作事项达1712项，其中公共治安455件、环境卫生260次、医疗保健167件、社会保障159件、人口管理106件、公共设施维护97次、文体活动56次、内部行政事务412次。陈伟东：《公共服务型政府与和谐社区建设——以武汉市社区建设为个案》，《江汉论坛》，2005年第12期。

定的差距。[1]

其次,社区治理多元主体关系界定不清晰。在平等的社区多元治理结构中,多方参与主体各自的行为边界及治理主体之间的关系应有明确的制度规定,各主体之间应是制度化的伙伴共治关系。街道办、居委会、业委会、物业公司和社区公民及各社区自组织等构成了新型社区治理的多元主体。现实法律法规对此并没有十分清晰的制度界定,导致公民在参与社区事务中出现了很多问题,[2]如社区党支部、社区居民会议(或社区居民代表大会)、社区居委会(有的地方还有社区协商议事会)、业主委员会和物业管理公司等社区治理主体之间的职能界定不明确,直接导致公民对社区事务选择是否参与、怎样参与、哪些程序和渠道可以参与等制度性的规定不具体。社区公民在很多时候不是不想参与,而是无法获取制度资源进行参与。如某些党委和街道办事处控制下的社区选举,公民参与权利被架空的实例。又如,伴随着商品化住房小区的兴起,代表业主利益的社区业主委员会应运而生,《物业管理条例》是其主要的立法依据。但如何处理社区居委会与业主大会的关系等,并没有相应法律法规可以遵循,致使维护社区公民利益的业主委员会难产。深圳市就出现了居委会与业主自组织委员会发生冲突的事情,为了减少居民委员会与业主自组织委员会之间的竞争,也为了整合业主自组织委员会,深圳市政府采取了相应措施:尽管作为直接民主选举产生的业主自组织委员会仍然可以以自治利益实体开展活动,但其活动必须在相应的居民委员会领导下运作,以便使两者之间的冲突最小化。[3] 大多社区社团、社区民间服务组织、社区中介组织和社区志愿组织等也因与政府各级部门的关系界定不清而在实践中受阻。

再次,公民制度外参与的不合作性。如上所述各因素导致了我国社区公民参与社区治理的制度化成本较高,当制度化渠道并不能容纳公民日益增长的需求时,当公民通过制度化途径参与的实际效果得不到回应时,当公民参与的收

---

① 桂勇、崔之余对上海市居民的调查也证明了居民对居委会所持的态度是疏离的。桂勇、崔之余:《行政化进程中的城市居委会体制变迁》,《华中理工大学学报(社会科学版)》,2000 年第 3 期。

② [美]理查德 · C. 博克斯:《公民治理:引领 21 世纪的美国社区》,孙柏瑛等译,中国人民大学出版社 2005 年版,第 35 页。

③ 深圳市华夏街社区,居委会占用社区大厦第一层的空房设立自己的办公室,还把一部分空房用于商业性质的出租,业主自组织委员会认为这些房屋属于业主集体所有,不能由居委会随意使用,业主自组织向居委会索赔,居委会败诉,赔偿给所有者集体 170 万元,但业主自组织也没有如愿迫使居委会搬出社区所在地。何增科主编:《城乡公民参与和政治合法性》,中央编译出版社 2007 年版,第 144 页。

益不确定时,部分公民就可能采取其他的途径来实现自己的利益。并且一旦公民发现自身权益受损,往往采用集体上访、围攻政府机关,甚至暴力对抗等制度外参与的方式来实现自身利益。他们此时不去关注参与的方式、过程是否合法,而更多地去关注参与的结果。制度外参与和无序参与是公民个体利益受损后经常可以看到的现象,但结果往往是公民个体权利很难在与政府的对抗中得到最终实现。而这种参与的不合作性、对抗性日益突出,严重影响着社区治理及公民参与的健康发展。

(二)社区自组织的困境

公民参与社区治理在目前仍然是处在以个体的分散参与为主的阶段,但公民个体在参与的实践中逐渐发现,依托各种社区自组织或其他组织进行参与的效能会更高,参与的成本也会降低。但不可否认的现实是,公民参与的组织化需求在现实社区治理中并没有完全满足,社区自组织的发展仍然受到很多的制约。由于近年来大规模的城市建设和改造,城市市民的搬迁和流动加剧,使得城市人之间形成了强烈的陌生感、疏离感和孤独感,弱化了居民的社区归属感和认同感及公民参与社区治理事务的主动性。由于我国社区自组织发育不良等导致公民参与的组织化保障不足,出现了社区公民参与的组织化困境。

1. 社区自组织的分类

公民参与社区治理事务主要是以组织化参与为主。社区自组织是社区公民组织化参与的主要载体,是社区自组织自治、参与、多元、动态、对话与协商等特征的具体体现,也是公民集体表达利益的有效途径。社区自组织是指社区公民不需要外部力量的强制性干预,通过组织协商达成共识、消除分歧、解决冲突、增进信任、合作治理社区公共事务,实现自我管理、自我教育、自我服务、自我约束,最终达到社区公共生活有序化的目标。[①] 社区居民的自组织参与是社区发展的内在动力,社区自组织的自助、自主与自治功能使社区公民成为独立、自由、自主的人。社区自组织的发展可以有效减少政府权力对社区公民参与的干预,社区由国家治理的社会控制的基本单元向社会生活共同体的发展是社区

① 中国学者中,直接使用社区自组织概念的不多。华中师范大学陈伟东教授,在这方面较早地进行了研究。陈伟东引入“自组织”概念,对学术界流行的“社区自治”概念进行了修正,并指出其内在的缺陷:社区自治组织存在“全能化倾向”;政府组织与社区组织的“对立化”倾向;自治要素内涵过于“简单化”倾向等。陈伟东:《社区自治:自组织网络与制度设置》,中国社会科学出版社2004年版。

自组织发展的主要方向。

目前,从自组织视角划分我国城市社区内存在的各种组织,可分成两类:一是社区自组织,即社区内的各种非政府、非市场的社区正式组织,如社区居民委员会、业主委员会、社区中介组织、志愿团体、兴趣小组等各种居民社团。另一类是与“自组织”相对而言的“被组织”。这类组织是在外部具体指令强制下,被动地从无序走向有序的过程,包括社区党团组织、街道办事处、政府职能部门的派驻机构等。① 社区自组织的非营利性、自治性、参与性等特征使其在社区治理中发挥着重要作用,如,维护社区居民公共利益、提高居民生活质量、倡导关心公益、照顾弱势、奉献爱心等精神风貌及平等、参与、公正等现代民主精神。这里重点讨论第一类自组织,社区公民的组织化参与除了社区居委会这一传统的社区自组织外,其他社会团体及各种协会是社区自组织的重要形式。但目前我国城市社区自组织还远没有达到理想的发展状态,大部分社区自组织处于行政组织退出社区以后的过渡期和发育期,社区自组织本身发展过程遇到的各种现实困境,也使得公民的组织化参与遭遇了现实的组织困境。

2. 社区自组织自身生存的困境

第一,我国现有法律对社区自组织的定位模糊。我国已经出台《社会团体登记管理条例》《基金会管理条例》《民办非企业单位登记管理暂行条例》《外国商会管理暂行规定》等全国性法律法规,中央各部委联合下发的规定及省市等地方规定的数量庞大。② 这些规定对社会团体等组织的成立、变更、撤销的程序都作了较为详细具体的规定,但在目前的制度环境中,社区自组织和其他社会团体组织遇到了各种问题。首先,登记注册门槛过高,年检手续繁琐,准入成本过高,还有政府主管部门过多将制度重心放在“入口”的管理上,而对各组织的监管则不到位。其次,现有法律制度之间的自相矛盾造成对社区组织的定位模糊。如社会团体与民办非企业单位的区别怎么判断,有一种说法是,社会团体是会员制的互益型组织,民办非企业单位是非会员制的公益型组织,造成对社会团体的定位模糊与困难。那么,有些社会团体既有互益性的,也是公益性

① 刘剑康、曾望军、吕耀怀:《社区自组织在我国社区管理中的角色困境及其解救》,《湖湘论坛》,2006 年第 3 期。

② 如民政部作为民间组织的业务主管机关制定了大量的部门规章:《民政部关于工商业联合会登记问题的通知》(1990)、《民办非企业单位登记暂行办法》(1999)、《社会团体分支机构、代表机构登记办法》(2001)、民政部和财政部联合制定的《关于调整社会团体会费政策等有关问题的通知》(2003)等。

的,到底如何定位目前没有统一规定。再次,各种民间组织和活跃于社区的自组织的分类标准过于宽泛。根据现行管理法规,我国社会组织大致可分为社会团体、民办非企业单位和基金会三大类,但这种标准不能穷尽现存各类社区组织。同时各类组织之间又出现职能交叉重叠,分类定位标准不够细化带来很多实践中的问题。如大量的民间组织事实上并未在民政部门登记注册,而是在工商部门登记注册,按照法律规定,在工商部门登记注册的组织只能是企业而不是民间组织。最后,社区自组织的主要参与途径是向自己主管部门反映意见、建议和要求,而现行制度规定这些组织在很大程度上依附于上级领导部门,其建议很难受到重视也很难发挥应有的作用。

第二,社区自组织的自治性与行政功能的博弈。社区自组织的发展状况决定着社区公民组织化参与的途径选择和参与效能。现实社区的公民组织化参与还局限于社会空间相对较小的社区民间组织,[①]业主组织以及地域空间较小、人数较少的居民楼栋单元或院落,参与的公共性及参与效能不高。尽管我国城市社区自治组织体系有上海模式、沈阳模式、江汉模式之分,但整个组织架构模仿了国家行政机构体系。社区管理委员会领导被称为"小巷总理",社区成员代表大会被称为"小人大",社区协商议事会则按照政协的模式建立,再加上社区党组织,就构成了所谓的"四大班子"的组织架构。当前社区自组织体现了"自治性"与行政化管制的双重特性,造成了自组织性质定位的困难,限制了社区自组织的健康发展。社区自组织的发展遭遇的困境,实际上是"行政主导"和"自治主导"的两种社区发展理念在现实社区治理中的表现。从学理上看,社区自组织中居民委员会、业主委员会、社区中介组织和其他群众性团体,是实现社区公民参与的重要载体。但在政府主导下建立的社区自组织,尤其是居民委员会呈现出较强的行政色彩,弱化了社区居委会的自治功能。按《城市社区委员会组织法》规定,社区居委会是城市居民参与社区公共事务,进行民主选举、民主决策、民主管理、民主监督的组织形式,是居民自我管理、自我教育、自我服务的基层群众性自治组织。现实中的行政化倾向导致居委会功能出

---

① 社区民间组织是指以社区居民为成员,以社区地域为活动范围,以满足社区居民需求为目的,在政府扶持和社区居委会指导下,在法律、法规允许范围内,由居民自发组织,介于社区主体组织(社区党组织、社区居民委员会)和居民个体之间的组织。包括社区妇女儿童保护协会、社区环境保护协会、社区法律援助中心、社区公益活动中心、社区志愿者和义工组织、社区健身武术队、读书会、社区互助组、行业协会等。

现错位，居委会利用自己半官半民、亦官亦民的身份发动居民小组长、楼组长、离退休干部等积极分子参与活动。社区公民在严密组织约束下参与上级发动的各种社区活动，公民参与主要是服从居委会的安排，而不是实现自己的权力和利益。这种强制性动员下的公民无力又无权，公民参与权被弱化。社区调查显示，在大多数居民的心目中，居委会只是一级政府行政机关，不是社区居民的自治组织，居委会工作人员也是上级街道办事处指派的，并不是他(她)们自己选举出来的。社区自组织的功能行政化已造成了社区居委会的自治组织处境尴尬，社区居委会在受行政化挤压的同时又面临着群众认同的缺乏。此外，社区协会的领导人也大多由社区居委会主任包揽，协会更多的是根据上级规定组织活动，而不是基于公民自己的利益需要而成立。此外，社区自组织的运作资金缺乏、对政府的依赖性大、独立性弱，并受业务主管行政部门制约等问题的存在，都导致了社区自组织生长发育困难。

第三，社区自组织本身发育成长不良。在我国以行政主导推动产生的社区自组织，由于行政力量的渗透以及自治能力的先天不足，导致了社区自组织的生长能力和生长空间受到制约，社区自组织本身发育成长不良。从量上看，自组织数量少、规模小，目前我国制度规定更注重对各种社区自组织的入口管理，如名目繁多的各种登记程序，注册门槛过高、手续烦琐且在寻找婆家等业务主管部门时增加的各种限制，都增加了各种组织的准入成本。比如，政府对非经济类社会组织的严格控制，限制了其发展速度。目前城市社区中成立业主委员会等权益性组织的社区比例还不到50%。从质上看，社区自组织的组织机构不完善，责、权、利关系不清，内部管理欠佳，人员素质较低，组织本身诚信缺失、自律性差、履行职责不到位等问题的存在，导致社区自组织尚未赢得居民的足够信任，特别是利益表达的组织化程度不够，导致社区公民对其认同度降低。缺乏足够信用的社区自组织不可能吸引社区民众的广泛参与，其承载公民组织化参与的作用没有发挥出来。有些社区自组织就是纯粹的俱乐部性质，权益性公民参与的作用极小。

第四，非正式规则制约了社区自组织的发展。非正式规则指政府对社区自组织的消极、不信任的态度等，这非制度化因素也制约着社区自组织的发展。我国传统“强政府、弱社会”的特点，使得政府及行政官员对社区自组织的发展采取的不是积极支持而是消极防御、不信任甚至阻碍的态度，制约着社区自组织的良性发展。社区自组织的发展，虽然有宏观法律制度的保障，但在具体活动中又会遇到上述地方政府及行政官员的矛盾态度,这种宏观制度保障与现实中的非正式规则限制了其良性发展。如,某些地方政府官员对社区自组织的兴起与发展,有的认识到其发展的必然性及对社区治理的益处,特别是对在丰富社区公民业余生活,帮助社区贫困人员及社区互助、社区和谐方面发挥作用的社区文体性组织、社区中介组织等的发展一般持积极、肯定与鼓励的态度。社区再就业培训中心、社区家政服务中心及各种志愿者组织在社区的发展比较充分,政府及官员也会在实践中加以扶持、利用,公民参与这些组织时一般会给予支持。但同时,有些政府或官员又对社区自组织的发展壮大有担心,有抵制态度,“维稳”成了地方政府的紧箍咒,特别是涉及政治参与、权利维护、民族宗教问题的社区自组织时,大多持防范和管制的态度,并以各种理由限制其发展。公民参与这类社区自组织时也会受到诸多限制。再加上,我国社会传统中缺少公民组织发育的社会空间,公民包括地方政府官员等对这些组织也大多不信任,都影响着社区自组织的发展。如,不少政府部门把这些组织看成是安置闲散人员的机构,社区自组织依附于政府机构,缺少独立性。部分公民仍然把社区内的各种自组织看成是党政机关的内部机构或代管机构,公民也不习惯于以社区自组织为依托来行使权利。这些非正式规则直接导致了社区自组织发展的困境。

3. 公民通过社区自组织参与的现实困境表现

从世界社区发展经验来看,社区自组织能有效地凝聚个体力量,发挥公民组织化参与的整体优势,为实现利益诉求提供理想的参与平台和组织化的途径。让社区自组织成为社区自我管理、自我服务的组织形式,成为社区居民利益的维护者和代言人,以推动社区治理的目标,是世界社区治理成功的重要经验。公民通过参与业主委员会、社区中介组织、群众社团等非政治性、非营利性的组织,通过公民之间、组织之间平等、信任、协商的运行机制而超越行政官僚化组织与企业自利组织的限制,实现公民对社区治理的参与。当然,由于我国社区建设的特殊性及各种原因导致公民参与社区治理中组织困境出现,公民参与的积极性和参与效能也受到影响,在中国城市社区治理中实现这一目标还有一段路要走。但这并不妨碍我们从学理上进行分析与期待。

首先,公民参与的组织化渠道不畅通。社区居委会三年一次的选举参与并不具有经常性,因而也不可能经常性地发挥其在公民参与中的作用。其他社区自组织发育迟缓,中介组织、志愿者组织还处于分散不成熟的状态。社区自组织数量少、规模小、专业性较差等直接导致公民参与的组织化渠道的不畅通和减少。目前的社区自组织的发展还处于培育阶段,远不能形成一定的规模和力量,不能满足社区公民的多元需求。公民参与渠道比较狭窄,主要参与的活动也是社区文化体育类、公益服务类、志愿服务类等。参与活动形式较为单一,活动空间相对狭小,内容形式较单调,有的还主要局限在社区楼栋单元的日常琐碎之事,如计划生育、人口登记、宣传教育、环境卫生、水电管理、防火防盗、娱乐休闲、邻里关系等等。即便如此,很多社区的社团和协会也只是挂了牌子而已,并没有真正开展过任何活动。2006 年,在南京市鼓楼区社区内 116 个社区协会的调查显示,只有少数低收入者或离退休人员参与了协会的活动。[①] 再加上社区组织工作方法、内容形式远不能满足居民个性化、多元化的需求,难以吸引居民参与,社区居民通过社区自组织参与社区事务的热情不高。

其次,部分公民对社区自组织不信任。由于我国部分社区自组织的建立是自上而下的从政府职能部门直接剥离出来的,或者是由政府机构直接建立的,其发展在很大程度上受到地方政府的行政限制,有的甚至成了政府的附属机构,有些公民认为这些组织不过是政府机构的另一种变形,这种状况直接导致公民对这些组织的不信任、不认同。以成都锦江区为例,社区居委会由于自身的造血功能较低,经费来源仍然依靠政府的拨款,曾经实行了半年的工作人员"零工资"政策最终夭折了,社区居委会的各种改革并不到位,公民对社区居委会的认同与信任度不高。由于社区居委会人员组成及素质的影响,公民对他们的治理能力和治理水平也心存疑虑,公民参与其中的主动性降低,直接影响其参与的积极性。公民对社区内社团组织或社区外社会组织也大多认同较低,直接影响着公民通过社区自组织进行组织化参与的积极性。

再次,公民通过社区自组织参与社区事务的层次较低。如上所述,公民参与社区治理事务范围大多在社区文体娱乐、治安防火、环境绿化等方面。社区自组织对真正关涉社区发展规划、基本建设、功能扩展、权益维护等重大公共性社区问题时,很难有充分的发言权,公民对涉及社区决策的权益性的参与自然也会较少,参与的公共性、权益性不足。如,社区公民通过业主委员会或居民会议对社区事务的参与在社区里的机会很少,即便有各种形式的居民会议、居民论坛、社区听证会、评议会、协调会的召开,公民参与其中,也大多有明显的"动

① 白友涛、朱玲芳:《城市社区民间组织发展状况调查》,《社区》,2006 年第 2 期。

员性、号召性”的痕迹。这种参与并非来自公民内心的自觉,或是因为领导的压力,或者由于政治盲从,或是一种从众行为等。严格地说,“参与的含义是亲自参与,是自发自愿的参与。”[①]深圳业主委员会为反抗对其权利的限制而进行的权利自卫就受到了2005年深圳市颁布的指导业主委员会规定的限制,深圳市就规定了业主委员会必须在相应社区居委会指导下才能开展活动。[②] 社区居民自主表达利益的集体行动和权益性参与,在现实中还会经常受到地方政府的限制与干预,公民参与社区事务的权益性与公共性不足,参与效能不高。

(三)公民文化的困境

公民参与社区治理的文化困境主要指我国现阶段公民文化总体不成熟或传统行政文化限制着公民参与的健康发展。自阿尔蒙德、维巴开始,从公民文化角度,探讨公民政治行为和社会政治生活成为政治学重要的研究领域。公民文化是政治系统内的个人和社会各利益诉求主体对于该系统的态度取向,包括认知、情感和评价等。阿尔蒙德以此区分出三种公民文化类型:村落地域型政治文化、臣民依附型政治文化、积极参与型政治文化。按照阿尔蒙德等人的界定,所谓“公民文化”是由这三种类型政治文化交汇而成的“系统性混合”。“公民文化是一种混合的政治文化。在这种文化中,许多个人在政治中是积极的,但也有许多人充当较消极的臣民角色,更重要的是,甚至在扮演积极的公民政治角色的那些人当中,也没有排除臣民角色和村民角色。参与者角色是对臣民角色和村民角色的叠加。这意味着积极公民保留了他传统的、非政治的关系,以及他作为臣民的更消极的政治角色。”[③]系统性混合的公民文化是有利于民主政治有效运行的,这种公民文化应该是既能够使过高的参与热情与政治冷漠之间达成平衡,又能使对权威的服从尊重与主动参与之间形成融合的一种政治文化。在公民文化中,参与型文化与村民的和臣民的文化是协调的,后两者的文化取向往往会限制参与者的政治责任并使其政治参与较为温和,从而导致了一种平衡的政治文化。阿尔蒙德的公民文化分析为我们研究城市社区公民参与困境提供了文化的新视角,我国目前参与型文化总体发育不成熟,而村民的

---

① [美]乔万尼·萨托利:《民主新论》,冯克利、阎克文译,上海人民出版社2009年版,第128页。

② 赵灵敏:《业主维权,政府怎么办?》,《社区》,2005年第1期。

③ [美]加布里埃尔·A.阿尔蒙德、西德尼·维巴:《公民文化:五国的政治制度和民主》,徐湘林等译,东方出版社2008年版,第422页。

和臣民的文化的影响还很明显。

1. 我国参与型公民文化不成熟

由于我国历史上缺乏与公民相伴而生的民主条件，国民没有受到过系统的现代民主和人文精神熏陶，而传统的臣民意识、顺民意识、私民意识等人治观念仍影响着现代参与型的公民文化的养成。计划经济的长期推行，淡化了社会成员的基本公民意识，很多国民还没有发展成理性自足的现代公民。邓小平曾明确指出："旧中国留给我们的，封建专制传统较多，民主法制传统较少。"①政府主导的高度集中的城市社会管理体制、居民与社会政府的关系错位等，又形成了公民的被动与服从的传统。改革开放以来，经济转型过程中滋生出渐强的个体功利意识，使得人们在趋利的过程中也淡漠了公共精神的存在。这些都说明了我国参与型公民文化总体发育不成熟，尤其是参与型公民文化还不能为现代公民参与社区治理事务提供更多的精神支撑，使公民参与社区治理陷入文化困境。

首先，社区公民主体意识和参与意识不强。社区公民是社区治理的主体之一，社区治理的平等多元治理结构为现代社区公民参与社区事务提供了机制保障。但社区公民主体意识、参与意识不强，降低了公民参与社区事务的主动性。缺乏主体意识和参与意识的公民，在面对社区治理公共事务时，不是以积极独立的社区主体去参与社区事务，尤其是与己利益相关的公共事务，而是遵循传统政治思维定式，导致社区公民参与出现了要么避而远之，"事不关己，高高挂起"，要么因参与困难或自身利益受损时，产生挫折、悲观、排斥情绪，从而采取极端手段加以维护，冲动参与、盲目参与仍然存在。受传统权威崇拜、权力本位的浸染，公民的主体意识缺乏。这反映在社区居委会的直接选举活动中，仍有部分公民认为，"参与选举只是走形式，居委会主任等人选早由街道办事处内定了"，"选举无用、选举与我无关"。② 在面对强势的政府与国家时，计划经济条件下的传统集体意识掩盖了公民的个体与主体意识，公民个体性需求处于无意识或不清晰的状态，很容易成为集体操纵的被动员群体，而随大流、安于现状、与世无争的心态也使公民主动参与意识淡漠，导致一哄而上的动员式参与随处可见。传统的臣民意识、顺民意识则降低了公民的个性意识，反映在社区

① 《邓小平文选》第 2 卷，人民出版社 1994 年版，第 332 页。

② 何增科等主编：《城乡公民参与和政治合法性》，中央编译出版社 2007 年版，第 149 页。

公共事务中，则是部分公民无原则的顺从与退让。社区调查数据显示，在被调查的社区公民中，部分公民对社区直接选举持这种态度，“如果有人号召我去投票，我就去投”，把参与投票看作是被迫的，“因为投票并不是出于我的本意，我仅仅是遵照‘上面’的要求行事”；[①]有的偶尔会向居委会提出建议或意见，但都是关于社区日常生活的事情，如占道商贩或噪音污染或随意停放自行车等。[②] 还有宗法等级观念下滋长出的等级森严的人际关系和集团利益至上的传统意识，致使部分公民自主参与意识越发萎缩。传统政治文化仍严重制约着理性自主的公民主体意识和自为自觉的公民参与意识的成长，导致公民参与社区事务的主观愿望不强，参与的主动性不高。[③]

其次，社区公民公共精神缺失。公共精神（ public spirit）也称之为公民性或公民精神，是指在由公民组成的共同体（ civic community）中，在共同活动过程中形成的以维护公共利益为取向，对于公共事务的态度、看法、价值观的总和，包含民主、平等、自由、秩序、守法、合作、公共利益和负责任等价值理念，对共同体价值的认同和对公共规范、公共原则的维护。社区公共精神主要指社区成员的社区共同体观念、集体团队意识、权利义务意识、合作协商意识、理性妥协恕道的公共态度、以志愿精神或公益精神为核心的公民自治精神等。有一定公共精神的公民，具有了关心他人利益和公共利益，并勇于维护自身正当利益的积极态度和精神风貌，以及相应的行为能力，一般情况下能自觉主动地参与公共事务、公共活动。社区公民在公共精神的指引下，形成参与社区公共事务的良好道德准则，并深深影响着公民的参与行为。社区公民公共精神总体缺

---

① 王铁民：《选民选举心理与行为分析》，蔡定剑主编：《中国选举状况报告》，法律出版社 2002 年版，第 171 页。

② 何增科等主编：《城乡公民参与和政治合法性》，中央编译出版社 2007 年版，第 161 页。

③ 贺妍等从城市社区公民年龄及受教育程度等方面调查了社区公民参与意识发育并不充分的现状。贺妍：《对城市社区居民参与意识的实证调研》，《西南民族大学学报》（人文社科版），2004 年第 9 期。张亮指出 “居民社区参与不足首先表现在总体参与率不高并且分布不均匀”，其中只有 25% 的居民表示“乐于参与” 或者“愿意经常参加”社区各种活动或事务，参与社区事务的居民大部分是离退休人员等。国内大部分研究者从社区公民的年龄、性别、收入、教育程度、职业、政治面貌等个体特征分析社区公民参与意识。张亮：《上海社区建设面临困境：居民参与不足》，《社会》，2001 年第 1 期。

失,降低了公民参与社区事务的实际效能,非理性参与时有发生。[①] 社区公民对社区共同体及社区公共利益的认同与关注不高,很多公民认为社区治理是政府的事情,与自己的关系不大。对社区事务治理、社区发展目标等也不甚了解,只是被动地接受上级的动员;对社区公共利益的维护、参与及分享等,则普遍存在"搭便车"的心态,公民参与积极性不高;在参与社区自治事务时,公民对自己的权利与义务,既不明确也不珍惜,导致公民参与流于形式。在与居委会、业委会或物业公司等打交道时,不是以积极、理性、和平的协商方式处理冲突与矛盾,而往往以极端无序的方式维护受损利益,结果往往并不理想。市场经济的利益导向又使得公民过多关注个体经济利益,缺少公益关怀和志愿精神,有的公民为获取暂时私利而放弃公民自治权利,甚至有公民为一己私利去破坏社区公益等。

2. 公民对社区的认同感和信任度不高

社区认同和社区信任是驱动社区公民参与的软性动力,社区公民基于社区认同和社区信任而非某种理性的利益计算精神因素,在主观上推动着公民参与社区治理的行为。"低度认同者在行动的决策中更注重个人利益的计算,而高度群体认同者则感到了忠诚和团结,并由此克服了集体行动中个人成本方面的障碍。"[②]而城市社区治理中的公民对社区文化认同和情感归属正在培养阶段,公民对社区普遍信任缺失,还难以适应政府主导社区治理的要求,导致公民参与的困境出现。

首先,公民的社区认同感和归属感不强。由于我国城市社区治理的政府推动,社区公民在从"单位人"向"社区人"的转变过程中,更多的是从单位获取资源、收益、地位、身份、福利等,对所在单位有归属感,而对所居住社区则普遍缺

---

① 刘厚金在上海社区的问卷调查表明,社区公民对社区公共利益的关注程度很高的占问卷总人数的8.3%,较高的占52.7%,一般的占37%,较差的占2%。刘厚金:《社区公共意识的培育及路径选择——以上海某社区为例》,《理论探讨》,2007年第1期。梁莹对南京市公民自治精神的实证调查,赵孟营对北京市现代公民意识的调查等都论证了现代公民公共精神与现代公共生活的实际差距。梁莹:《公民自治精神与现代政治知识的成长》,《南京社会科学》,2008年第7期。赵孟营等:《现代公民意识的觉醒:北京市公民的政治价值观报告》,《中国特色社会主义研究》,2009年第2期。

② 陶传进:《集体行动难题与中国社会转型》,中国人民大学2002年博士学位论文,第26页,中国博士学位论文全文数据库。

乏认同与归属。[①] 社区归属感的产生，要么基于共同利益诉求或是心理情感需求产生，要么基于生活居住的地域或是邻里交往的网络产生，要么是在国家公民道德教育或“社区是我家”的宣传下产生。总体而言，上述多种手段合力推动，对社区公民的认同感起到了一定作用，但公民对社区的归属感并不强，尤其是在商品化住房的社区里，公民只是把社区当作工作之后的休息地，对社区的情感认同较弱。当差异化的社区公民面临着一成不变的社区管理体制或相对短缺的社区公共资源时，较少的社区互动就很难产生出共同的社区情感。这点可以从社区居民较低的社区生活满足感或满意度上充分体现出来。[②] 当在同一社区的公民难以从社区中获取共同的经济、政治或文化利益时，必然导致公民对社区事务的漠不关心；当公民认为社区事务与己无关时，就会出现大范围的不参与或被动参与的现象。如许多社区居民认为，社区居委会的工作与他们的日常生活和兴趣没有什么关系，所以没兴趣也没有时间去参与社区居委会的选举活动等。[③] 可能会出现极少数的积极参与分子（如中老年居民的社区情感渴求或城市低保户为获得利益的参与等），也往往只是离散的个体参与，并不代表社区居民的组织化参与的整体水平。

其次，公民的社区信任普遍缺失。社区成员之间的信任以及互惠互利的道德规范和合作网络能够把社区分散的个体有效地凝聚起来，有效解决社会个体所面临的“集体行动”的困境，更好地实现社区共同利益与公民个体利益。20世纪90年代，城市社区建设导致急速的城市社会变迁，对原有社会信任和规范及合作网络等产生了冲击，社区信任在社区加快建设的进程中也快速流失，而

① 城市居民的社区归属感现状怎样，已有研究结论并不一致。刘霁雯（2005）对常青花园社区居民的归属感进行研究后发现，居民行动上的归属感比较弱，但是精神上的归属感略强于行动上的归属感。闵学勤对上海、南京两地进行调查研究后指出：城市社区居民的社区意识、社区认同感不强，社区参与率下降，近2/3的居民没有参加过社区活动。苗艳梅（2001）在武汉调查了504户居民，一方面，从满意度、依恋感、对人际关系的评价等多个方面来看，居民的社区归属感比较强；另一方面高达65%的居民拥有流动愿望，且居民之间的交往只是点头之交。胡丽亚（2001）对浦东的社区研究认为居民的社区归属感处于中等偏上的水平，综合指标得分为1.23分（得分值域是0－2.46）。单菁菁（2003）也认为城市居民对地域性社区仍怀有较为强烈的归属感。引自单菁菁：《从社区归属感看中国城市社区建设》，《中国社会科学院研究生院学报》，2006年第6期。

② 单菁菁通过调查数据分析在国外研究中影响社区归属感的社区居住时间、社区内社会关系、社区公民的社会地位等在中国城市社区归属感的影响力度不大，而社区居民的生活满意度对中国城市社区归属感影响最大。单菁菁：《从社区归属感看中国城市社区建设》，《中国社会科学院研究生院学报》，2006年第6期。

③ ［德］托马斯·海贝勒、君特·舒耕德：《从群众到公民——中国的政治参与》，张文红译，中央编译出版社2009年版，第145页。

新的社会信任和共识性规范还没有在社区内及时建构起来。虽然大家住在同一社区，但公民关起门来，互不交往，严重限制了社区公民进行相互沟通、合作协商、共同解决社区事务的机会。日益“疏远”的社区居民的不交往状态，致使社区信任普遍缺失。没有交往，就没有了解，就没有融洽的感情，就没有更好地沟通，就没有共同的社区利益与兴趣，就不可能有共同的参与行动及共同承担的责任。所以社区成员在缺乏普遍信任的情况下，与社区居民委员会及其他社区自组织、社区内其他人的合作难以产生，社区共同利益及共同遵循的规范也难以得到公民共同认同与遵守。社区公民在缺乏普遍信任与规范的状态下，公民的参与只能是分散的、低效的，不可能有高质量的集体行动。

3. 传统行政文化的消极影响仍然存在

中国传统行政文化属于伦理型文化，具有权威性、等级性、保守性、“治民”思想、重人治而轻法治、重权威而轻民主、追求等级而不尚平等的特征。中国传统行政文化在实践中则表现为人格取向，人格化的权威服从关系和人格化的人际交往关系及浓厚的官本位色彩等，这些特点是困扰着现代政府行政改革的重要文化因素。在城市社区治理中传统行政文化的惯性也使得公民参与受到影响。

首先，政府单向管理的传统习惯压制着公民参与的扩大。政府单向管理的传统习惯，使得地方行政官员对公民参与社区治理不重视甚至压制。地方行政官员头脑中的政府单向管理、单向决策，民众被动服从的“治民”思维及残存的官僚行政思想，使得他们没有把公民视为社区治理的多元主体之一，而仍然把社区治理中的公民视为被管理对象或社会控制对象。而“维稳第一，参与第二”成了很多地方政府在推动社区治理中的首要原则，对公民参与的态度经常是消极防御甚至是抵触。因为公民参与可能会干扰他们固有的行为秩序和利益关系，增加他们工作的难度。某些地方官员担心社区选举投票率太低或选举失败，影响政府对选举者和候选人的掌控，也担心自己的政绩受影响等，在选举中经常会以直接选举程序麻烦、成本较高（如北京实行直接选举的一个社区花费大约10万元，包括选举宣传、组织成本、租用场地、助选人员的报酬、发放纪念品等）等理由推诿或压制社区直选。地方政府经常在事实上提前内定了社区居委会主任与副主任等人选，社区公民的参与权利被架空或被虚置时有发生。此外，地方官员对公民参与内涵的理解较片面，他们认为公民参与社区治理只是单纯的政治投票与选举，其他社区公共事务与公民并无关联，公民只需等待,被动地接受政府或居委会处理的结果就可以了,公民对社区公共事务无需参与。这在事实上严重制约着公民参与社区事务的活动。

其次,行政官员对上负责的传统思维导致公民参与的低效。行政官员对上负责的传统,使得官员们不注重对公民参与的回应。城市社区治理要求在平等基础上,公民与政府良性沟通与互动,倡导公民与政府间的协商对话与正常回应。但由于我国社区治理的特殊性,事实上政府与公民或社区组织的地位并不完全平等。再加上行政人员传统的对上级机关负责的习惯,在实际社区治理过程中不重视、也不习惯对公民参与给予平等的沟通与及时回应。公民参与往往是单向度的,得不到积极回应的公民参与的实际效果是有限的。当公民参与社区治理的行为得不到正常的认同与回应,达不到预期效果时,有可能会出现上访、示威、静坐等非理性参与的发生,而地方政府又习惯用"聚众闹事""扰乱公共秩序"和"冲击国家机关"等判定此类公民参与行为,由此导致公民与政府间无法进行良性合作与理性对话。在目前,我国城市社区治理中尚未有制度对政府必须回应做出硬性规定,在此情况下,全凭行政人员的"道德自觉"来回应公民参与,势必降低公民参与的有效性。

(四)公民自身素质的限制

公民个体自身的困境主要指公民参与社区治理各项事务时,因受到公民本身的个体因素的限制而导致公民参与行为出现困境。如公民个体参与能力的限制、公民个体在与社区多元治理主体博弈中的相对弱势地位、公民个体参与的利益驱动与社区公共利益诉求之间的矛盾等都影响着公民参与行动。

1. 公民个体参与能力的限制

公民参与社区治理需要具备一定的能力,包括公民自身的教育知识水平、参与公共事务的知识与技能的掌握、利益表达、沟通协调、合作协商谈判的能力等。只有公民个体有了相应的能力后才能承担参与行为的责任与义务,才能达到通过参与实现利益的目的。理论研究一般认同的观点是:公民的教育文化水平与公民所具备的公民意识、参与意识及参与能力等成正比。文化程度高的公民群体的民主意识、参与意识和参与能力较强,也比较会利用各种途径发表自己的意见,实现利益诉求。相反,文化水平低的公民群体的利益诉求容易被忽视,其参与影响公共事务的能力也较低。但也有实证研究证明,在公民参与社区事务中,有时出现教育文化水平高的中青年公民在有相应的公民能力时,并不积极参与社区事务,受教育水平不高的离退休老年人或下岗失业或低保户等参与能力不强的公民群体,反而积极参与社区各项活动。[①] 这也证明了教育水平高低只是影响公民参与能力的一个因素,并不是主导因素。

首先,公民个体的政治知识缺乏。阿尔蒙德等人以两种基本的政治知识[②](识别各自国家的主要政党的国家领导人的能力以及识别内阁职责与国家政府各部门的能力)为基础,广泛调查了五个国家民众的政治知识量对公民文化的影响。调查的最后结论是:“民主权能与获得关于政治争论和过程确凿信息相关联,并与在分析争论和制定有影响的策略中使用这些信息的能力相联系。”[③]对于社区治理而言,具有现代政治知识的公民也就成了现代城市社区治理的必然要求。具体到公民参与社区事务所应具备的政治知识而言,主要指公民对社区治理事务的流程、公民参与的程序、社区自组织的机构等的认知及公民对自我政治角色(公民参与社区治理的权利与义务等)的认知等。在调查中,很多社区居民认为社区居委会是政府一级组织,对社区居委会日常工作知道的也不多,对社区居委会直接选举流程并不清楚,对社区其他组织的功能与运行机制更是不甚了解,对自己在社区选举或其他治理事务中的作用也不清楚,对选举等政治性事务的操作程序、规则等并不熟悉,其参与公共活动的技能也较低。调查数据显示,被调查者中大部分人并不认同“社区的大事小事我都有必要参与”。公民对自身政治知识能力评价也不高,大部分人不认同“公民的意见和建议会对当地公共事务或社区事务决定有一定的影响力”。有调查显示,很多被动员到选举现场的公民对选举程序及选举结果给自己带来的利益影响等不甚了了。[④] 目前,社区公民个体的政治知识储备与社区治理的参与要求明显不符,公民参与效率低下,随大流或被动式参与或不参与的现象的存在也就不足为奇了。公民个体缺少必备的政治知识,直接影响着公民参与社区治

---

① 何增科等主编:《城乡公民参与和政治合法性》,中央编译出版社 2007 年版,第 146 页。

② 政治知识是指一个国家的民众或公民的政治知识储备(包括对国家政治制度等基本政治常识的认知、基本的政治理念、对公民基本权利与义务的认知等)、理性的分析判断政治态势及参与政治的基本技能等。一个国家的民众有没有基本的政治理念和政治常识,对自己的权利与义务有无清醒的认识,在维护自身权益、参与政治或公共事务时能否保持理智与科学的态度等是直接影响公民参与实际效果的重要因素。见本书第三章中有关政治知识的论证。

③ [美]加布里埃尔·A. 阿尔蒙德、西德尼·维巴:《公民文化—五国的政治态度和民主》,徐湘林等译,东方出版社 2008 年版,第 86 页。

④ [德]托马斯·海贝勒、君特·舒耕德:《从群众到公民——中国的政治参与》,张文红译,中央编译出版社 2009 年版,第 150 页。

理的实效性。

其次，公民个体参与能力普遍不强。公民个体在参与社区活动时必须要有相应的利益表达、沟通协调、合作协商谈判等能力。[①] 这些能力的强弱体现在公民参与社区治理的具体事务中能否充分利用现有正式或非正式资源去实现利益。社区公民个体的参与能力并不理想，主要表现如下：公民个体不能充分利用或珍惜现有制度化渠道充分表达利益诉求；[②]公民个体相互独立、互不从属，不能以合作协商身份与其他参与者平等合作，甚至出现为实现个体利益而相互拆台、不合作的过度私人化倾向；公民个体的谈判技巧和能力不高，不能很好地在相互尊重、信任、理解的基础上与对方讨价还价，更多的是用“威胁策略”（如静坐、示威抗议、谩骂等）展示自己破釜沉舟的决心；意气用事，一旦发现自身权益受损，往往采用集体上访、围攻政府机关甚至是暴力对抗等无序参与的方式来实现自身利益，但结果往往是公民个体权利很难在与政府的对抗中得到最终实现。所以，公民个体参与能力强弱直接影响着公民参与的实效及个体利益的实现。公民参与能力强弱与公民参与行为的关系是双向的。当公民个体参与能力低时，其参与的积极性及参与的实际效能是低的，可能直接导致公民的不参与，而得不到参与实践锻炼的公民能力也很难得到实践检验与提升，这往往会在现实中形成恶性循环；公民参与能力或参与效能感较高的公民，可能更愿意参与社区事务，公民个体在参与过程中与其他社区治理主体的合作、竞争、妥协、谈判等又直接为参与个体提供了最直接的成功体验，其效能感也会提高，也更有助于公民参与能力的提升。

2. 公民个体相对劣势地位的限制

在社区治理的多元主体中，公民个体相对于社区居委会或社区自组织的地位，以及公民个体所占有的各种资源都处于相对劣势的地位。这种劣势地位导致了公民不能自主参与，或者迫于各种压力不得不去参与。

首先，公民个体相对于社区各组织的弱势地位导致公民被动参与。理论上的社区治理多元平等主体在现阶段的城市社区中并没有完全实现，公民个体在

---

① 关于公民参与社区治理所应具备的各项能力的详细分析见本书第三章中的相关论述。

② 在实际的社区选举或其他活动中相当部分公民放弃参加选举或者找人代替或者即便到场也只是应付，甚至有公民故意使选票作废、出卖选票等。在通过信访、面对面的交流、听证，参加座谈会、听证会、居委会组织的各种评议活动、民意调查、领导接待日、接触人大代表或政协委员等向社区居委会或上级行政机构进行政策倡导与建议时的应付了事等现象的普遍存在，证明了公民利益表达能力较弱。

社区治理结构中与街道办事处或社区居委会或社区内各类组织相比较而言，仍处于相对弱势地位。公民参与社区事务的范围也大多局限在日常生活领域，而涉及社区公共事务决策的参与，更多的只是执行式参与，公民实际的参与权力被虚置。在公民参与居委会选举等活动中，出现由街道办事处“内定”候选人、“包办”选举或安插非选举的专职工作者（如“社会工作者”）等现象，导致公民参与社区居委会选举或其他活动时流于形式。公民常抱怨“常常是社区管理机构感到有必要了，就召集居民开会、布置、传达任务。即使成立了居民代表大会，但什么时候开会、讨论什么主题也都由社区管理机构来定，居民代表只有听的份”。社区居委会在实际工作中半官半民的身份及工作方式，使公民个体，尤其是社区内的低保人员等不得不服从其工作安排，被动地参与社区事务。如，重庆市某社区的低保户就必须定期参加在居民区照顾社会弱势人员、参加社区环保的活动等。还有部分社区低保户或是想从社区居委会获取工作机会的下岗失业工人等参与社区活动时，都明显地表现出一种“报答”的心态。[①] 这反映出社区公民个体在参与社区居委会或各类组织活动时的明显的弱势地位。上到社区居委会成员，下到楼栋组长的社区强势动员网络的存在，也显示出公民个体在社区活动参与中的相对弱势地位。有调查显示，相当部分公民个体只是基于不能不给居委会或楼栋组长面子，不能给他们找麻烦的理由才参与选举的。“因为投票并不是出于我的本意，我仅仅是遵照‘上面’的要求行事。”[②]公民个体在很多情况下，只是被动员到现场出席或参与某项社区活动，而非真正地参与，这样执行式的参与大多都流于形式。

其次，公民在获取信息和占有公共信息上的劣势导致公民消极参与。由于半官半民的社区居委会的工作环境相对封闭，工作方式也不透明，政策信息资源相对封闭，普通民众缺乏相应的知情权。“只有社区居民能够获得有关社区政府权限和组织结构的信息，并能够在愿意时影响或决定这些问题，那样，民主

① 在重庆建北社区，规定每周三和周五，低保户必须定期把情况向居委会报告。如果连续两次不参加社区工作，就会被取消低保的资格。45 岁以上的社区居民感谢党和政府使他们得到低保，他们觉得有义务回报政府，如积极参加社区各项工作等。何增科等主编：《城乡公民参与和政治合法性》，中央编译出版社 2007 年版，第 214 页。

② 王铁民：《选民选举心理与行为分析》，蔡定剑主编《中国选举状况报告》，法律出版社 2002 年版，第 171 页。

的原则才能够发挥作用。”[1]公民对居委会的了解及相关信息的获取方式也较为单一,无法形成信息互动的良性状态。而中国传统的公共政策制定中的单向思维惯性,也导致社区公共事务决策或议题在制定过程中,社区居委会或相关组织更习惯于单向地确立政策议题及议程,使本来关系公民个体利益的公共事务成了政府或社区居委会的单方决策或单独主导,公民获得的大多是已经决定了不能更改的事实,在社区事务决策前、决策过程中的公民参与机会较少,公民获取相关信息也较困难,往往是被动地接受已经确定了的结果。社区治理中经常出现这样的情形:公民个体往往是在被通知参与社区公共活动时才得到相关信息,甚至有些社区居民到了会场时,仍然不知道要干什么,对参与活动内容等相关信息一无所知。由于对相关活动信息掌握不完备,公民个体无法理智预见参与可能的结果,导致公民个体在参与时抱着无所谓的态度去消极应付,对参与过程和结果都不太当回事。走过场、被动员的公民也就不在少数了。

3. 公民个体参与的“搭便车”

鲍克斯将公民划分为“搭便车者”“守门员”(watchdog)和积极的公民(activist)三种角色。大多数社区公民认为个人没有时间精力参与,让别人去奉献,自己则坐享其成,充当“搭便车者”与“守门员”。当公民个体认为“搭便车”是最经济的方式时,那么部分公民就会坐享其成,而不会积极参与社区事务。

首先,公民个体对参与成本的理性计算。参与到社区治理事务中的公民个体作为有限的理性人,在参与社区公共事务治理中必然对参与成本及预期回报进行计算。当公民个体投入了时间、精力参与社区事务,能否实现利益诉求,投入成本与预期回报是否成比例,直接影响着公民个体参与的积极性。公民个体参与成本包括时间、知识、能力、一定的经济基础及有效的参与途径等。整天忙于工作生活的中青年人,因缺少时间极少关注和参与社区事务,他们的社会资源主要从社区外组织中获得,因而对无关他们直接利益的社区选举、社区环境等,不愿意投入时间和精力去参与。而空闲时间较多的离退休人员、下岗待业人员,则往往成为社区事务的积极参与者。在各种调查中也证实了很多社区公民认为参与本身可能会给自己增加负担,即便参与了,有时并不是自己所愿,而是迫不得已才必须参加的。

---

① [美]理查德·C. 博克斯:《公民治理:引领21世纪的美国社区》,孙柏瑛等译,中国人民大学版社2005年版,第35页。

其次,公民个体利益与社区公共利益的冲突。生活在社区的公民对社区共同利益的认同包括优美的社区环境、良好的社区服务、和谐的人际关系、健康向上的社区文化等。社区共同利益或公共物品的获得是居民在互动和博弈中完成的。而社区公民个体之间的利益又是多元的,多元的个体利益与社区公共利益之间的矛盾和冲突是客观存在的。而社区公民在此阶段的个体参与较多地是从自身个体利益出发的,与自己利益有关时,参与社区事务的热情就高,反之则低。人的有限理性又导致公民参与社区治理时,参与的功利性较强而理性不足,忽视社区公共利益,甚至当私人利益得到满足时,损害公共利益的事情也时有发生。公民个体对公共利益的态度大多是:社区公共利益增加新的受益者也不会减少我作为受益者的利益,社区公共利益受到损害,也不仅仅是我一个人受到损害,而是同一社群的其他人也受到损害。这种态度直接导致社区大多数公民认为,参加不参加社区活动并不影响他们的个体利益,社区公共利益与公共事务也并不因个体的参与或不参与而增多或减少。大多数公民充当着“搭便车者”与“守门员”的角色,拥有不同个体利益的理性公民只是将社区视为一种提供“服务套餐”的地方,而不是当作个人认同的归属。① 社区公共利益与公民个体利益的矛盾导致了部分公民直接选择“搭便车”,而不是积极主动地去参与。

4. 公民个体网络参与的自由与无序

通过网络参与,公民参与方式突破了传统媒体信息传播的障碍。广泛、及时、便利的网络参与使社区公民参与更加自由多样化。参与成本低,参与人数多,参与内容广,信息流通快等都是公民个体网络参与的特点。虚幻的网络使社区居民们可以不留名不留姓地大胆诉说意见和建议,但由于网络的虚拟性、隐蔽性、匿名性等特点,又很容易出现发布虚假政策信息、编造政策谎言、传播假新闻等不规范的参与行为出现,导致公民个体网络参与的非理性、失序与失范。如小道消息的传播,不利于社区发展的负面言论等,甚至于在“社区论坛”上对现实社区事务的攻击等,都影响着网络参与作用的正常发挥。地方政府和社区居委会如何正确利用网站或网络论坛并客观筛选社区民情民意,公民个体

① 比如生活在社区中的很多人看到社区内的路灯坏了、其他公共设施损坏了,可能会坐视不管。因为他们知道,修好了不只是他一个人得益,而自己付出的机会成本是比较大的。况且自己不去问津或不请人修,最终总会有人来修。公民个体对个人利益的关心与对社区公共利益的关心之间的矛盾,导致社区公民对社区事务参与的不积极。

应如何正确利用这一新兴方式实现利益诉求等，都是有待于深入研究的课题。

此外，社区公民个体参与中出现参与主体与参与领域分布不均衡的困境。参与主体出现“一老一少一低”，或是社区个别精英主导社区参与，这些都制约着公民参与的良性发展。“老”主要指离退休的老人，“少”主要指放了寒暑假的中小学生，“低”主要指定期到居委会领取最低生活保障金的社区居民。而社区精英主导社区参与是近年新兴社区中的现象，社区里有名望的少数精英人物主导着社区公民的参与，并在关系社区公民利益的事务中发挥着越来越大的作用。而社区内的其他大部分公民（中青年人）则很少参与社区各种公共活动，影响着公民参与整体的良性发展。公民参与的主要领域也大多集中在非政治事务方面，而对于社区发展的决策性事务的参与较少，参与领域分布不均衡。调查中显示，很多社区内的居民没有机会参与正式的社区事务管理与决策，社区管理机构邀请最多的也是社区积极分子或居民代表，而普通居民则很少有机会参与较正式的社区事务。

总之，公民个体参与社区治理事务呈现出复杂的状态。从总体上看，公民个体参与并不积极。公民自我意识中的无力感也严重地制约着公民参与的主体性与自觉性及参与能力的释放。这种心态表现为既有实现个体利益的渴望与冲动，也有因参与能力等限制而产生的参与挫折感与无力感；既有个体主动积极改变现状影响社区决策的参与激情，也有对自身能力及地位和作为的低效而产生的沮丧。与此对应的公民个体也分化为少数的积极参与者（社区精英和“一老一少一低”）、“搭便车者”与“看门人”。而参与行为则表现出少数的积极参与、大多数的被动应付、消极参与和冷眼旁观，还有极少数的疏离与排斥等复杂的景象。

二、公民参与社区治理困境的成因——以济南市 M 社区、D 社区为实例①

2009 年 6 月，作者承担的济南社科规划项目《改革开放三十年济南城市社区公民参与研究》在济南市选取了两个社区进行实证调研。一个是新型房地

① 以作者主持的济南市社科规划项目《改革开放三十年济南城市社区公民参与》的调查数据为样本进行分析，由于接受调查问卷的是社区公民个体，所以此处重点是以公民个体为视角分析公民参与社区治理困境的成因，没有涉及社区自组织等的参与行为。

产开发型社区,M 社区(陌生人社区),一个是传统街坊社区,D 社区(熟人社区)。对这两个社区,我们采用访谈或问卷的方式进行了调查,获取了济南市社区治理中的公民参与的第一手资料。

(一)问卷的设计与回收

在中国城市社区治理中,是什么原因导致城市社区公民参与总体不足的困境?在中国城市社区治理的制度平台已基本搭建起来后,城市社区治理结构、社区的社会资本、社区认同等对社区公民参与状况有着怎样的影响?公民个体的经济收入、社会地位、教育文化水平及政治知识和公民精神等因素,又怎样影响着实际的公民参与行为?带着这些问题,我们对 M 社区和 D 社区进行了问卷调查和访谈。我们设计的问卷包括社区管理体制、社区文体活动、公民参与社区治理的方式、频度、公民的政治知识及公民精神、社区社会资本等内容。收集了社区居民参与的各种需求及意见等,访谈材料主要是对社区居民的访谈记录。

本次调查共发放问卷 500 份,回收有效问卷 478 份,回收率 95.6%。回收问卷调查者基本情况如下表。

表 4－1　调查对象的社会经济地位基本情况(N＝478)

背景变量	具体分类	百分比	具体人数
年龄	35 岁以下	23.1%	110 人
	35－55 岁	48.5%	230 人
	55 岁以上	28.4%	138 人
文化程度	初中及以下	35.7%	167 人
	高中(中专)	36.6%	175 人
	大专(高职)	11.5%	65 人
	大学本科	10.4%	50 人
	研究生	5.8%	21 人
性别	男	43.1%	197 人
	女	56.9%	271 人

年收入	1万元以下	30.6%	146人
	1—2万元	32.5%	156
	2—3万元	23.6%	113人
	3—5万元	10.3%	50人
	5万元以上	3%	13人
居住年限	5年以下	18.5%	88人
	5年—10年	38.5%	184人
	10年—20年	25.5%	122人
	20年以上	17.5%	84人
职业	商业人员	9%	49人
	工人	18%	86人
	政府公务员	4%	19人
	事业单位人员	20%	96人
	私企职员	16%	76人
	离退休人员	23%	110人
	下岗待业人员	10%	48人

（二）研究的基本变量与假设

分析城市社区治理中的公民参与行为，可以从国家制度供给与制度创新的宏观层面进行分析；也可从中观层面的经济发展水平、社会资本状况、政治文化水平、公民参与技术手段及工具等进行分析；也可从微观层面进行分析，如公民个体的社会地位、职业、经济收入、教育程度、公民参与能力、公民精神等。

前面的研究已经证实了我国社区治理的制度创新在宏观层面上为社区公民参与创设了良好的制度平台，所以下面的研究主要从中观和微观层面进行分析。从中观层面，我们分析城市社区治理中的公民参与困境与经济发展水平和社区社会资本以及政治文化等的关联。从微观层面，我们主要分析公民个体的政治认知、参与意愿、参与频度、参与效能、公共精神等方面，寻找公民参与总体不足的影响因素。

在问卷中，我们把设计测试指标分为三类：一是向街道、社区居委会等反映社区问题或自己困难等聚合为一个指标，即“利益表达式参与”；二是将“参加社区居委会选举、业主委员会选举、楼栋长选举、参加居民会议、参加业主大会”等聚合为一个指标，即“选举式参与”；将“参加社区文体活动、参加社区团体类别、参与社区公益活动”等聚合为一个指标，即“娱乐性参与”。为了研究影响社区公民参与的相关制约因素，在综合以往相关研究成果的基础上，我们演绎出以下研究假设：

假设1：经济地位因素的影响假设，社区公民参与状况因公民的工作与收入不同而不同。

假设2：社区公民的社会地位因素的影响假设，社区公民参与状况因公民的受教育程度、职业、社会阶层等的不同而不同。

假设3：社区认同因素的影响假设，公民对社区认同的高低显著影响着公民参与社区事务的积极性。

假设4：社会资本因素的影响假设，社区公民的社团网络与社区邻里网络的存量高低，显著影响其参与水平。

假设5：公民的政治知识①（政治知识的拥有量、参与效能感等）因素的影响假设，社区公民的政治知识的多少影响着公民参与行为。

假设6：公民的公共精神（公共意识、公益精神等）因素的影响假设，社区公民精神的高低影响着公民参与行为。

（二）影响社区公民参与的因素

根据问卷调查收集的数据及访谈材料，按照研究的基本理论预设，我们重点分析公民的经济收入、社会地位和社会阶层、公民对社区认同感、社区社会资本、公民的政治知识及公民的公共精神等层面，分析现实社区治理中公民参与不足的制约因素。

1. 公民经济收入的影响

“经济增长虽然只是民主化的因素之一，但显然是举足轻重的一部分……国家如果能够提高公民生活水平和教育程度，便为民主结构打下了基础，使争

---

① 政治知识在这里主要指公民个体参与社区治理的行为需要的行动知识、信息的获取或参与的技能规范等。

取民主的努力制度化和合法化的可能性增加。”[①]经济发展提高了人民生活水平，也带来了教育的普及，公民整体文化素养和现代民主意识也有所提高。经济发展为公民参与社区公共事务提供了最基本的条件。美国学者卡尔·科恩(Carl Cohen)指出，“社会成员如不享有最低限度水平的物质福利，任何社会也不能指望长久维持自治”；“使公民体力情况恶化并迫使他们主要或完全关心自己或家庭生存问题的经济条件，是不可能产生有生气的民主的”；显然，“严重贫困的群众，根本无法获知参加公共事务的足够信息，对公共事务进行有效的讨论，进行有效率的组织，并接触他们的代表”。[②] 从理论上讲，经济发展水平及公民的经济收入是公民参与最基础的物质条件，当这些条件具备后，公民参与才有可能发生。

从宏观层面讲，我国市场经济的发展使公民的主体意识、参与意识、竞争意识和法律意识都有了较大提高，为公民参与公共事务治理提供了必备的条件。目前我国城市经济发展水平都有了较大发展，尤其是人们在拥有了属于自己的房产后，对自己所生活社区的利益要求逐渐增多，这些利益要求必然要通过公民参与的方式表达出来。安东尼·奥罗姆(Anthony M. Orum)曾指出：“对于那些拥有资源的人，无论是社会较高阶层的成员还是男性，他们都要比那些几乎不拥有这类资源的下层阶级成员或女性更可能积极地参与政治活动。”[③]公民参与社区治理受“经济人” 理性的制约，当人们忙于生计无暇关注社区公共事务时，很少有人会主动地参与社区事务，即便有参与意愿时，也没有足够的时间和精力。在接受调查的公民中，回答“您如果没有参加社区居委会(或居民代表)的选举，原因是什么?”的问题时，选择“没兴趣、精力和时间”的居民占22%，这说明了部分公民可能受制于自己工作或家庭生活压力等，在外忙于工作，而没有足够时间精力去关注社区选举等公共事务。但我们在调查中发现假设1的理论预设也并没有完全得到证实，高收入者参与社区事务的积极性并不比低收入者高，人均年收入在3—5万元及5万元以上的被调查者中“选举式参与”，即参与社区居委会选举、业主委员会选举、楼栋长选举、参加居民会议、参

---

① [美]西摩·马丁·利普塞特等：《对民主政治的社会条件的比较分析》，中国社会科学杂志社编：《民主的再思考》，社会科学文献出版社2000年版，第100页。

② [美]科恩：《论民主》，聂崇信译，商务印书馆1988年版，第110—111页。

③ [美]安东尼·奥罗姆：《政治社会学导论》，张华青等译，上海世纪出版集团2006年版，第229—230页。

加业主大会选举的次数在3次的占8%,2次的占33%,1次的占40%,从没有参加过的占19%。而相同问题项的调查,在收入3万元以下的公民中的结果是,3次的占23%,2次的占42%,1次的占29%,从没有参加过的占6%。其中收入较低的下岗工人或离退休人员参与社区事务的积极性相对要高。这说明了部分收入水平高的社区居民的利益与社区发展关联不是太大,他们更多的经济收入、社会声望及交往的人际关系等,都是在社区外获取的,社区只是他们工作后回家休息的场所。在职单位人的利益主要在单位获得,所以在职单位人参加社区活动并不积极。在我们进一步的访谈中发现,一部分被调查者表示之所以参与社区事务不积极,实际上并不是纯粹的不愿意,而是因为他们觉得社区外有他们更重要、对他们更有意义的事情要做。社区居民参与不足,部分原因在于社区事务和居民利益相关度不大。社区活动与居民切身利益相关越直接、越明显,居民的参与意识就强。这也证实了公民参与社区事务所受制约因素有很多,经济因素只是影响公民参与的基本因素之一,并不是最主要的制约因素。

2. 公民社会地位的影响

社区公民的社会地位主要指社区公民的受教育程度、职业、社会阶层等,在社会地位变量中,以初中以下文化程度者为参照,学历在本科及以上者的社区参与水平并不高,而初中、高中、大专文化程度者的参与水平也没有表现出显著的差异性。文化程度越高,则社区参与水平越高的假设没有被完全证实。就社会阶层而言,工人、下岗待业人员、离退休人员等中下层社区公民的参与水平平均高于商业人员、政府公务员、事业单位人员及私企职员。在回答"您参加过社区居委会选举及社区居民代表会议的问题"时,工人和离退休人员参加3次的占18%,2次的占53%,1次的占26%,从没有参加过的占3%。而相同问题项的调查,政府公务员、事业单位人员及私企职员回答的结果是:3次的占12%,2次的占22%,1次的占49%,从没有参加过的占17%。社会地位对娱乐性参与影响更为显著,工人、下岗待业人员、离退休人员等中下层社区公民的参与水平明显高于社会阶层高的居民。而性别对表达式参与水平影响较显著,女性比男性的表达式参与水平更高。而居住年限因素对选举式参与因子的影响较为显著。

从理论上讲,城市社区建设及城市基层民主的发展必须依托发育良好的中间阶层。美国社会学家米尔斯指出:在工业发达的西方国家已经出现了一个中产阶层,他们主要包括政府部门的中级行政官员、国营和私营垄断企业中的中级管理人员和工作人员、经理、专业技术人员。[①] 中间阶级已发展成为推动西方社会现代化发展、引导社会消费、稳定社会局势、定型社会规范以及主导社会价值观念的社会阶层结构中的主体力量。中间阶层较好的文化教育背景、相对自由的思想空间和轻松的生活状态,有利于培育中间阶层良好的社会价值观和公民意识。新中间阶层的扩大,民主教育的推进,以及城市居民的职业稳定和生活安定等,都有利于促进民众权利意识和主体意识的萌发与增长。西方社会的中间阶层所占比例一般都超过70%。但在我国城市社区治理中,广大社会中间阶层力量还没有充分发育起来。如果仅从职业和收入两项标准来考察,当前城市社区的一少部分居民(如政府公务员、事业单位人员及私企职员)可以被列入正在兴起的中产阶层,他们理应在社区治理中充当主体,成为社区公共事务的主要参与者和社区基层民主发展的主力。但实际调查显示,这部分刚刚步入中产阶层的社区公民,把更多的精力投入到个人事务上,他们的主要精力大多放在社区外的事业打拼上,而对社区事务并不太关注。无论是利益表达式参与还是选举式参与及娱乐性参与,他们都不积极。访谈中的低收入者对收入较高者的不满态度也反映了社会阶层分化和日渐拉大的贫富差距给低收入者造成的消极影响,如在心理上产生的相对被剥夺感、对现行社会政策的抵触等,这对和谐社区建设与发展都是不利的。

我什么都没有了,既没有工作也没有医疗保险。国家让我的企业破产,它就有责任让我吃上饭(指从居委会领取低保)。原来工人是先锋,现在挣得最少,有钱人忙着往自己腰包里捞钱,我们受教育程度低,没有任何希望了,我们对社会现状并不满意,我们被社会抛弃了。[②]

马斯洛把人的需求分为生理、安全、归属、自我实现等七个层次;而马克思把它分为自然生理或生存需求、社会需求、精神需求等三大需求。我们考察社区公民的需求,可以分为个体性需求与公共性需求,需求的驱动与公民参与行为之间是密切相连的。社区公民的阶层分化,决定了他们的需求是以个体性为主还是以公共性为主。当社区公民首先忙于解决个人的生存问题,其参与的公共性必然让位于个体性需求,参与社区公共事务的公共性需求就被置于次要地位。我们的调查发现,社区公民阶层分化与参与行为之间的关联表现较明显。

---

① 转引自谭樱:《当代中国中间阶层的崛起及其社会效应》,《社会》,2001年第2期。

② 2009年7月在济南市D社区的访谈。

对于下岗工人和无职业者来说,他们希望通过积极参与获得再就业的机会;对于无劳动能力或残疾人来说,他们则希望通过参与社区事务,获得城市低保或社区更多的照顾;对于社区老年人而言,他们希望街道和社区能开展更多的文体娱乐活动,让他们的晚年生活更丰富。所以,能否从参与社区事务中获得直接现实的利益是现阶段公民参与的首要需求,他们获得的利益越多,参与就会越积极;反之亦然。这也证实了,当前城市社区公民参与中的积极者大多数是失业人员、低保户、退休人员等,他们大部分依赖社区为其提供自己的利益需求,他们经常会主动参加社区居委会组织的各种活动。从理论上分析,刚刚步入中产阶层的社区收入较高者,他们本应该在个体性需求满足后会有公共性需求的产生,理应花费时间、精力等成本投入社区的公共治理中,承担社区公共治理的更多责任与义务。但调查显示,这种理论预期并没有在我国城市社区治理中出现。这表明,我国城市社会阶层刚刚分化,还未达到社会中间阶层支撑社区治理的相对成熟阶段。而低收入阶层在转型期的城市社区治理中虽然充当了积极分子,但囿于其个体性需求的驱动,还远不能适应社区治理公共性的根本要求。我国社区治理的长远发展仍然需要中间阶层的不断发展壮大。

3. 公民社区认同的影响

公民对社区认同的强弱对公民参与意愿及参与行为有重要影响。利益动机固然是影响社区居民参与的重要因素,但并不是唯一重要的因素,社区认同等情感因素的影响也不容忽视。我们参加某些事务和活动,有时并不完全是出于直接的利益得失的计算,责任、义务等情感也是促使参与的重要动因。社区居民对社区的认同会加强他们对社区事务的责任感、义务感,由“社区是我家”的社区认同激发出“我为社区发展献计策”等参与意愿的增强及积极参与行为的出现。由此推论,社区居民对社区情感认同程度的强弱显著影响着其参与意愿或参与行为。我们的调查结果基本上可以印证这一论点。

表4－2 社区居民的社区认同因素分析

问题项	非常同(愿、满)意、比较同(愿、满)意	一般	不太同(愿、满)意、很不同(愿、满)意
我为生活在这个社区而自豪	42%	30%	28%
多数街坊邻里都愿意为社区献策出力	46%	25%	29%
参加社区义务工作可以为我带来乐趣	55%	25%	20%

您对物业公司、业主委员会工作满意情况	55%	33%	12%
您愿意参加社区居委会或业主委员会组织的活动吗?	32%	52%	16%
我们社区的环境卫生很不错	25%	45%	40%
我希望在此长期居住	45%	25%	30%
您愿意和社区邻居在假期组团旅游吗?	23%	45%	32%
您满意社区居委会及小区业主委员会的民主工作方式吗?	28%	40%	32%
您满意社区居委会与居民的关系吗?	42%	38%	20%

首先,调查显示,社区居民在一个社区中的居住年限越长,他对于社区的认同会越高,也更愿意参与社区治理事务和公共活动。“我为生活在这个社区而自豪”“参加社区义务工作可以为我带来乐趣”等问题的调查结果显示,居住社区年限长的居民有较强的社区归属感,也更愿意为社区发展和社区事务做贡献。我们的访谈也证实了这一点。如D社区的楼组长吴阿姨对我们谈道:

我不是党员,但我在这个社区生活了14年了,这就是我的家,我对社区的情况也很熟悉,社区的公共安全等关系到我们的切身利益,我希望有这个机会来为大家服务,再累也没有关系,重要的是能把社区搞好。①

其次,居民对社区认同有一个绝对维度和相对维度的问题,社区居民对社区认同的强弱会受到他与外部世界联系的影响。一个人与社区外部世界的联系越广泛,从社区外部世界中体验到的归属感越强,他对于社区的认同和情感的投入就相对较少;反之,社区居民生活的范围和利益的取得主要局限在社区内部的,其社区认同感就会较强,对社区发展和社区内部公共事务则更在意。这在调查中有显示,年龄大的(55岁以上)离退休人员、下岗待业的社区居民等对社区认同程度较强,并积极主动参与社区公共事务,而年龄在35岁到55岁的在职工作人员的参与意愿和参与频次较低。这尤其是在回答“我为生活在这个社区而自豪”“您愿意参加社区居委会或业主委员会组织的活动吗?”“您愿意和社区邻居在假期组团旅游吗?”这三个问题时表现突出。年轻人的回答中“一般”的比例要高于“非常愿意、比较愿意、不太同意”。访谈资料也反映出

① 2009年7月在济南市D社区的访谈。

同样的结论：

在M社区的小王是某公司的财务人员，工作非常繁忙，还经常出差去外地。他认为：我的工作生活主要在公司，白天开车上班，晚上回家就是休息，社区的事我不会太留意，有时单元楼的组长会把社区里需要我参与的事告诉我，但我也没时间，很多时候就不参加了。①

而大部分离退休人员则表现出在离开单位后，对社区情感认同的加强与依赖。如访谈中一位退休的教师对我们说：

我退休后，孩子都在外地工作，也没有什么大事要做，组建社区的老年人合唱团，让我有机会为大家服务，奉献自己又帮助了别人。我自己还有这个能力，所以很愿意带着大家在社区里搞点活动。

还有一位退休老人对我们谈道：

我工作三四十年都是听从党的安排的，现在退休了，单位的党支部也不经常去了。社区就成了主要单位了，我会热心参与社区事务，因为我是社区的人，对社区的感情就像自己是党员一样，要为社区做点事。②

从上述的调查及访谈资料的整理中，我们分析发现，社区居民的社区认同受到各种因素的影响，也因社区认同的强弱而表现出对社区事务的关心与参与程度的强弱。其中年轻的在职工作人员，往往因工作重心在社区外而缺少对社区事务的关注与参与，而社区内的老年人或离退休人员及下岗工人等，他们的利益及情感诉求更多的在社区内可以得到满足，因而表现出较强的社区情感认同，进而较积极地关注与参与社区事务。

再次，社区居民从社区获取的社会支持及社区居民之间的关联度，都影响着社区公民对社区的认同。当个人情感性社会支持网络逐渐从社区之内转移到社区之外，居民对于自身所在社区的认同度就降低，尤其是在居民异质性很高、流动性很强的现代新兴商品房社区。他们无法从社区内获取更多的社会支持，就会把关注点转移到社区外寻求支持。有的居民抱怨社区没有更丰富多样的活动场所，有的也仅仅是提供了一个满足老年人打麻将的地方，更多的年轻人无法在社区内获取工作单位外的利益，对社区的认同和归属必然下降。尤其是在社区居民遭遇各种困难时，无法获得所在社区的帮助，使得社区居民在情

① 2009年7月在济南市M社区的访谈。

② 2009年7月在济南市D社区的访谈。

感上对社区逐渐疏远。我们的问卷中有“一旦您家里有了困难会不会到居委会寻求帮助?”的问题,在所有的答卷中,选择“会”的居民仅占23%,而选择“找了也没有用”的占38%,“没有想到要找居委会”的占29%,选择“不会”的占10%。社区居民在社区内部结成的具体关系密切与否是形成社区认同的关键。在我国城市居民的人际关系日益疏离,邻里之间疏远的关系影响着居民的社区认同。尤其是城市住房的商品化,使得社区居民呈现互不相干的原子化状态,工作回家关起门来,互不往来,没有交往,没有共同利益,居民之间关联度大大降低,居民社区归属感也随之下降。这也在调查中有较明显地反映,从“您对社区的邻居信任吗?”“您会主动帮助需要帮助的人吗?”“我为生活在这个社区而自豪”的问题选项可以分析出,在现代城市社区里的公民邻里关系较为淡薄,社区中大部分成员为一项共同的社区事务而进行合作的情况较少发生。社区归属意识和社区认同度较低,参与社区事务就不会积极主动,这也是城市社区公民参与总体不足的重要制约因素之一。

4. 社区社会资本的影响

社会资本理论从互助、信任、社会准则、共享、参与以及关系网络对社会资本进行测量。社会资本对社区发展和社区公民参与起着明显的促进或制约作用。社区公民参与社区公共事务治理,意味着一种更为和谐的人际关系的形成,意味着社区社会资本的培育和发展,意味着社区基本的社会信任的丰富。社区社会资本从组织层面上讲,表现为社区关系网络,个人与组织间的互惠、信任与合作、社区规范等;从公民个体层面讲,主要是个人与社区的联系以及通过这种联系获取资源的能力,个体与个体间的互惠、信任与合作等。

我们主要从社区邻里关系和社区人际信任进行具体的考察。在对社区邻里关系的考察中具体指标设置为“您认为人际关系重要吗?”“如果我有困难,多数街坊邻里会帮助我”“街坊邻里的关系很和睦”三个问题。而社区人际信任的问题设置为“您对社区的邻居信任吗?”“当您家的老人或小孩需要照顾时,有几户邻居能为您提供帮助?”“您认为楼栋组长能为居民服务吗?”。具体调查情况如下图所示。

表4－3　社区居民的社会资本存量情况调查

社区邻里关系	您认为人际关系重要吗？	只要有关系，什么事情都好办	65%
		不重要	24%
		私人关系比正式合同重要	11%
	如果我有困难，多数街坊邻里会帮助我	同意	64%
		不同意	36%
	街坊邻里的关系很和睦	同意	36%
		一般	64%
		不同意	11%
社区人际信任	您对社区的邻居信任吗？	信任	30%
		一般	46%
		不信任	24%
	当您家的老人或小孩需要照顾时，有几户邻居能为您提供帮助？	1户	58%
		2－3户	26%
		4－5户	12%
		没有	4%
	您认为楼栋组长能为居民服务吗？	能	66%
		一般	32%
		不能	2%

通过调查，我们发现社会资本与社区公民参与之间有着十分复杂的关系。我们不能简单地认为，社区公民的社会资本存量高低直接导致公民参与的主动与被动。但调查数据显示，社会资本对公民参与影响显著，这可以从社会资本存量对公民参与频次的影响来考察。对社区社会资本各因素与公民参与频次之间的关联性进行分析，把社区居民对社会资本中的社区邻里关系和社区人际信任各问题的回答进行总结测评，再与公民参与频次做比较，我们发现，社区邻里关系和社区人际信任较高的社区公民一般都较热心于社区事务，参加社区事务的频次较高；而社区邻里关系和社区人际信任较弱的居民对社区事务较冷

淡，参与社区公共事务的次数相对较少。这证实了社区社会资本存量高低与社区公民参与之间是正相关的关系。这在社区选举活动中有体现，在被调查的社区居民对“您参加社区居委会（或居民代表）的选举原因”问题的回答时，38%的人选择“都是熟人，不参加会得罪人”的选项，这也说明了社区居民邻里关系网络在社区动员式的选举活动中发挥着重要作用。社区居民因为所谓的熟人关系或“面子问题”而参与选举或其他公共活动，反映了社区公民参与行为受社区社会资本的影响是显著的。我们在访谈中发现，社区里的部分楼组长很多并不是选举出来的，而是碍于社区居委会的邀请和较为熟悉的私人关系而不得已答应的。如负责D社区50户居民的楼组长李阿姨对我们说：

我根本没有时间干的，我还有孙子要照顾，可是后来居委会主任和副主任到我家做工作说：“好了，我们认为你有这个能力做好，就算为大家服务了，你就做吧！”他们很真诚的态度我没法拒绝，只好干吧。大家都认识，要不以后怎么再相处。①

我们从其他社区居民访谈中也发现，社区邻里关系及社区人际网络在公民参与社区文体等公共活动中的作用更大。他们共同参与社区的各种文体组织，在共同的活动中逐渐增强了相互的联系、对社区的热心，生活上的相互帮助，互通有无的信息交流等，增加了社区社会资本的存量。

社区公共事务中出现的公民不参与或参与频次较低的现象，也与社区居民邻里关系及社区人际关系存量不高有关系。在我们的访谈中问到“您知道邻居的工作单位吗？您去邻居家里借过日常用品吗？您平时和邻里之间有什么交往？您去邻居家里串过门吗？”等这些问题时。大部分的居民回答都是“没有过或从来没有过”。此外“数字社区”的出现也降低了社区社会资本形成的机会。国内各城市出现了“数字社区”、社区BBS等形式，为社区公民提供了方便的交流平台。“虚拟化”的居民联系和网络结构使居民的休闲时间越来越多的用在“虚拟社区”和“网络世界”里，减少了社区居民之间面对面直接交流的机会。“有理由相信深层次的技术趋势正使我们利用闲暇时间的方式更加‘私

① 2009年7月在D社区的访谈。2006年在对社区居委会主任的培训过程中，居委会主任也谈到要利用自己的私人关系和社会资源为社区发展服务的意图。这里包括利用私人关系动员社区内积极分子担当安保员及楼组长，也包括利用私人社会资源从外界获取社区发展所需要的经费支持等。

人化'和'个体化'，因此也使得很多社会资本形成的机会丧失。"①在虚拟网络中人们就可以与外界广泛交流，尤其是年轻的社区居民，没有从社区中获取资源的必要，也不去关注社区邻里关系。因此城市社区的信任、合作和公民参与等社会资本在这部分年轻的社区居民中间普遍缺失，社区居民参与公共事务的积极性较低，邻里关系冷淡，居民之间的交往甚少。社区邻里互动水平的下降，邻里关系不能成为社区居民社会交往与社会支持的重要网络，此基础上很难形成社区互惠、信任与合作的社会资本。再加上，社区内无法给予居民以更多的社会支持和社区服务，社区内的社会资源在目前还没有被很好利用，社区社会资本的薄弱成为目前影响社区公民参与不足的重要因素。

5. 公民政治知识的影响

公民拥有政治知识的多少及公民参与带来的参与效能感等对公民参与影响较为显著。

首先，政治知识是现代公民参与的基础条件，公民拥有政治知识的多少对公民参与有影响。我国城市社区公民参与需要具有政治知识的现代公民，公民参与社区公共事务治理需要具备相关的政治知识及对相关社区事务的运行机制的了解与把握。社区公共事务的治理也要求有素质、有文化、有技能的现代公民参与其中。理论上讲，政治知识拥有量高的公民，一般情况下会对参与事务较为熟悉，对参与程序、参与环节相对了解，在此基础上的社区公民参与积极性和主动性较高。正如阿尔蒙德所言："民主权能与获得关于政治争论和过程細南信息相关联，并与在分析争论和制定有影响的策略中，使用这些信息的能力相联系。"②现代公民文化的成长需要政治知识的引导，参与型文化则是建立在一种主体自觉的反思性基础上的文化，政治知识对参与型公民文化的培育有重要意义。尽管参与型文化并不仅仅局限于政治知识，还包括情感和评价等，但政治知识在其中发挥重要作用。如果一个人认为自己有影响，他就更有可能去运用它。英格尔哈特也曾精辟地阐论过，文化塑造民主远胜于民主塑造文化。

阿尔蒙德认为，测量政治效能感的基本指标就是政治知识的拥有量。而我

① Putnam RD, Bouling Alone; *the Collapse and Revival of American Community*. New York Simon Sesduster, 2000, P126.

② [美]加布里埃尔·A. 阿尔蒙德、西德尼·维巴:《公民文化——五国的政治态度和民主》徐湘林等译，东方出版社 2008 年版，第 86 页。

国公民整体文化素质不高,公民参与缺乏必要的知识和技能。我国传统文化中的臣民意识和“私民”意识也影响了居民社区参与的主动性和价值取向,而公民文化作为一种软约束,其消极因素在现实社区公民心理中沉淀,影响公民参与的主动性和自主性,进而影响公民参与的效能。

实际调查中,我们对社区公民政治知识的问卷主要分解为以下几方面进行:公民对地方领导人的认知,公民对地方重大事件的认知,公民对政府相关网站的了解,公民对社区居委会运行机制与工作的认知,公民对社区治理的相关法律法规的认知等。公民政治知识部分由 6 个选择题组成。例如“您知道 2009 年在济南召开十一届全运会吗?”选项为“知道、不知道”;“您知道《中华人民共和国城市居民委员会组织法》的内容吗?”,选项为“很清楚、比较清楚、不清楚”等。被调查的社区公民的政治知识现状有明显的分化。如下图所示。

表 4－4 社区公民政治知识情况调查表

政治知识	2009 年在济南召开十一届全运会	知道	95%
		不知道	5%
	您经常上政府相关网站了解信息	经常	10%
		偶尔	25%
		从来没有	65%
	居委会主任产生方式	社区有选举权的居民选举	65%
		每户代表选举	15%
		居民代表选举	15%
		以上三种都可以	5%
	您了解社区居委会工作的职责	知道	55%
		不知道	17%
		根本不关心	28%
	您知道《中华人民共和国城市居民委员会组织法》的内容	很清楚	23%
		比较清楚	52%
		不清楚	25%
	社区居委会是社区居民的自治组织吗?	不认同	12%
		文件上这样规定,就是吧	58%

分析公民对基本政治知识的认知现状可知,社区居民对济南现任市长的回答正确的为70%,而对2009年在济南召开十一届全运会的回答中知道的占95%,其对地方公共事件的认知要明显高于对政府领导人的认知。社区公民对"社区居委会主任产生方式"的回答中选择"社区有选举权的居民直接选举"的占65%,"每户代表选举"和"居民代表选举"的各占15%,对我国"《中华人民共和国城市居民委员会组织法》的内容"选择"很清楚"的是23%,选择"比较清楚"的占52%,选择"不清楚"的占25%。尽管被调查的社区公民人数有限、调查者视角的偏差等因素难免会有以偏概全的现象,但通过对以上公民政治认知情况的问卷分析,可以发现从总体上看,公民的政治认知状况和政治知识的拥有量是随着改革开放的发展,随着济南市社区建设和济南市民主政治建设的推进而逐步发展的。但有些方面也还存在着不可忽视的问题,如公民对政治信息需求增长及对政治信息的取舍方式和途径还比较有限。对"您经常上政府相关网站了解信息"的选项回答中"经常上"只占10%,"偶尔"的占25%,"从来没有"的占到了65%。而对"您获取社区公共信息的渠道"的选项中"看社区公告栏"的占35%,"上社区BBS"的占25%,"通过邻居告知"的占22%,"门栋长或楼长通知"的占18%。这说明了公民在参与社区公共事务前获取信息的渠道还不够丰富,也验证了我们在调查访谈中听到有的居民抱怨"很多时候并不是不愿意参加社区活动,可我们都不知道这些活动什么时间在什么地点举行,往往是活动完了后,我们才听邻居们说起"[①]。此种情况下的参与积极性不可能太高。

社区公民的政治认知能力整体不高,仍有相当数量的社区公民对社区治理体制等问题缺少正确客观的评价与判断,尤其是部分公民对社区治理中的公共事务不甚了解,难以意识到自己作为社区治理主体的地位和应有的权利及责任。他们大多不知道自己是否可以参与、如何参与。访谈中有很多居民对问及的社区公共事务不了解也不关心,甚至从未听说过。在访谈中,我们问到社区《居委会组织法》和《物业管理条例》的内容时,很多居民表现出对社区相关法律法规的认知没有兴趣。"这些法律法规与我好像关系不是很大,等有用的时候再去学习也不晚。""现在工作中的事情都忙不过来,根本

① 根据2009年7月在M社区的调查笔记整理。

没有时间、精力、兴趣去了解这些知识。"① 这影响到公民参与社区事务的能力提高。还有受自身政治文化素质的影响,部分公民参与理性不足,单纯的情绪冲动式参与也容易挫伤公民参与的主动性和自觉性,会影响到公民参与社区治理的实际效果。

其次,公民参与效能感的高低与公民参与是正相关的关系。城市社区治理中的公民参与效能感是指公民对自己参与社区治理事务关系到自己利益结果的一种主观预期或推测,包括内部效能感(内心认为自己能够影响公共事务决策,多以个人的信念为基础)和外部效能感(认为外部的政治体系或事务机构会正面回应自己的参与行为)。高水平的参与效能感不仅仅是公民投入参与的前提条件,也表明了充分掌握信息、对参与有兴趣,并满意自己参与效果的公民的存在。当主观上认为自己的参与行为能够得到主观预期的效果或不差于主观上的预期时,一般情况下,社区公民就会主动参与。"公民个体参与的实践越频繁,他就越有能力参与。"② 如果参与的社区公民认为自己的参与行为"不起作用"或作用很小,他们就很容易放弃参与或消极参与。公民参与效能感的高低与公民参与是正相关的关系,这在我们的调查中得到了检验和证实。我们的问卷对公民参与意识和参与效能感进行调查,数据如下图所示。

① 根据2009年7月在M社区的调查笔记整理。

② [美]卡罗尔·佩特曼:《参与和民主理论》,陈尧译,上海世纪出版集团2006年版,第24页。

表4－5 社区公民参与效能感与参与意识情况调查表

参与效能感	《中华人民共和国物业管理条例》《业主大会规程》的内容	“居委会”是一级政府机关	30%
		不清楚	47%
		比较清楚	42%
		很清楚	11%
	社区事务公开栏对监督社区居委会的作用	没作用走形式	48%
		公民应充分利用此方式	22%
		有作用	30%
	政府部门或社区居委会听取居民的意见	会	43%
		不会	57%
	您认识社区居委会的组成人员吗?	认识居委会主任或副主任	45%
		不认识	55%
	您经常去社区居委会办公场所吗?	去过	33%
		从来没有去过	13%
		有事要办才去	55%
		不知道办公场所在哪里	9%
	一旦您家里有了困难会不会到居委会寻求帮助?	没有想到要找居委会	16%
		有些作用	53%
		找了也没有用	31%
参与意识	您同意社区每个人都应该参与社区公共事务,为社区发展尽一份力的说法吗?	很不同意、不太同意	30%
		无所谓	45%
		比较同意、非常同意	25%
	为了有效监督社区居委会的工作,必须多参与居委会组织的公共活动,您同意吗?	很不同意、不太同意	35%
		无所谓	20%
		比较同意、非常同意	45%
	我的意见会对社区公共事务会产生一定的影响,每个社区居民都应积极参与一些公共活动,您同意吗?	很不同意、不太同意	50%
		无所谓	32%
		比较同意、非常同意	18%
	如果要召开居民代表会议讨论小区公共设施或场地的出租问题,您是否愿意作为代表参加?	很不愿意、不太愿意	25%
		无所谓	30%
		比较愿意、非常愿意	45%

考察公民参与意识和参与效能感的问题设置包括“社区事务公开栏对监督社区居委会的作用”“政府部门或社区居委会听取居民的意见”“我的意见会对社区公共事务会产生一定的影响,每个社区居民都应积极参与一些公共活动,您同意吗?”“如果要召开居民代表会议讨论小区公共设施或场地的出租问题,您是否愿意作为代表参加?”等。如48%的社区居民回答“社区事务公开栏对监督社区居委会的作用”时选择“没作用、走形式”。57%的社区居民回答“政府部门或社区居委会听取居民的意见”时选择“不会”。还有的居民在随机访谈中表示向居委会反映问题或提建议时,居委会常常“不予理睬”,当社区居民给街道或社区提建议没有得到回应,或者他们认为所提意见或建议“无效”及“作用不大”时,很可能就不会再提意见了。部分居民谈到居委会对居民反映问题不重视,工作态度“消极,搪塞,应付”,或只是口头重视并不真正付诸实施。社区居民对自己向居委会或街道提建议的作用效果的评价,与是否参加居委会的活动或社区公共事务是正相关的关系。很多居民反映他们的建议所起作用不大或根本没有被理睬,他们不会再提建议了,也不会主动参与社区事务了,除非是由街道办事处、居委会召集居民开会,布置、传达上级下达的任务时没有办法不得不参与。也有居民反映,他们很少有机会参与社区公共事务的机会,尤其是关系社区发展的决策性事务。他们认为只有为社区工作人员赏识的少数“社区积极分子”或居民代表才会得到社区管理机构的邀请,参与一些社区重大事务,如社区政治性决策等。而访谈中的绝大部分居民,从来没有受到街道和居委会的邀请参与商讨社区事务。大部分居民只是被动员参与社区的绿化卫生、文体娱乐、治安联防、捐衣捐物等。参与预期与参与现实之间的反差使得部分居民对自己参与的价值及效用产生了怀疑,参与效能感明显不高。这表明,当社区居民认为参与行为不能给自己带来应得的利益诉求或是满意的回应时,他们的参与效能感是低下的,此种情况下大多数公民选择了不参与或消极参与。由此分析,公民参与效能感低下显著影响着公民参与的积极性与主动性,导致社区公民参与不足的困境出现。

6. 公民公共精神的影响

公民的公共精神对现代民主发展及公民参与有积极的推动作用。19世纪初期,托克维尔《论美国的民主》中指出,市镇自治和公民精神是美国民主发展的重要基础;在帕特南的“公民共同体”概念中,公民精神是社会资本的重要构成因素,是一种公民美德和公民性,其内涵主要指信任、宽容、互惠、合作、诚实、团结等公共精神，也包括契约意识、平等意识、规则意识、责任意识、信用意识、法制观念等现代公民意识。“公民共同体的公民身份首先是由积极参与公共事务来标识的”，“有美德的公民还是乐于助人的、相互尊重的和相互信任的，尽管他们在具体事情上的意见并不一致。公民共同体绝不是没有冲突的……但他们对他们对手的观点是宽容的”。[①] 他通过实证研究证实了，意大利不同地区公民意识的差异与民主参与程度及公共事务治理绩效差异之间是正相关关系。公民公共精神对公民个体或群体间社会互动及人们之间的相互期望有积极作用。公共精神水平高的地区，公民热心公共事务，有较强的社会信任感，集体行动时遵守共同规范。而公共精神水平低时，由于缺乏可信的互相承诺，人人都准备搭便车，甚至采取孤立的行动。公民与公民之间在公共生活领域的彼此尊重、支持、信任与合作是现代公民社会成熟的重要特征，也是现代民主发展的基本要求。公民公共精神要求公民之间彼此消除隔膜与敌意、克服偏见与分歧、走向协商与合作。公民之间的相互尊重、支持与信任是公民参与的精神基础。缺乏公共精神的支撑，容易导致公民与任何组织合作出现困境。

我国市场经济的发展使得私人与公共领域开始分化，现代公民的主体意识、独立意识、竞争意识被催生，个体的私利意识与公共意识都在市场经济发展下相伴成长。但市场经济下的理性冷漠和自利意识又开始主导公民精神世界，再加上中国传统的自治及公益精神的先天虚弱，导致中国社会公共精神的整体缺失。“人际之间形成的理性冷漠和自利意识超越了以弘扬‘古道热肠’式的大同精神，和‘我为人人，人人为我’的普世主义伦理情怀”。[②] 当公众处处以自身利益至上，以实现个人利益最大化为目标，甚至以损害他人利益、掠夺公共利益为手段时，公众们就逐渐淡忘了谦让、互助、奉献、宽恕的公共精神。当大多数社区公民不愿参与公共事务，或者即使参与了也只是做对自己有益的一些事项时，这种过分强调实用功利，偏离公共精神及公共利益的参与是不可能持久的。一旦利益受损或得不到预期利益目标，就可能导致公民的不参与或制度外参与的发生。当然，这并不是说公民参与社区治理不可以有个体利益的诉求，不可以有功利心。我们讲的公共精神是社区公民参与社区事务时的利他与利己的普遍互惠，是社区公民在奉行“助人自助”的基础上，在满足个体需要的同

---

① ［美］罗伯特·D. 帕特南：《使民主运转起来》，王列、赖海榕译，江西人民出版社 2001 年版，第 100—101 页。

② 顾骏：《行政社区的困惑及其突破》，《北京行政学院学报》，2001 年第 1 期。

时，在不背离社区事务公益性的前提下参与社区公共活动。单纯的学雷锋、做好事的公共精神逻辑显然也不适应现代社区多元发展的需要。在中国城市社区，处于相对原子化状态下的社区公民由于担心私人利益受损，势必造成人与人之间的互相防范和相对疏离。社区的公共精神整体式微，必然使社区公民参与的公共性及主动性下降。

我国城市社区公民的公共精神（公共意识、公益精神等）到底怎样影响着社区公民的参与行为？我们的调查中有关公民公共意识、公益精神的调查设置了如下问题："社区要举办一次文化活动节，您愿意参加吗？""您会主动参与社区的绿化或其他义务劳动吗？""在过去一年，您为公益事业捐款或从事过不计报酬的社会公益活动吗？""您会主动帮助需要帮助的人吗？""如果组织成立社区志愿服务者队伍，您是否愿意参加？"具体情况如下图所示。

表 4－6　社区公民公共精神现状分析情况表

分类	问题项	回答情况	%
公共意识、公共精神	如果组织成立社区志愿服务者队伍，您是否愿意参加？	很不同意、不太同意	20%
		无所谓	30%
		比较同意、非常同意	50%
	社区要举办一次文化活动节，您愿意参加吗？	很不同意、不太同意	30%
		无所谓	20%
		比较同意、非常同意	50%
	您会主动参与社区的绿化或其他义务劳动吗？	会	45%
		不会	15%
		别人去就行了，用不着每人都去	40%
	当社区某项政策制定后，虽然不会直接损害您的利益，但您认为是错误的，您会怎么做？	不闻不问	50%
		直接找社区居委会提建议	15%
		私下议论	31%
		向报纸、电台或其他媒体反映	4%
	您会主动帮助需要帮助的人吗？	不会	47%
		我只帮助那些我认识的人	23%
		会	30%
	在过去一年，您为公益事业捐款或从事过不计报酬的社会公益活动吗？	参加过	70%
		没有参加	30%

对于这些问题的回答，大部分社区居民选择"比较同意、非常同意"的占到50%以上。这表明公民在社区生活环境、邻里氛围变化、社区治安与绿化等这

些公共问题上表现出较高的公共精神,也愿意为此义务付出。如我们的访谈中问到"小区路灯坏了,您会怎么办",70%的人都能主动想办法去解决,要么请专业人士(电工)修理,要么亲自动手,要么向居委会反映等。相比较而言,在回答"当社区某项政策制定后,虽然不会直接损害您的利益,但您认为是错误的,您会怎么做?"时,50%的居民选择了"不闻不问",31%的选择"私下议论",只有15%选择了"直接找社区居委会提建议",而仅有4%的居民可能"向报纸、电台或其他媒体反映"。在回答"为了有效监督社区居委会的工作,必须多参与居委会组织的公共活动,您同意吗?"时,其中"很不同意、不太同意"的占35%,"无所谓的"占20%。"您同意社区每个人都应该参与社区公共事务,为社区发展尽一份力的说法吗?"只有25%左右的居民选择"比较同意"。这说明了,我国城市社区居民的公共意识在关系社区决策及监督社区居委会的工作、对社区居委会提建议意见等社区政治性事务方面表现的还不是很强。对社区公民公共精神的现状调查表明了,城市社区的公共精神总体发育不足,还远远没有达到公共生活要求的水平,公民的公共精神还不足以支持公民以公共性为动力参与社区政治性、决策性事务。

通过对济南市两个社区的实际调查,我们得出的结论是,影响公民参与社区治理的因素有多方面。除了宏观层面的社区治理体制及地方政府的影响外,现实中影响公民参与或导致公民参与总体不足的原因有经济层面的,有社会层面的,有文化层面的,有精神层面的,有公民个体层面的。因此要提升社区治理水平,扩大公民有序参与也应从多方面入手。

第五章　扩大公民参与城市社区治理的对策

政府应主动承担责任打破公民参与社区治理遭遇的现实困境。可以从制度供给与创新、发展社区组织壮大公民社会、创建参与型公民文化、培育现代公民等方面做工作，优化社区治理环境，为扩大公民有序参与提供有利条件。

一、规制政府和社区的权能

中国城市社区治理独具特色，政府是社区治理的启动者，在现阶段还是社区治理的主导者。社区治理不是权宜之计，不是简单的政策措施或红头文件，不是社会转型期上层政治精英稳定社会的主观设计，而是系统性的制度创新与多层次的、系统配套的制度设计与创新。地方政府在为社区治理及公民参与提供制度供给及其他资源支持的同时，又必须在社区治理中准确定位，既不能缺位，更不能越位。为此，必须改变地方政府对社区的传统行政管理方式，清晰界定地方政府和社区的各自权能，理顺地方政府与社区的关系，建立回应型的地方政府，为扩大公民有序参与提供良好的制度空间。

（一）政府在社区治理中必须准确定位

我国社区治理是在政府主导下进行的，政府在社区治理中具有强制优势、组织优势、资源优势和效率优势等特点，是制度创新中成本交易最低、影响最大的主导形式。因此，政府作为城市社区治理的主导者和公共权力的掌握者，必须在社区治理中准确定位，从公民个体的权利实现而非公共权力配置的角度关注社区公民参与权利的实际要求，为实现城市社区治理发展和城市社会和谐稳定及公民参与提供保障。

1. 改变地方政府对社区的传统行政管理方式

我国社区建设过程中的社区权力转移或配置是不彻底的。社区内部权力结构缺乏应有的法律支撑（自治权力除外），这样体制性权力向社区的下放或嵌入过程中出现了很多问题。如社区经费结构的单一，使社区无法摆脱街道的控制。街居制下的居委会受街道办事处的领导，缺乏真正的自治性，街道办事处对社区的人、财、物等有决定权。街道办事处将居委会主任作为事业单位编制，并公开招聘非本社区的人员来担任等做法就是传统的行政化管理。还有的城市社区居委会实行“民选街聘”，在一定程度上强化了街道办事处对社区居委会的权力授权。此种情况下的社区居委会只能服从上级政府部门的决定，变成一级行政组织或政府的“腿”，其工作是对上负责，而不是面向社区群众。这种体制下的社区居委会自治权异化和流失，造成社区居委会的自治地位缺失；公民仅仅是被管理者、服从者和接受者，其结果导致公民参与社区事务的积极性受挫，社区成员与社区居委会之间难以建立互信关系，社区居民对居委会认同下降，不可避免地导致居委会动员下的大量“走过场”的公民参与或执行式参与发生。此外，各类社区组织的不完善和组织功能弱化，志愿者组织仍然由社区工作人员构成，市场经济组织对社区事务的介入有限，民主协商也只是在居委会、精英居民和辖区单位的小范围内部分的实行等，体制性权力向认同性权力的转移仅仅是形式上的。虽然有了服务行政的意味，对于增强基层政权合法性和提供社区治理与公民参与的组织载体等有一定的意义，但是认同性权力并没有得到体现，多元共治的均衡结构并没有真正实现。当然在社区治理的初始阶段，政府仍然扮演着主导的角色，但也仅仅是引导和支持社区居委会开展公共事务，最终逐步还权于社区。新型城市社区治理中，政府与社区不再是单向的管理与被管理的关系，而是由政府、社区、公民等共同构成社区治理的主体,多元主体间的平等沟通与协调合作共同推动社区治理,而不是依靠单一的政府权威进行治理。

2. 政府在社区治理中必须准确定位

要保障公民参与社区治理权利落到实处并具有可操作性,政府必须在社区治理中准确定位。我国社区治理是由政府主导推动的,尤其是在社区治理的启动阶段,但政府在城市社区治理中的职能并不是全能的。地方政府的权力和行为应该是有限的、适度的和规范的。在社区治理中,政府应该为社区治理提供基础性的制度供给,搭建制度平台,保证社区治理的各项政策制度得到有效贯彻实施。政府的义务和职责是"掌舵"而不是"划桨"。在社区治理中不要参与和干预具体的社区事务,不要直接提供服务,而应把政府的职能转向对社会公共领域的管理,提供对社会有用的公共物品和公共服务。同时,政府应该根据社区治理进程适时转变自己的定位,在社区治理的不同阶段中找准自己的位置,扶持社区社团的生成、发育和成熟,并致力于培养公民自主参与意识和参与能力,实现还权于社区,最终达成政府与社区的良性互动。现实城市社区治理中的地方政府常常越位、错位、缺位,影响社区治理有效开展和公民参与社区活动。政府职能部门在社区设立办事机构和人员,直接侵占社区的办公空间和财政空间;"以政代社",自觉或不自觉地将社区自组织当作依附于政府的附属单位或下属单位进行管理;对非政府的社会中介服务机构、专业化的社会工作机构等第三部门社会组织的认识和定位不准确,过多干预其工作的开展等都是在社区治理中经常出现的问题。

3. 建立回应型的地方政府

当社区治理进入了相对有序阶段后,公民参与社区治理的事务除了社区内部的自治事务外,还有部分事务扩展到社区范围之外,这就必然会出现地方政府与公民可能的直接互动。这时回应型地方政府的制度建立就非常必要。"公民参与—政府回应"就成为公民参与的基本制度机制。回应型政府必须建立在政府对公民参与提供顺畅的参与渠道和制度保障的基础上,并公开与社区公民利益相关的信息,以帮助社区公民选择与他们利益相关的信息。具体的有召开听证会、公民上书提意见、收集公民建议、公开征集公民意见、公民个体网上建议等公民参与的渠道。回应的政府也应是对公民开放的政府,政府应制定具体的对公民参与回应的时间、具体流程、回应效果的反馈机制等。政府的回应必须通过公开途径、有严格程序、接受司法机关的审查,相关的公民评估等都要进行制度化的具体规定。只有这样，公民参与的实际效果才能提高，政府也才能在公民参与的监督之下进行积极有效、负责任的迅速回应，而不是做出某些“象征性的回应”，而对实质性问题避实就虚。

（二）社区居委会真正回归自治地位

城市社区治理中的社区居委会既不是街道及其他行政机关的下属机关，也不是它们的分支和附属机构。社区居委会只是协助、配合街道及其他行政机关管理社区事务，是城市社区居民的基层自治组织，而不是一级地方行政机关。社区居委会真正回归社区居民自治组织的地位，才能吸引公民真正参与社区居委会的活动，也才能保证公民对社区事务的自治权。

1. 下放社区居委会的人事权和财政权

社区居委会主要职能是行使社区居民赋予的自治权，为社区居民提供各种服务。但现实的城市社区居委会大部分仍然充当着地方行政末梢的角色，承担着繁重的行政职能，社区的主要任务根本就无法顾及，居委会成员也整天疲于应付各种检查、开会、评比。[①] 给社区居委会以真正的自治地位，就要确保其独立的人事权和法人财产权，采取“财政支持、费随事转、社会赞助、社区自筹”等多渠道筹集社区经费，保证居委会的财产不被街道及其上级政府或政府机关任意平调或做其他的处分，而现实中达到这一要求还比较艰难。以成都锦江区为例，社区居委会由于自身的造血功能较低，经费来源仍然依靠政府行政拨款，曾经实行了半年的工作人员“零工资”政策最终夭折了。这就需要制定相关细致的制度法规等，对社区居委会的自治功能给予法律制度的保障。

2. 推进居委会的直接选举，构建新型居委会

推进社区直接民主，建立新型社区居委会。实际上很多城市社区居委会直接选举并没有真正实现。有些地方官员以居民素质低、直选成本高等各种理由阻碍社区居委会直接选举的推行，也更担心由于直接选举局面失控等带来工作的被动无法向上级交代，影响自己的政绩或政治前途等。在表面上实行了居委

---

① 当前的社区居委会很少关注社区自我管理，较多地承担了原来属于政府的任务，如计划生育，发放养老金，低保家庭的审核，调解社区居民冲突，关注社区残疾人、吸毒者及有犯罪前科者，还有社区的心理咨询、保管个人档案或监管缓刑犯等沉重的工作等，但其工作经费却很紧张。而街道办事处则在设备齐全的办公大楼里并没有太多事情做，政府把花费精力尤其是有冲突的基层工作都转移到了社区。见《人民日报》，2003 年 9 月 15 日。

会直接选举的社区,真正的参选人基本上还是由街道办事处指定的,预选只能是执行上级的意图。上海某社区党委曾经试图通过巨大的花费动员社区公民参加直接选举,以达到街道办事处规定的85%的公民参选率,但结果并不满意。动员任务几乎全部由党员承担,选举委员会也几乎全部是由党员组成,普通社区居民仍然没有兴趣参加。大力推进直接选举,可以增强选民和被选出来的居委会成员间的信任,由街道办事处指定候选人会使社区居民对社区认同产生负面影响。在经过社区全体居民同意基础上,普遍实行社区居委会直接选举有利于培育社区居民的民主意识、社区意识和参与意识,对推动社区治理和城市基层民主政治建设意义重大。在深圳等地实现直接选举的社区居委会成员,改变了过去"大妈式"的人员组成,年轻的有较高教育背景的人成为居委会组成人员,但由于工作环境、收入等原因,这些人又很快离开了社区居委会。所以怎样解决直接选举社区居委会成员及如何留住他们真正为社区工作的问题,是社区居委会回归真正自治地位的重要环节。应制定详细的社区居委会直接选举办法或规定,并使之制度化、程序化,对社区居委会工作人员的工作条件、福利待遇等都要形成制度规定,只有这样才可能为社区居委会的工作创造良好的条件。

3. 确定社区内四个主要组织的关系

社区党支部不是社区自治组织,但是社区中主要的组织。怎样处理好社区党支部的领导层、社区居民会议或社区居民代表大会的权力层、社区协商议事会的监督层及社区居民委员会的执行层之间的关系,是构建新型社区治理结构的前提,也是新型居民委员会工作开展的良好条件,可以为广大社区居民广泛而持久地参与社区治理提供良好的制度环境。传统居委会具有行政、服务和党治的重叠角色,社区居委会主任往往由党支部书记兼任,造成党包办基层民主自治的现象。社区党组织应在实际工作中协助居委会工作,更好地体现和从制度上保证党领导下的基层民主自治。这里应重点强调充分发挥社区居民会议(或社区居民代表大会)的作用,对关系本社区居民切身利益的社区重大事务决策都应该召开社区居民会议,由社区全体居民通过法定程序进行决策。明确社区协商议事会人员组成及工作职责:社区协商议事会成员应由较高文化素质和具有较好社会声望的社区外人员和社区居民担任,比例最少应该是1:1;加强其对社区居委会的工作、财务收支等情况的监督,并向全体社区居民提供咨询,承担解释相关问题的职责等。

（三）细化社区公民参与的制度

诺斯曾指出，“制度是一系列被制定出来的规则、守法程序和行为的道德伦理规范，它旨在约束追求主体福利或效用最大化的个人利益行为”，制度的作用就是“提供人类在其中相互影响的框架，使协作和竞争的关系得以确定，从而构成一个社会特别是构成一种经济秩序”。[①]亨廷顿则从国家政治稳定的角度讨论制度化与政治参与的关系：“政治稳定依赖制度化和参与之间的比率。如果要想保持政治稳定，当政治参与提高时，社会政治制度的复杂性、自治性、适应性和内聚力也必须随之提高。”[②]早在1955年，联合国社会局在《通过社区建设实现社会进步》报告中即指出：社区建设可以说是一种通过全体居民积极参与和充分发挥其创造力，以促进社区进步的过程。目前我国城市社区治理处于发展的关键时期，其发展前景将直接影响城市基层民主政治发展及公民社会发展的路径选择。邓小平曾指出：“制度问题更带有根本性、全局性、稳定性和长期性。”[③]建立和完善有效的社区公民参与制度体系，具体细化可操作的制度建设是推动社区治理和公民参与成功的制度保障。我国公民参与社区治理的制度框架已初步构建起来，但总体框架呈现出政治至上的粗放性、原则性等特点，严重影响着公民参与的实际效果。城市社区治理制度创新不再是过去传统的以管理者精英为核心的粗放制度时代，公民参与社区治理对制度的程序正义要求和技术化操作细节要求日益紧迫。因此，国家战略制度层面对公民参与的一般原则性鼓励与现实制度运行中的具体参与渠道、参与规则等必须是畅通一致的。某种程度而言，公民参与的制度环境总体上呈现出宏观鼓励、微观约束的特征，协调好国家战略政策文本上对公民参与的鼓励与现实公民参与制度困境之间的矛盾，城市社区治理和基层民主的发展就有了现实依托。而相关制度、程序和规范的具体化必然是政府、社区和公民之间的良性互动过程。现阶段一些学者热衷于讨论与演绎“社区治理的新公共空间及其可能”，缺少对现实社区治理制度仍然存在问题的关注和分析，乐观地憧憬着“中国公民社会

① ［美］道格拉斯·C. 诺斯：《经济史中的结构与变迁》，陈郁、罗华平等译，上海三联书店1994年版，第225—226页。

② ［美］塞缪尔·P. 亨廷顿：《变化社会中的政治秩序》，王冠华、刘为等译，上海世纪出版集团2008年版，第60页。

③ 《邓小平文选》第2卷，人民出版社1994年版，第333页。

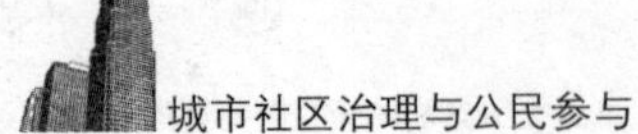

的成熟与崛起”可能有些盲目了。《城市居民委员会组织法》、《街道办事处组织条例》《物业管理条例》《全国城市社区建设示范活动指导纲要》和《全国社区建设示范城基本标准》等法律制度具有较强的笼统性和原则性，具体的操作和执行在各地存在着差异。为保障公民参与社区治理的有效性，必须有详细的、具体的、有可操作性的公民参与制度和法规。

1.制定可操作性强的社区公民参与相关法规

目前我国城市公民参与社区治理的各项权利尽管有文本上的原则性规定，但由于缺乏相应的可操作的制度依托，在实际社区治理中常常流于形式。《城市居民委员会组织法》《街道办事处组织条例》《物业管理条例》对社区治理及公民参与的制度规定过于原则化和笼统。而地方性法规，如《成都市城市社区管理条例(草案)》《上海市街道办事处条例》《青岛市住宅小区物业管理试行办法》《深圳市经济特区住宅物业管理条例》等，立法层次又较低，缺乏较高的法律效力和必要的法律责任制度，在适用中的效力是非常有限的。所以，加快制定不同层面的法律、法规，并细化具体的规则对公民有序参与社区治理相当重要。

首先，制定社区居委会直接选举办法细则。目前我国城市社区居委会选举是公民参与社区政治事务的最主要渠道，公民参与权利的实现也主要通过选举体现出来。但现实社区居委会直接选举活动中，出现了公民代表的不同产生方式，有的社区实行按户选派代表，有的实行按常住人口的比例选派代表，还有的实行按户籍进行登记等不同办法，甚至有的社区选举过程中出现了社区公民为争取选举权而将社区居委会告上法庭的事件。如何保证公民直接选举权利的真正实现，必须有可行的细化的制度规定。当然并非是全国社区一刀切，但也不是简单地按“年满十八周岁公民都有选举权和被选举权”的笼统规定去执行。社区居委会直接选举中可考虑设立选举特派员制度。设立特派员的目的是监督社区直接选举过程的合法性、公开性及规范性，特派员有权记录在社区选举过程中出现的各种不法行为，如选举程序不合法、不透明或是选民受胁迫及贿选等现象，向社区公民和相应的法律机关进行说明。特派员也可以由地方街道办事处委派，对街道办事处负责，受街道办事处与社区公民的共同监督。

其次，制定具体的社区居民代表会议议事细则及参与程序。社区居民代表会议议事制度作为社区的决策机构，必须保证社区居民参与社区公共事务的可行性。公民何时参与，怎样参与，在活动中究竟怎样行使权力等，不同的社区要依据本社区的实际情况制定一套详细的、操作性强的参与程序,使居民一看就明白,什么时候议事、居民该怎么办、居委会要怎样做、其他社区成员该怎么做、怎样提出建议或意见等都要有详细规定。不要出现社区治理中公民代表招之即来、挥之即去的困境。此外,针对不同的参与主体的权利与义务,应建立相应制度加以区分和细化。明确划分不同参与主体的权利与义务边界,哪些事务要参与、哪些事务不能参与都要有明确规定。如社区公民的权利与义务要比驻社区单位的参与权利和义务大等,避免社区公民与社区各自组织及社区内单位等不同参与主体之间因参与权利不一致而引发矛盾。制订参与程序时,要充分考虑不同参与主体的实际情况。社区单位代表的参与时间不应放在晚上或周末等。充分发挥社区协商对话、信访、举报、民意测验、大众传媒等监督渠道和手段的作用,为广大居民自觉主动地参与社区事务创设具体细化的制度环境。

再次,建立公民参与的侵权救济机制。公民参与社区选举或社区其他公共事务过程中,一旦出现选举权被剥夺或其他权利受侵害时,必须有相应的救济途径,使公民有权依据规定向相关部门提起行政复议和行政诉讼,保证其权利得到真正落实。另外严格社区听证会的细节规定,召开社区听证的范围、时间地点和参与人员等都要有详细规定,保证社区公民的参与资格。对涉及公民利益的社区事务必须进行听证,及时公布听证结果等。此外还可以健全社区服务志愿者制度,制定社区成员参与社区公共服务活动的时间及内容、服务时限及次数等鼓励性政策。建立起社区成员定期参加社区内社会公益服务的劳动制度,探索社区居民参与社区服务的途径等。

2. 制定社区公民网络参与的规章制度

现代网络技术的发展为公民参与社区治理提供了更加便捷的渠道,公民获取信息的手段和成本大大降低,也改变了政府或社区单独垄断信息来源的状态,使更多的社区公民可以获取公民参与所必需的信息,提高了公民参与社区事务的时效。社区网站或网络论坛已经成为反映社区公民真实意愿的新兴渠道。数字社区在实际城市社区治理中已大部分建立起来,如何使这一新兴方式发挥持久作用,地方政府和社区居委会等,必须要有相关的制度规定来保障这一新兴方式的作用发挥。一是要建立社区居民参与的网络平台,通过社区网站和社区 BBS,沟通民意,联络感情。同时及时公开社区及街道办事处与社区公民相关的信息,建立居务公开平台,就社区公共事务开展网上讨论,形成具有网络时代特征的民意汇集和表达机制。二是要开展社区组织与居民之间的网上互动和沟通,如社区事务网上公开,阳光社区的网络建设等。开通网上互动栏目,公开社区“两委”和社区居委会专门委员会、业主委员会各成员的电子信箱等联系方式,以便社区居民在网上向社区反映问题、提出建议等。并规定政府官员及社区居委会干部的最低上网浏览时间限制等。三是设立专门的专职技术人员和资金等对网站进行建设和维护,保证有充足的资金投入和技术人员维护网络平台的正常运行。只有有了这些具体规定,社区网站或社区网络论坛才能发挥真正的信息互动、沟通民情、了解民意的作用,从而避免政府网站或社区网站建立起来后就成了摆设,信息长年不更新,对公民反映的问题不能及时回应等问题的出现。

没有制度化法制化保障的公民参与只能是非理性的公民参与。在有效可操作的制度化参与中,社区公民才能逐步提高参与认知、熟悉了解参与程序,提高参与能力。只有制度化的社区公民参与,才能避免出现中国历史上的“群众运动天然合理”的失误。

3. 处理好社区居委会与小区业委会的关系

我国新兴城市社区,尤其是商品房小区,一般是按照《物业管理条例》组建业主委员会。居委会与业委会是不同范畴的概念,一般来说,一个居委会辖区内有若干个小区,业委会分属于不同的小区,代表着不同小区居民的利益。业委会的目标服务群体是住宅小区的业主,维护着小区业主的利益。而社区居委会只有一个,是整个社区利益的代表,服务对象是全体社区居民(含业主)。小区的业主大会、业主委员会做出的决定,应当告知相关的居民委员会,并认真听取居民委员会的建议。当然二者在创建社区优美环境、塑造文明社区、提高居民生活质量方面都代表着居民(业主)利益,维护着居民的合法权益。处理好二者关系对发挥社区居委会的自治功能非常重要。

首先,社区居委会与业主委员会是指导与被指导的关系。我国《物业管理条例》明确规定,业主委员会的职能仅限于对物业的监督,业主委员会只是对业主所拥有的物业负责,它依照合同约定维护全体业主的合法权益,对物业公司等进行监督,是业主利益的代言人和权力的维护者。它通过业主大会或业主代表大会决定选聘物业公司进行物业管理,签订聘用合同等。社区居委会是社区居民利益的法定代表人,有权参与选择物业管理机构,行使对物业管理机构的协调和监督,支持物业公司的工作,提高其服务社区公众的能力。业主委员会应当积极配合相关居民委员会依法履行职责,支持居民委员会开展工作,并接受其指导和监督。但是有些社区中的业主委员会明显开始关注越来越多的社区公共事务,如组织社区居民对社区道路改建提出意见等。在实际操作中,小区日常管理应由业委会及物业管理公司等掌控,由于缺乏具体的责任分工,业委会与居委会存在职能上的重合。当业主与物业服务公司发生矛盾时,业委会与居委会都有权介入协调,容易出现两方推诿或两方都介入,但又缺乏交流,致使事情最终并不能得到很好解决。业主委员会或社区居委会在长期的博弈过程中造成一方权威下降,导致两方产生矛盾。现实社区中就有这样的实例,当居委会难以为业主的利益奔波时,业委会就会获取更多的社区成员认同。甚至很多小区居民认为社区居委会仍然是一级政府组织,只有小区业主委员会才是小区居民真正自己选举出来,代表自己利益的自治组织。这造成事实上的社区居民对社区居委会的认同降低,与法律所赋予居委会的自治地位有冲突。深圳市就出现了居委会与业主自组织委员会发生冲突的事情,为了减少居民委员会与业主自组织委员会之间的竞争,也为了整合业主自组织委员会,深圳市政府采取了相应措施:尽管作为直接民主选举产生的业主自组织委员会仍然可以以自治利益实体开展活动,但其活动必须在相应的居民委员会领导下运作,以便使两者之间的冲突最小化。①

其次,社区居委会与业主委员会不能简单合并或代替。随着住宅商品化的不断发展,越来越多的居民都会成为"业主",并要求业主委员会搞好社区发展,保障居民的合法权益。但业主委员会的主要职责是监督物业公司维护住宅区的公共秩序、创造良好的生活环境等方面,不应将其功能延伸到社区治理的其他公共事务领域。这个领域的工作应该由社区居委会来统筹管理,社区居委会一方面在公民参与社区治理事务的公共性与自治性上区分于具体的物业公司管理事务,同时又要配合监督物业管理机构的工作,但不能代替物业公司的具体业务,要让物业公司充分发挥其专业优势。二者应该明确各自的职责范围和合理分工,相互支持、相互协调、共同合作,成为社区治理的主体,而不是简单地将小区业主委员会纳入到社区居委会甚至合二为一。当然,在有些社区出现

① 深圳市华夏街社区,居委会占用社区大厦第一层的空房设立自己的办公室,还把一部分空房用于商业性质的出租,业主自组织委员会认为这些房屋属于业主集体所有,不能由居委会随意使用,业主自组织向居委会索赔,居委会败诉,赔偿给所有者集体 170 万元,但业主自组织也没有如愿迫使居委会搬出社区所在地。何增科等主编:《城乡公民参与和政治合法性》,中央编译出版社 2007 年版,第 144 页。

的以小区业主委员会代替社区居委会也是不符合现行法律规定和实际的社区治理现状的，业主委员会不能代替社区居委会管理社区所有工作，而应加强居民委员会与业主委员会在社区治理中的主体地位。

再次，可以考虑制定《中华人民共和国业主委员会组织法》。《物业管理条例》没有准确界定业主委员会的法律主体地位，业主委员会因其执行机构的性质并不具有代表全体业主公共利益的法定主体地位，其代表权属业主大会，但在实践中却是执行机构代表了真正的权力者从事各项活动，出现了法理上的矛盾。现实中的业主委员会并不具备独立的民事行为能力，业委会只是在房管部门注册，并没有在民政部门登记，所以业委会在法律上来说，并不具备诉讼主体资格。当业委会在遭遇业主拖欠物业管理费时，无法名正言顺地提起法律诉讼，削弱了业委会的监督力和自治力。

制定《中华人民共和国业主委员会组织法》，从法律上明确业主委员会的诉讼主体资格，明确业主委员会在决策范围内的事项、以其名义从事的代表业主大会的活动以及所拥有的法律效力；从制度建设、管理体制、选举方式、资金来源、业主监督、人员素质方面，加强业主委员会的组织建设，增强其自治功能，以承载街道办和居民委员会所退出的具体社区事务，提高业主委员会对房地产开发商和物业公司的监督水平及民事诉讼能力；同时在业委会的决策程序中，可将听证会、共识会等民主参与方式作为必要要件，实施少数服从多数的原则。业委会与业主代表的协商会议应当向街道办、居委会、物业服务公司和全体业主开放，允许相关主体代表和任何一名业主与会并有序地发表意见；对业主委员会有效的监督制约机制也应加强，这是很多小区组建业主委员会初期没有考虑的问题，现实的小区管理中出现物业公司、商户等向业主委员会行贿的事情经常发生，仅仅依靠业主委员会成员自律抵制外界诱惑是不现实的，所以必须从制度上对业主委员会的权力加以监督制约，这也是业主委员会制度构建中必须加以设计和解决的问题；强调政府对组建小区业主委员会的作用，政府应帮助各小区组建起一支高素质、有权威、有信誉、能正确发挥作用的业主委员会队伍；同时细化相关法律、法规对业主委员会的成立时间和期限，简化业主委员会成立的程序等。

二、构建多元化的社区自组织网络

十七大报告指出要“实现政府行政管理与基层群众自治有效衔接和良性

互动。发挥社会组织在扩大群众参与、反映群众诉求方面的积极作用,增强社会自治功能"。《中共中央关于加强党的执政能力建设的决定》中也强调"发挥城乡基层自治组织协调利益、化解矛盾、排忧解难的作用,发挥社团、行业组织和社会中介组织提供服务、反映诉求、规范行为的作用,形成社会管理和社会服务的合力"。党的十八届三中全会要求统筹城乡社区建设,促进群众在城乡社区治理中依法自我管理、自我服务、自我教育、自我监督。构建以社区居委会为中心的多元社区自组织网络能够消解现代民主政治的多重压力,可以孕育现代民主政治文化,为城市基层民主发展提供良好的社会基础。社区自组织伴随着规模的扩大和功能的完善,推动着城市公民社会的发展。中国公民社会的发展也在制度允许的空间内开始由小范围的社区向社会其他领域全面扩展。目前城市社区自组织还远没有达到理想状态,而是处于行政组织退出后的生长培育期。为此必须精心培育多种社区自组织,形成以社区居委会为中心的多元社区自组织网络,激励社区居民依托各种层次的社区自组织参与社区治理。在一个社区中存在不同层次,并针对社区居民不同需要存在各种社区自组织网络,有利于增强社区内居民的利益关联及彼此的感情沟通,有利于社区公民参与社区治理和社区公共事务管理的多层次、多元化发展。

(一)大力发展社区非政府组织

从政府与社区自组织各自的优势看,政府的优势在于其拥有合法的强制权力,而社区自组织最接近社区成员,更能做出灵活的反映,更适合处理高风险的社区问题,在解决城市社会矛盾、社区安全、环境保护等问题上具有比较优势。"尽管政府与社区自组织都是公共服务的提供者,但二者的区别不在于组织目标不同,而在于实现共同目标过程中的作用方式不同"①。我国传统城市社会管理体制下,城市居民生活的各个方面均由行政化的单位所控制、包容,国家与社会高度重合,城市社会没有独立生存的必要与可能,因而城市社区组织要么根本没有建立,要么建立起来后就被政治组织所吸纳而行政化了。不同类型的社区自组织为社区居民参与提供了组织化的载体,对提高居民参与积极性及提高实际的参与效果作用重大。这里重点讨论的是除了社区居委会这一传统的

① M. Lipsky & S. R. Smith: *Nonprofit Organizations, Government and the Welfare State*, Political Science Quarterly, 1990, Volume 104, Issue 4, P625 - 648.

社区自组织外的其他自组织，而业主委员会在前文已有讨论，这里也不做重点分析。[①] 除了社区居委会、小区业主委员会外，社区内大量的社区自组织充当着社区居民与居民之间、社区居民与地方政府之间以及社区居民与社会之间的中介和桥梁。

在社区多元自组织网络中，非政府组织占据非常重要的地位。非政府组织是社区治理的重要构成要素，通过参与各种非政府组织，社区公民聚合的利益能够有效地表达出来，信息可以互通有无，在满足各种服务基础上有效地突破了居民之间的陌生感和生疏感，催生了社区认同。更为重要的是，这种组织化的参与化解了相对弱势的公民个体直接面对强大政府机构进行利益诉求的潜在风险，增强了公民参与的实际效能。社区居民通过参加各种社区内非政府组织及社区外非政府组织[②]开展的活动参与到社区治理过程中。如参与社区健身队、书画社、读书会等社区文体组织，沟通了居民之间的情感，强化了对社区的认同与情感归属；有些社区外部的非政府组织还能够依托自身资源，有效整合社区外的资源投入到社区建设中，社区居民选择性地参加社区外非政府组织在社区内开展的扶贫、助残、环保等活动，增强了社区公益精神的成长。当前我国的非政府组织力量还不强大，动员和组织社区公民参与的能力还有限，影响了社区居民的参与热情。针对这些问题，大力发展社区非政府组织应重点从以下方面突破。

1. 制定社区非政府组织的法律法规

按照国际通行标准，各级非政府组织都是政府允许其成立并赋予其相应法律权利的组织。但我国非政府组织立法并不完善，已经出台的《社会团体登记管理条例》《基金会管理条例》《民办非企业单位登记管理暂行条例》《外国商会

---

① 不同的学者对社区自组织有不同的分类标准：有的区分为社区正式或非正式组织；有的区分为活动类、权益类、服务类组织；有的区分为文体类、社区福利类、维护权益类、志愿类、社区服务类组织等；还有的分为非营利组织、中介组织等。从社区居民参与的组织化载体角度而言，这类组织的自助、自主与自治功能及非营利性、自治性、参与性等特征使其在社区治理中发挥着重要的组织载体作用。

② 以非政府组织的活动区域为标准可以把社区中的非政府组织划分为社区内的非政府组织和在社区活动的社区外非政府组织两大类。前者是在某一特定社区里组建的，以本社区为活动边界的非政府组织；而后者则是指其活动区域超越了某一特定社区的非政府组织，如行业协会、基金会等。社区内的非政府组织又可分为社区公益类和兴趣类非政府组织：公益类的包括社区法律援助中心、社区教育协会、社区计生服务站、社区妇女儿童保护协会、社区环境保护协会、社区公益活动中心、社区志愿者和义工组织等；兴趣类的有社区健身武术队、舞蹈队、合唱团、社区读书会、社区互助组等。而社区外的非政府组织到社区开展活动并取得成效的也有很多，如前文中的浙江宁波市海曙区的“社区参与行动”(Shining Stone Community Action)在不同城市社区开展的参与式治理项目，北京地球村环境教育中心及北京万通公益基金会资助的“乐和社区行动”等。

管理暂行规定》等各级法律法规对非政府组织的定位是模糊不清的，法律对这些草根组织的权利义务没有具体规定，造成其活动开展、组织建设、纠纷处理、经费来源等都没有具体的规范可遵循。当这些组织的权益受到侵害，或者其活动侵害到其他法人或自然人的权益时，各种规定相互矛盾，没有可以作为有权威的最终法律依据。因此必要时可以考虑制定一部统领社区治理的“社区组织法”，并制定相关细化的社团管理办法，重点突破现有法律法规对其“入口”管理过严，而对运作过程监管不到位的困境。对社区自组织在登记、年检环节放宽要求，建立实际操作过程中的备案等管理制度，强化常规的监督而非“入口”的过严管制。针对社区非政府组织可适当降低准入门槛，激励社区居民以各种各样的方式积极参与其中。从具体的法律、法规中厘清社区内多元主体的行为活动，并逐步纳入规范化、法制化的轨道，具体完善领导组织机制、投入机制、约束机制和考核机制等，并以地方法规的形式加以确定，让目前社区中存在的力量并不强大的社区自组织走出发展困境。

2. 拓宽社区非政府组织的资金筹集渠道

拓宽资金筹集渠道，保障社区非政府组织的活动资金。我国城市社区中的非政府组织不仅规模小，财力也很有限。由于政府支持不多，社区非政府组织又缺乏相应的资金筹措经验和渠道，影响非政府组织社区活动的开展和可持续发展。发达国家各种非政府组织的发展经验证实了多渠道筹集资金，才能开展相应活动，扩大影响力。[①] 解决资金短缺问题是社区非政府组织发展的重要一环，否则其生命力不可能持久。为此，首先，政府应加大对社区非政府组织的资金投入，参与社区基础工程投资，充当公共物品的提供者，增加社区自组织的活动经费，改变目前社区自组织活动中“没人、没钱、没场地、没设备”的尴尬局面。还可以在政府采购方面给非政府组织以优惠，通过资金支持、分包项目、购买服务等形式扶持非政府组织建设。其次，加大企业对非政府组织的资金注入。以减免企业对非政府组织捐款税收的优惠政策吸引企业对非政府组织的资金支持。还应在全社会形成企业或个人捐助的良好社会风气。最后，社区非政府组织也应加强自身建设，树立良好形象，扩大活动影响力，为自身发展汲取更多的资金来源。既没有权力资源，也没有行政资源的社区非政府组织的发展，依托的就是良好的信用。

---

① 如在英国注册的18.5万个慈善团体中，最大的200多家的年度预算经费超过1000万英镑，巴那多斯关心儿童会和皇家智障儿童及成年人协会，年度预算均超过1亿英镑。加拿大慈善类非政府组织约7.8万个，其资产总额也达到1090亿加元。

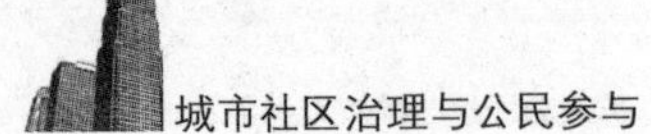

公益性、非营利性是社区非政府组织开展公益活动的基本原则,要以实际公益行动争取公民的信任,获取政府和社会的支持,建立与政府、企业、民众的良好信任关系。只有这样,企业信任你才愿意将资金捐给你;民众信任你才愿意参加由你组织的活动,非政府组织的社区功能也才能发挥出来。

3. 鼓励和支持社区非政府组织发展

基层政府及社区管理机构应转变观念,给非政府组织以自由活动的空间。政府应主动在社区治理中全面放权,改变传统行政管理方式,从"小政府、大社会"的战略高度,解除对社区非政府组织的严格控制和严加防范的心理。发挥社区非政府组织在公民参与社区治理中的载体作用,积极培育社区非政府组织,加大其服务、协调、指导和监督的职能。明确党委、政府、社区居委会和社区各组织的职责及运行机制,实现与非政府组织的良性互动,克服当前社区非政府组织管理中的政府缺位、越位及管理无序的问题。其次,在社区非政府组织发育还不成熟的情况下,政府的主动推动必不可少。政府有责任也有能力利用自身的资源优势推进社区各类非政府组织的发展。如社区老年人协会、社区残疾人协会等,大多是在基层党政组织的倡导和推动下建立起来的,政府应加大对这些组织的主动培育。依靠制度创新,以社区党组织为核心、社区居委会为主导,构建新型社区治理格局,将社区各类非政府组织融入其中。发挥社区非政府组织在社区管理、社区服务及培育社区意识、化解社会矛盾、整合社会资源、凝聚社区认同、活跃社区文化、推进社区公益、加强精神文明建设方面的重要作用。

4. 加强社区非政府组织自身能力建设

社区非政府组织自身能力建设是其健康发展的关键。社区非政府组织的自身能力建设应包括以下方面:一是非政府组织有能力提供高质量的社区发展服务项目。在方便社区居民生活基础上,提升公民参与的积极性。二是具有较强的利益表达能力。能够有效地把社区公民参与的利益诉求表达出来,以实现公民利益诉求并影响地方政府及相关职能部门的决策。三是具有良好的协商沟通和公关营销能力。在目标执行过程中,能够有效地与利益相关方进行沟通协商,并能够有效地利用现代各种媒体进行公关宣传,并获取自身发展需要的各种社会资源。四是具有资源筹集能力。资源筹集能力包括筹集人、财、物等物质资源和各种政策法规及地方政府的支持和社会认同等非物质资源的能力,通过企业、公众捐赠或各种基金会项目筹集资金,并加强对志愿者这一重要人力资源的管理。通过取得政府政策法规支持或争取政府项目资助等,来筹集合法性资源，壮大自身力量。五是具有民主治理能力。健全非政府组织的治理结构，很多非政府组织的创建人是决策者又是执行者，这种模糊定位阻碍了其健康发展，因此要对非政府组织的治理结构进行严格界定，强化内部分工，处理好个人权威与机构管理的关系，使其行动更有效率。社区非政府组织要不断强化其法人意识、规则意识和自律意识；健全各种规章制度，包括民主议事、财务管理、人事管理等制度，以保障社区非政府组织自主性、自治性、公益性和参与性的特点。同时加大组织内部的监督制度建设，社区自组织章程和完善的财务制度等都要有章可循；对社区非政府组织从事的活动、盈余分配、财政年度支出比例、行政开支比例、投资活动等事项做出明确的法律规定；此外组建健全的内部治理结构，包括理事会（常委会）、执行委员会、执行主任或秘书长和管理团队，还可设置顾问委员会或咨询委员会，并明确各机构的相关职权和职责。

活跃于社区的各种非政府组织，可以满足市场经济条件下多元化的社区需求，使更多的专业工作者通过非政府组织进入社区，提升社区工作的专业化程度。非政府组织的发展壮大，还可以扭转目前以社区服务为核心的社区治理现状，将大量具体的社区服务项目交由非政府组织承担，使社区居委会从直接的经营性服务工作中解脱出来，以更好地回归到组织者、监督者的角色本位。社区非政府组织应成为社区实现自我管理、自我服务的重要的组织形式，社区居民通过加入各种互助性质的社区非政府组织，实现由公民个体向集体的转变。在实现公民利益诉求及解决社区重大问题决策进程中所使用的民主对话、合作协商的机制等，对社区治理和城市基层民主发展意义重大。

（二）创新社区自组织的形式

在我国城市社区治理进程中，很多社区积极探索扩大社区居民参与社区公共事务的渠道和制度。社区自组织有多种的形式创新，如举行居民会议、居民论坛、社区听证会、评议会、协调会、社区恳谈会等各种形式的讨论会，还有制定社区居民自治章程、居民公约等规章制度的活动。① 社区公民通过创新多样化

① 如浙江宁波市海曙区的社区楼道自治。为优化楼道秩序、美化楼道环境、优化人际关系，他们通过户代表会议制协商解决本楼道的各种公共事务，自愿缔结《楼道公约》来规范楼道居民的行为，通过集体协商设立了楼道公益基金，楼道居民能够通过各种制度化的行为来共同进行楼道公共事务的管理和公共产品的创造。在海曙区，许多社区的楼道居民都自发建立了这种合作机制。还有武汉市江汉区的很多社区创建的社区论坛等。

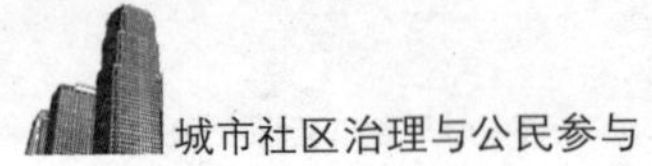

的社区自组织形式,丰富了利益诉求表达的渠道。对于新兴的社区自组织,政府应积极支持并鼓励其发展。

1. 新兴社区自组织是协商式民主在基层社区治理的兴起

新兴的各种社区论坛等自组织体现了城市基层社区治理的协商民主机制。协商民主是一种新兴的治理形式,其中,平等、自由的公民在公共协商过程中,提出各种相关理由,说服他人,或者转换自身的偏好,在广泛考虑公共利益的基础上利用公开审议过程的理性指导协商,从而赋予立法和决策以政治合法性。[①] 共同协商是协商民主理论的核心。在社区治理中,社区成员自愿组织起来,经由公共论坛等社区自组织形式参与社区公共事务,通过平等、自由的讨论和协商以达成社区成员广泛接受的共识,为解决社区问题与政府或其他组织之间进行平等的对话与谈判。通过协商民主的方式,社区居民可以对社区公共问题进行集中讨论,并在主动自愿、共同出场的情况下商讨解决方案。在理性妥协与平等合作的民主氛围中形成公共意见,在与政府及其职能部门的讨价还价中,对其决策和行为构成压力,这样可以适当避免低组织化的弱势个体直接面对高度组织化的强势政府所处的不利地位,可以提高公民的谈判能力和参与技巧,以使社区公民参与取得良好效果,公共事务也可以得到完满的处置。这种社区论坛或讨论会体现着社区内不同利益相关者之间的协商过程,是协商民主在社区治理过程中的具体操演与检验,增强了公民参与社区治理的实际效果,也为发展城市基层民主提供了一种新的途径。

2. 强化社区居民在新兴社区自组织中的自主地位

在各种社区讨论会或论坛中,社区居民始终是论坛的“主角”。他们采取各种积极行动,对社区居民共同关心的社区公共事务进行广泛的宣传与动员。社区居民充分利用社区论坛等形式,多次召开居民会议共同协商,充分体现了社区事务社区公民做主的原则,也体现了公民参与社区治理的广泛性、平等性。在参与过程中落实了社区公民对基层公共事务的知情权、参与权、表达权和监督权。公民在参与社区公共活动中为城市基层民主发展培育了合格的现代公民。公民积极主动的参与及自主地位的彰显培育了公民自治、自主意识和参与能力,历练出了现代民主公民应该具备的理性、平等、宽容、协商等现代民主精神。现代民主不再是遥远的和高不可及的,而是在基层公民关心社区公共事

① 陈家刚:《协商民主引论》,《马克思主义与现实》,2004 年第 3 期。

务，遵循公共理性，参与社区事务的讨论、协商、决定，合法有序表达参与权利要求的社区生活中演变成真实的民主行动。城市社区公民参与各种形式的社区论坛可以为城市社区自治积累经验，也可以为“发展社会主义民主政治的基础性工程”提供最生动的试验，如针对社区环境和楼栋卫生问题等，发动每家每户居民加入进来，共同制定规则，共同遵守，共同维护，共享利益的做法。

当然社区自组织的生长发育是一个较长的过程，除了上述的发展社区非政府组织及创新各种社区自组织形式外，还应在社会上广泛宣传倡导公共精神，包括公民志愿精神、自主参与意识、民主权利意识、平等与合作观念、公民之间的信任等。这是社区自组织良性发展的必备条件，它必须延伸到公民的心灵深处。尤其是在我国缺少民间自治精神的政治生态环境下，公共精神与公民意识对社区自组织发展及扩大公民参与和发展城市基层民主更显重要。“民主精神的培育、民主素质的锻炼、民主实践的操作，都是在基层产生、在基层发展、在基层得到检验的。”[①]托克维尔在讨论美国民主时，曾经强调其中一个关键因素“是人们一起参与组织支持和从事民间社团活动，人们自发地以结社来维护他们的自由：他们在新的组织中相互携手合作来追求政治目标，他看到‘使美国人逐日形成不问地位、思想和年龄而结社的普遍爱好和养成结社习惯的，正是政治结社’。这种大量的民间组织和结社的体制确保了民主社会的延续，因为所有这样的组织对其成员平等相待，所有这样的组织成了对当权者表达他们的见解和担忧的工具”[②]。这对我国的城市社区治理和基层民主建设是有启示的。城市社区自组织的发展对社区治理中的公民参与意义重大。城市社区公民以各种社区自组织为载体参与社区公共生活，这种组织化的参与不仅能够有效实现公民利益诉求，同时公民在社区成员的相互交往中增强了对社区的认同，有利于推进社区治理。更为重要的是公民个体在参与日常社区治理中习得现代民主的规范与技能，不断培养理性妥协等现代公民精神，公民个体之间的协作与竞争、妥协与互利都可以增强公民参与的兴趣，为城市基层民主发展培养了理性自足的现代公民。以社区为单位的公民社会日益壮大，而基层民主也在公民的日常社区生活中转化成了真实。只有不断发展壮大社区自组织，壮大公民社会，扩大公民参与，基层民主政治才能真正运转起来。

---

① 习近平：《基层民主越健全，社会越和谐》，《人民日报》，2006 年 9 月 25 日。

② [美]安东尼·奥罗姆：《政治社会学导论》，张华青等译，上海世纪出版集团 2006 年版，第 79—80 页。

三、构建参与型的公民文化

著名学者英格尔斯曾经指出:"那些完善的现代政治制度以及伴随而来的指导大纲,管理规则,本身是一些空的躯壳。如果一个国家的人民缺乏一种能赋予这些制度以真实生命力的广泛的现代心理基础,如果执行和运用着这些现代制度的人,自身还没有从心理、思想、态度和行为方式上都经历一个向现代化的转变,失败和畸形发展的悲剧结局是不可避免的。再完善的现代制度和管理方式,再先进的技术工艺,也会在一群传统人的手中变成废纸一堆。"①当设计良好的制度建立起来后,制度的良性运转在很大程度上与一个国家民众的政治心理及公民文化有重要联系。美国著名思想家杜威认为,民主的基础是对人性之能量的依赖、对人之理智和合作性的信赖。20 世纪 60 年代,阿尔蒙德(Almond)提出公民文化对于民主政治体系的稳定影响甚大的观点。我国城市社区治理的制度创新为公民参与提供了制度平台,但公民参与社区治理的成效如何,很大程度上与全社会的公民文化有直接联系。成熟的公民文化与社区公民参与实践的双向互动能够积淀并提升社区公民的现代民主意识和公共精神,为公民参与城市社区治理和基层民主的良性发展提供重要的精神支撑。

(一)政府:主动推动公民文化的构建

一国的公民文化或民主政治文化是一个国家、民族长期形成的心理积淀,中国丰富而厚重的传统政治文化在当今社会仍有很大的影响力。中国专制社会传统中缺乏现代公民文化成长的条件,长期居主导地位的臣民文化培养出的是缺乏独立主体地位的顺从和依附于权威的臣民和顺民。广大公民缺乏现代民主参与者应有的独立品格,公民对自身的权利不清楚、不珍视,对行使权利与履行义务也不积极。公共事务成了政治精英的专利,普通民众不可能也没必要参与到公共活动中去。因此,现阶段我国政府主导城市社区治理的进程,也应在构建参与型公民文化中承担重任。

1. 政府应主动承担公民意识教育的重任

党的十七大报告突出强调只有"加强公民意识教育,树立社会主义民主法

① [美]阿历克斯·英格尔斯:《人的现代化》,殷陆君编译,四川人民出版社 1985 年版,第 4 页。

治、自由平等、公平正义理念”,才能“从各个层次、各个领域扩大公民有序政治参与”,才能“依法实行民主选举、民主决策、民主管理、民主监督”,才能“扩大基层群众自治范围,完善民主管理制度,把城乡社区建设成为管理有序、服务完善、文明祥和的社会生活共同体”,才能“保障人民的知情权、参与权、表达权、监督权”。从中央到地方,各级政府有能力也有资源条件进行公民意识教育。“把全体人民教育到使其智力能力、情感能力和道德能力在一个名副其实的社区中自由且积极地得以充分发挥并且结合在一起的程度”①就达到了民主公民权理想的程度。当公民参与出现了问题,不应是限制参与,而应是进一步对公民进行教育和告知。正如托马斯·杰斐逊所言:“我从来都不知道除了人民本身之外社会的最终权力还有什么安全的受托人,如果我们认为他们所受的启蒙尚不足以使其用一种有益的裁量权实施控制的话,那么纠正的办法不是剥夺他们的裁量权,而是使他们充分地了解自己的裁量权。”②政府在大力普及基础文化教育的同时,应利用学校等多种渠道对公民进行广泛、深入、持久的公民意识教育。具体包括现代公民普遍具有的民主价值观和公民美德教育,基本政治知识和参与技巧的教育等。通过政府主动积极持久的教化与规训,在全社会倡导公民的独立主体地位,开展“积极公民资格”及“如何做一个好公民”的教育,使每一个公民明确自己的权利与义务,强化公民的主体性、责任感和公民意识;加大对普通公民进行依法有序理性参与的观念教育,在全社会形成自由、平等、宽容、理性妥协、互惠互利的社会公共意识,并与公民品格教育相结合,使其内化为公民个体的道德品质;加强对国家政治机构和国家法律法规的普及教育,增强公民对政治制度与政治运作及参与公共事务的程序与流程的认识,提高普通公民参与公共事务的基本技能。公民的主体性和公民意识是有效公民参与的基本条件,没有公民意识和公民责任及公民主体地位的觉醒,就没有真正意义上的公民参与。公民个体也应主动接受公民意识教育,对公民资格内涵有正确认识,对公民主体地位有自觉认知,对个体权利与义务有清醒的认识。只有全社会公民主体意识觉醒,才会有民主的行政官员与民主的政治人物,才会有公民与政府的良性互动,才能有积极的公民参与出现。在城市社区治理体系中,

---

① [美]珍妮特·V.登哈特、罗伯特·B.登哈特:《新公共服务:服务,而不是掌舵》,丁煌译,中国人民大学出版社2010年版,第38页。

② 转引自[美]珍妮特·V.登哈特、罗伯特·B.登哈特:《新公共服务:服务,而不是掌舵》,丁煌译,中国人民大学出版社2010年版,第38页。

公民应该从传统的被动服从角色向“城市主人”角色转化，革除传统的等、靠、要的消极意识，培育主体性、责任感和理性自主的现代公民，倡导参与、责任和为社区做贡献，积极地参与到社区治理事务中去。

2. 自觉提升公民主体意识和参与意识

在国家政府推动城市社区建设中则出现了国家政府虽然自上而下积极主动地推行社区建设，而社区居民仍然习惯于被动服从地接受政府的领导与管理，对与自己生活相关的社区公共事务参与并不积极。作为参与社区治理事务的主体，公民必须在社会经济、政治生活中逐渐形成主体和权利观念，在实现自己利益诉求过程中不断感知自身对公共生活的责任，体验公共生活的价值，为此必须从多方面加大公民意识教育。邓小平曾明确指出：“旧中国留给我们的，封建专制传统较多，民主法制传统较少。”①由于我国传统的臣民意识、顺民意识等人治观念影响深远，长期计划经济的推行又淡化了社会成员的独立主体意识。社区公民对自己的社区治理主体地位没有角色认同，部分社区居民对自己与国家社会的关系毫无认知，认为社区治理完全是政府的事，与己无关，表现为不参与社区事务；还有部分社区居民虽然对自己与国家社会关系有所认知，但对自身公民主体地位和作为社区治理的主要参与者的角色持消极态度，表现为参与消极或参与冷漠；而对自己主体地位认知较强并积极主动地参与社区治理过程的公民还较少。要确立公民参与社区治理的主体地位，就要强化公民的自我角色认同。真正确立公民的主体地位，才能避免公民参与流于形式。当社会进入分工状态时，公民个体性必然会有游离于集体之外的发展倾向，只有当公民的个体性和主体性充分发展时，通过个体的理性批判和反思机制的不断成熟，集体意义上的社区或更大范围的集体才可能得到公民个体的认同，也才能在维护社区或集体团结基础上促进个体的活力。这就尤其需要政府清醒地认识到通过简单的动员或控制手段等不能实现社会的和谐、稳定，也产生不了社会的向心力和凝聚力。只有进行公民意识教育，在观念上清除传统的顺民、臣民意识，凸显公民的主体地位，才能实现公民参与的有序扩大和真正意义上的社区和谐与社会稳定。

3. 改革地方政府传统的单向行政管制思维

中国传统的城市社会管制的固有习惯，仍然制约着城市社区治理的多中心

① 《邓小平文选》第2卷，人民出版社1994年版，第332页。

治理格局的形成。公民及各类公民组织和社区自组织在社区治理中的参与仍然受制于地方政府,而地方政府官员的传统"治民"行政思维及惯用的行政手段等,都限制着社区公民参与的发展。

首先,从单向行政管制向多中心治理转变。改变城市政府单向行政管制的固有习惯,培育多中心治理的社区秩序。地方政府仍然习惯于用传统的行政管理手段配置社区治理资源,过多干预社区治理。最为明显的就是,把社区自治组织的居委会仍然当作政府行政末梢进行管理,向其摊派过多的行政事务,导致社区居委会自治功能缺失,难以在社区治理中发挥吸纳社区公民进行社区自治的作用。其一,从观念上实现国家权力运作模式由"统制""管制"向治理、共治的转变。这是改变传统行政管制的基本动力,只有在民主行政、责任政府、服务政府等理念下,才能从原来的行政管制转向多元共治,在社区治理中,才能实现由政府主导向政府引导、疏导转变。而地方行政机关长期积淀的对上负责、对下管制的行政文化传统,习惯于主宰公共事务,发号施令等,直接导致地方政府对公民参与社区治理的不重视甚至压制。要使社区居委会回归自治地位,使社区公民的自治主体地位真正落实,必须从观念上改变过去的传统行政控制的"路径依赖"。这种观念的转变虽然不是显性的影响因素,但对政府职能转变,对社区治理多中心秩序的建立有着决定性的影响。其二,从机制上构建社区多元治理秩序,实现政府、市场与社会组织和公民等不同利益主体多元互动的合作共治局面。政府只是社区治理中最为重要的一方,但不是唯一的治理主体。政府对社区治理的其他主体应给予平等自主的发展空间和充分的制度供给,改变过去的对社区自组织的消极监督与控制的传统做法,向积极扶持、培育并引导社区自组织发展的治理方向转变;改变对社区公民的行政控制,放手让城市公民积极参与社区事务;改变过去全能政府的思维定式,向有限政府、服务政府、责任政府、法治政府转换。只有社区多中心的治理秩序的真正达成,政府与社区多元主体实现良性合作与互动,政府才能真正获得社区居民的广泛认同、信任与支持。也只有广大社区公民发自内心的、真实同意基础上的自主参与,才能推动城市社区治理的真正实现,城市的和谐与稳定才能持久。

其次,加强对公务行政人员的行政伦理教育。参与型的公共行政文化以公民的权利与义务为底线,自由、平等、宽容、理性妥协、互惠互利,以及理性公民内心真实的同意等是其基本内容。它追求公共的善,而不是政治权威的价值偏好。政府及其行政官员作为公共权力的掌握者与公共资源的分配者,其地位决定了他们在启动、倡导和促进公民参与中具有更为先导和关键的作用，在城市社区治理中的公务行政人员更应担当积极的角色。其一，政府公务行政人员要树立多元合作治理的理念。政府行政人员应从推动社区治理及公民参与对社区治理的积极价值层面上认识其工作的意义，及时迅速地公开相关政务和公共事务信息，并对公民参与给予积极迅速的回应。增强政府工作人员的大局意识、服务意识和创新意识，使政府对社区治理及公民参与的相关决策及治理更加民主、科学与透明。这是对政府行政人员的传统行政思维方式、过去的工作经验及能力等的新挑战。其二，改变行政工作人员对公民参与的消极防御心理。大多习惯了在权力封闭状态下发号命令的政府行政人员，对公民参与存在着或多或少的防御，甚至压制的心理。公民参与使他们感到了外显或潜在的利益威胁或工作压力。某些地方官员由于担心社区直接选举带来不可控制的局面，或者难以向上级交代工作等原因，从而压制社区公民参与的做法在很多地方都存在。要改变这种对公民参与的情感排斥和压制，就要强化政府公务行政人员的服务理念，“鼓励公民参与却是公务员角色的一个必不可少的要素”，“公共行政官员不仅要分享普通公民的价值观和偏好，不仅要始终关注变通公民的需要，而且还要努力地使不活跃的公民活跃起来”。[①] 正如新公共服务理论所强调，行政官员应树立正确的领导观：“帮助社区及其公民认识他们的需要和潜能；整合和表达社区的愿景以及活跃在任何特定领域的各种组织的愿景；充当行动的触发器或促进因素。”[②]政府公务行政人员承担着与公民持续对话的责任，他们必须倾听公民的意见，回应公民的需求，彻底实现从“以官为本”到“以人为本、政民融合”的转变。只有公务人员内心对社区治理及社区公民参与改变了看法，才可能发现公民参与社区治理的真正价值，才可能真诚地支持公民参与社区治理的具体行动。其三，在公务行政人员系统中孕育忠诚、奉献、公正、负责的职业道德氛围。政府行政人员有义务承担起对普通公民的参与技能的培训工作。他们的专业化水平相对于普通公民要高，更应在公民参与社区治理中帮助公民参与向着理性、有序方向发展。同时他们本身作为某一社区的成员，也应该积极参与到自己生活的社区事务中，成为与公民一道从事

---

① ［美］珍妮特·V. 登哈特、罗伯特·B. 登哈特：《新公共服务：服务，而不是掌舵》，丁煌译，中国人民大学出版社 2010 年版，第 41 页。

② ［美］珍妮特·V. 登哈特、罗伯特·B. 登哈特：《新公共服务：服务，而不是掌舵》，丁煌译，中国人民大学出版社 2010 年版，第 102 页。

管理和公共服务的合作伙伴。转变传统行政思维，使习惯了管控与指挥的公务行政人员接纳、支持社区公民参与，建立对公民参与的信心，需要多方面的努力，也是一个相对缓慢的过程。

（二）社区自组织：发挥公民意识教育的功能

党的十七大报告指出“发挥社会组织在扩大群众参与、反映群众诉求方面的积极作用，增强社会自治功能”。活跃于城市基层的社区自组织是加强社区公民意识培育的重要形式。充分发挥社区自组织的公民意识教育功能，对于培育社区公民的主体意识、参与意识和自治精神等有重要作用。社区自组织的公民意识教育功能的发挥不同于政府自上而下的知识教育和道德教化，而是在公民参与横向的社区自组织的活动中逐渐形成并强化的。自愿性、公益性、互助性、参与性的社区自组织的出现，吸引社区公民参与其中，在各种志愿、公益性活动及社区公共事务活动中，公民意识得以强化。社区公民以平等主体地位参与社区自组织，摆脱了原子化状态，通过实践“自我管理、自我教育、自我服务、自我监督”的权利确立“自己管理自己”的公民主体地位。社区公民以社区主人的姿态参与社区自组织的活动，强化了社区公民的社区治理主体地位，逐渐克服了传统文化中的顺民意识，提高了公民参与意识和参与积极性；各种社区自组织在政府与社区公民对话协作中的桥梁作用有助于社区公民与政府之间互信的形成，提高了公民参与社区治理的实际效能感，有效克服了传统公民参与公共事务的无力感和冷漠感；社区公民在组织化参与中逐渐习得了现代公共治理的规则与民主技巧，有助于公民参与自觉性及参与能力的提高。社区居民通过社区自组织从个体的居民转化为集体公民，公民主体意识和责任感促使他们积极参与社区治理。社区自组织成为社区公民真正能够实现当家作主的直接场域，实现为自己利益而进行的互动与合作的参与实践，逐渐地了解、领悟社区公民的主体意识、参与意识和自治意识的要义，不断提升着现代公民意识。要打破中国传统文化中公民的“权威崇拜”“与世无争”等“附庸意识”和顺民意识是一项艰巨的工程。政府的公民意识教育只是自上而下地为培育现代公民意识提供一种途径，而参与型公民文化也不只是培养现代公民意识和进行公民意识教育，政府的传统行政文化和公民参与行为也是参与型公民文化构建的重要方面。

(三)公民有序参与:历练现代公民精神

城市社区公民参与是推动社区治理及城市基层民主发展的重要动力。除了制度创新与组织保障外,相对成熟的参与型公民文化为推动公民参与提供着重要的精神支持。而在原本缺乏公民参与传统的中国,如何在社区治理进程中建设参与型公民文化,为公民参与提供良好的精神动力,仍需要多方面的努力。这一方面有赖于国家、政府的制度创新和主动的公民意识教育以及政府行政人员的行政观念转变,更为重要的是让公民在实际的参与行动中感知参与型公民文化,并在实践中不断历练现代公民精神。

1. 公民有序参与是历练公民精神的实践基础

理性、宽容、妥协、平等、自主、守法等现代公民文化的特质,一方面来自于公民意识的教育及灌输,而另一方面,“有可能在一个参与性环境中得到培养”。[①]。公民意识的教育与现实公民参与实践的双向互动能够积淀并提升公民意识,公民参与行动相对更重要。“民主精神的培育、民主素质的锻炼、民主实践的操作,都是在基层产生、在基层发展、在基层得到检验的。”[②]只有当公民有序参与到社区治理的日常活动中,并通过公开和公正的程序来保证其利益的实现时,只有当社区公民在社区多元主体的相互争执与妥协中达成理性共识时,只有当不同利益主体相互宽容,并正确解决社区公益与个体私利间的矛盾时,只有当不同社区利益主体以平等的地位、相当的素质和能力集体采取行动时,社区治理才能达成,社区公民参与才有真实意义。社区公民在参与社区文体活动中增强的社区认同感,使公民认识到自己与社区共同体的密切联系。社区公民在参与公共事务的讨论中掌握了协商、妥协的态度和行为方式,在投票和选举中体会到客观评价与权衡自身权利带来的参与效能,都对公民自身的参与素养有实际的推动。在社区多元合作、竞争、博弈、冲突的互动过程中,公民的竞争与合作意识、参与意识、责任意识、合理与合法性、法制意识等才能真正内化为公民个体的伦理意识,参与型公民文化也只有在这样的实践基础上才能真正形成。

2. 社区是培育公民精神的最佳场所

---

① [美]卡罗尔·佩特曼:《参与和民主理论》,陈尧译,上海人民出版社2006年版,第98页。

② 习近平:《基层民主越健全,社会越和谐》,《人民日报》,2006年9月25日。

公民参与社区治理的实践，逐渐打破了中国传统的“臣民、顺民”意识，公民参与意识和主体意识等公民精神在社区场域里不断成长。通过社区居民的“在场学习”和参与社区治理的“出场”等行为，调动了公民参与的积极性和主动性。不断的“在场学习”使得他们逐渐体认到公民参与的价值与意义，参与的技能和参与的效能感也不断提高。组织化的形式参与又增强了公民之间的团结合作与互帮互助，社区公民与社区自组织的共同治理，社区公民与政府及各部门的博弈等都培育了公民的主体意识、自治意识、合作意识和责任权利观念等。公民通过社区公共事务管理的参与，超越了单纯的个体利益，在自律和自主的社区事务中体验着公共性的生活，尊重、互助、正义、宽容和信任等现代公民文化，在随手可及的社区生活和公民参与的直接实践中内化为公民个体的“内部契约”①。社区为参与型公民文化的构建提供了最直接的场所，现代民主规范技巧在社区治理多元主体的协商合作与多重博弈关系中逐渐习得，公民自我教育、自我管理、自我服务、自我监督的能力也在参与社区公共事务中不断提升。公民参与在推动社区治理发展的同时，也培育了城市基层民主发展所需的参与型公民文化。只有当参与型公民文化在内容上为广大公民彻底吸收时，只有当参与型公民文化内化为公民个体的社区生活方式中，只有当参与型公民文化渗入到社会公共领域并成为社会的主导价值取向时，公民参与社区治理才能以良性方式运作并持续发展。

（四）社区社会资本：公民文化的核心要素

“社会资本可以将个人从缺乏社会良心和社会责任感的、自利的和自我中心的算计者，转变成具有共同利益的、对社会关系有共同假设和共同利益感的共同体的一员，并由此成为将社会聚合在一起的黏合剂。在这个意义上，根植于信任与合作的社会资本就是公民社会文化的核心要素。”②用社会资本解释国家社会发展中的经济问题、政治问题和社会问题已成为西方学术研究的一个重要范式，尽管对它的批评也从未停止过，如有的西方学者认为“帕特南用它

---

① “内部契约”是相对于“外部契约”而言的。这是共和主义理论者欧德费尔德（Adrian oldfield）提出的一种观点。他认为正义程序的制度安排赋予公民个体的权利，只是一种外部的保证，称之为一种外部契约。而公民态度和公共精神则是一种内部的契约，这种内部的契约以精神力量和道德力量对公民行为构成一种内在的约束。

② 转引自庞金友：《当代公民社会与民主化：一种可能性的分析》，《北京科技大学学报（社会科学版）》，2006 年第 3 期。

'解释了太多东西',并为适应概念自身而重构了历史"①。"这里所说的社会资本是指社会组织的特征,诸如信任、规范以及网络,它们能够通过促进合作来提高社会的效率"②。对于一个共同体来说,社会资本的主要作用是维持共同体的稳定和行动的相对一致性,明确共同体的认同感,从而提高共同体内部个人或制度的行为效率。而我国公民参与城市社区治理就必然涉及国家和公民社会的合作与互信,公民社会的信任意识、规范状态及由此形成的社区网络关系等,对公民参与社区治理行动起到重要作用。公民参与可以培育社区公民个人关系网络,加强内部沟通,增强公民对社区的认同和归属感。同时社区社会资本的存量也直接反映在社区人们参与的水平上,具体包括社区公民之间、公民与社区自组织之间的相互信任程度,社区中各种互助合作的关系网络以及正式制度或非正式行为规范对社区公民参与的制约影响等。社会资本决定着公民参与行为的积极与否,一个依赖普遍性互惠的社会比一个没有信任的社会更有效率。

1.强化公民的社区归属感

社区归属感也称为社区认同或社区意识,主要强调社区居民对自己所生活的社区的成员身份或资格的确认和主观感受。从理论上讲,社区居民对自己所生活社区的成员身份的确认意味着其作为社区成员的权利与义务的明晰,同时伴随着对社区的盛情的依恋等,是比较复杂的心理活动。改革开放后,我国单位制逐渐解体,社会成员由原来的"单位人"开始向城市的"社区人"转换,角色的确立并不是简单的非此即彼的转换,城市公民对社区成员角色的认可有适应期,社区公民对社区的认同也是伴随着角色确立及社区参与活动而逐渐建立起来的。目前公民参与社区治理的种种困境的出现都与公民对社区的认同及归属感不强有关。为此,应通过各种途径激发社区公民的社区认同感和归属感,以促进社区公民主动积极地参与社区治理。

首先,以社区教育提升公民的社区认同。社区教育是面向社区居民群体的教育活动,目的是促进社区居民整体素质和生活质量的提高,最大限度地满足居民日益增长的教育文化需求。同时在增强社区全体成员的社区意识、社区归

---

① [英]凯特·纳什 阿兰·斯科特主编:《布莱克维尔政治社会学指南》,李雪、吴玉鑫、赵蔚译,浙江人民出版社 2007 年版,第 246 页。

② [美]罗伯特·D.普特南:《使民主运转起来》,王列、赖海榕译,江西人民出版社 2001 年版,第 195 页。

属和社区认同及社区参与方面发挥着重要作用。多方位的开展社区教育工作包括:一是开展内容丰富的社区宣传和伦理道德教育。在社区公共场所或公用报栏等悬挂或张贴标语、口号、宣传条幅等,培养社区公民的社区意识及社区参与意识,如通过“社区本是你我家,众手浇开幸福花”“社区事业人人出力,幸福家园日新月异”“做社区主人,为社区尽力”等标语口号强化公民对社区的认同或情感归属。利用电视、报纸、刊物、宣传栏、板报和公开信等舆论工具和传播媒介对建设现代城市社区进行广泛的宣传,动员、鼓励社区成员积极参与社区事务管理。同时加大社区思想道德教育,利用“公民道德宣传日”和简单的“爱国守法、明礼诚信、敬业奉献”等口号提升社区公民的道德素质,宣传社区里的好人好事,用道德伦理教育约束人们的逐利行为,消除人际孤独,净化人们的心灵,缓解社区的利益摩擦。社区内的党员、团员等先进分子要发挥先锋模范作用,营造积极的社区氛围,使居民理解社区、关爱社区、参与社区治理。二是开展各种形式的社区教育,提升公民素质。如开办多种形式的社区学校,满足不同层次社区居民的需求。有针对青少年和中年人的以提高就业技能的学历教育,有满足老年人以提高生活质量的休闲教育,有对失业下岗人员的再就业培训辅导教育,指导如何就业和择业等。还可以成立社区义工队,帮助社区内的老弱病残等弱势群体;也可以开办社区心理辅导站,[①]帮助一些单亲家庭的子女或者一些在高压力学习和工作下的年轻人等;还可以开办法律知识培训班普及公民的法律知识,提升公民法律意识、责任权利义务意识等。通过这些多元化的手段提高社区公民对于社区的认同度和归属感。当社区公民普遍的社区认同和社区归属感建立起来后,公民就会发自内心地支持社区各项活动,也会积极地去参与。当然现实的社区教育必须改变过去传统的从公共利益灌输到个人利益分享的做法,而应在各种教育方式中充分考虑社区公民作为“理性人”的角色,从比较明确的公民个人利益需求出发,强化居民与社区的物质利益联系,在满足利益基础上提升社区公民的情感认同。

其次,以社区服务强化公民的社区归属。社区服务单一化是目前城市社区治理中公民参与不积极的主要原因之一。大多数社区公民把生活工作的重心

---

① 2007年济南大学政管学院与济南市科技协会共同兴办的“心理学进社区”活动,充分利用大学的专业资源为城市社区公民的心理健康开展各种服务与咨询活动,在济南槐荫区绿园社区开展了“春天有个好心情——心理健康进绿园”系列活动,在阳光新城社区开展“心理关怀进家庭”等活动都取得了良好的效果。

放在社区之外，部分原因就在于社区无法满足其多元化的需求。如有的社区居民抱怨社区的文化体育等设施不齐全，损坏后无人管理等，社区内的一些文体娱乐场所或组织的活动也主要是针对离退休老年人的，这些活动对他们没有吸引力，自然不会去参与。社区对他们而言，就是晚上回来休息的旅馆而已，这些社区居民无法在日常活动及生活中产生对社区的认同与归属，当然也谈不上对社区事务的关注。所以开展多元化的社区服务，并针对不同的人群提供不同的服务，是提高公民社区认同的重要环节。如针对老年人的社区文体娱乐和针对青少年或中年人的活动就应在活动场所、活动时间等上有所区别。建立社区养老、社区保健、社区心理咨询等满足不同社区群体的多元化社区服务，可以提高公民对社区的满意度，并在各种娱乐性社区文体参与中强化公民对集体行动的认同及心理需求。公民可能从最初的关注自己身心健康或私人兴趣而参与其中，到逐渐发展成对社区的情感依恋，再到对社区的认同与归属。伴随着社区认同与归属的提升，公民参与也从最初的娱乐性文体活动逐渐扩展到其他范围的社区公共事务。

2. 加强社区社会资本存量

信任、规范和网络是社会资本的三个组成要素。社区治理和社区公民参与状况都依赖于社会资本的存量及分布状况，社会资本对社区治理和公民参与有明显的促进或制约作用。社区治理就是多元主体的参与、合作与共享的过程。社会资本能够提供社区治理所需的精神支持和制度规范，对于提高社区治理的活力和凝聚力有重要作用。社区社会资本可以在社区治理的制度创新中培育，多元利益主体的持续互动为信任、互惠规范和社区网络的建立提供了直接的场域。在特定社区内不同参与者之间面对面的互动，社区成员之间由不熟悉变为熟悉，由弱的人际关系变为强的人际关系等促使社区社会资本形成，有利于推动公民积极地参与行为的发生。

在中国城市社会变迁过程中，原有的社会信任、规范、社会网络被打破，新的社区信任、规范及社区新的网络正在形成过程中，目前还尚未发挥出其在推动公民参与社区治理的重要作用。单位制的解体、社会结构的变动使得社区公民的集体意识与集体记忆迅速消解，社会成员失去了凝聚力，人与人之间的关系疏远，社会成员日趋原子化，社会规范"失灵"，"单位人"并没有迅速成功地回归到社区转变成为"社区人"等都证实了现实城市社区治理中社会资本的薄弱，这直接导致社区成员对社区参与的消极态度。

首先,强化社区普遍信任。信任是社会资本的核心要素,对促进公民参与社区治理有关键性的作用。卢曼从一种新功能主义的理论角度来界定信任,认为信任是用来减少社会交往复杂性的机制。社区信任可以防范风险,降低交易成本,使原本处于原子化状态的社区个体建立起合作互利的关系,从而提高社区集体行动的效率。当前社区社会资本的缺失,主要在于社区成员之间以及社区居民与社区居委会和地方政府之间的普遍信任的缺乏。这造成了社区成员之间没有互动,社区居民与居委会之间也很难形成共识,破坏了社区的凝聚力、认知力和社区共同意志的形成。因此培育社区内的社会资本,可以创造一种更为和谐的人际关系和更好的社区治理环境,为公民参与社区治理提供更为有利的条件。因此,应该注意发扬中国传统中强调邻里、注重人情、"远亲不如近邻"的优良传统,培育社区普遍信任。同时加强社区居民在现实活动交往中的相互联系与信任。社区内各利益主体为了实现利益,会在持续不断的多元博弈中逐渐认识到,相互合作与支持是实现最终利益的有效途径,只有合作与持久的交往才会把风险降至最低,利益才会实现。如此,社区成员之间的普遍信任和联系建立起来,社会资本就会不断地积累,社区成员之间、邻里之间、各社区组织之间就会自觉主动地形成持续的互动、协调、沟通、合作。参与主体间的交互影响可以使各利益主体互换角色并以诚相待和宽容并包,学会尊重对方,在互动中共同学习打破僵局、克制冲动、斡旋冲突、化解矛盾、解决危机的策略和技能,在合作中增强彼此的信任,为参与主体获得共同发展提供信任的动力。

社区层面的人与人之间的信任的累积,可以向超出社区范围的宏观层面扩展,尤其是社区居民对地方政府的信任可以在互动交往中建立起来。传统的行政管制通过命令方式使信任被强制接受,反而造成了不信任和冷漠。相反,如果政府部门和官员更多地相信公民,公民对国家和政府的信任也会增强,也就是彼得·什托姆普卡所讲的"信任培育信任,不信任产生彼此的不信任。"①因此地方政府及其官员通过与社区居民的具体交往,逐渐改变官员的"官本位"和传统行政管理的习惯,树立起"以民为本""为民服务"的社区治理理念,并以积极开放的心态支持公民参与社区公共事务,不断提高对公民参与社区事务的价值认知与接纳能力,并在现实社区治理中支持、帮助、提高社区公民的自主参

---

① 转引自[德]托马斯·海贝勒、君特·舒耕德:《从群众到公民——中国的政治参与》,张文红译,中央编译出版社2009年版,第20页。

与能力,最终为公民与政府间的沟通和互动开辟公共空间,以形成政府行政官员与社区公民间的信任。社区公民也在通过与政府的有效对话沟通,在协商、化解冲突与分歧的过程中,逐步建立起对地方政府及官员的理解、信任的关系。当然基于不同目标、立场和利益取向的多元主体必须在相互交往与磨合中逐渐培育这种信任关系,这需要参与主体共同的努力。

其次,建立互惠的社区规范。规范或制度(包括正式和非正式的规范)是社会资本的基础,它能够促进合作的产生和秩序的维持。奥斯特罗姆认为,社会资本主要是指共享的规范、共同的知识以及正在使用的规则,而且被强调为一种解决集体行动问题的方式。它是人们参与社会生活的行为准则和人类的社会生活模式,主要包括道德性规范(如舆论、习俗、道德)、契约性规范(如组织规则)和行政性规范(如法律)等。在社区治理的范围内,能够促进群体成员合作的规范都可以视为社会资本的表现形式,如社区成员共享的规范和习俗等非正式规范,长期的互惠合作中形成的多方相互的对称性等。社区能更有效地培育和利用人们传统上形成的规范,并形成社区内的激励机制:信任、团结、互惠、名誉、尊敬等。城市社区居民通过各种方式频繁地、直接地相互影响,增加彼此了解,更容易产生集体规范。信任和互惠的规范越强的社区,公民参与社区治理的主动性较强,而且参与的多元主体之间能够更好地遵守为达成共同利益形成的各种规范,从而提高公民参与社区治理的绩效。

涂尔干认为:“集体的角色不仅仅在于在人们相互契约的普遍性中确立一种绝对命令,还在于它主动积极地涉入了每一规范的形成过程……要想治愈失范状态,就必须首先建立一个群体,然后建立一套我们现在所匮乏的规范体系。”[①]这种社区规范的建立更多地依靠社区内部成员的参与行为,在参与中各方相互妥协,为实现自己的利益必须遵守互惠的规范,而互惠规范也可以解决集体行动的困境,为实现群体或个体的利益提供保证。在社区横向交流互动中,社区规范如社区道德、惯例与习俗等形成。“关系紧密的群体内的成员们开发了并保持了一些规范,其内容在于使成员们在相互之间的日常事务中获取的总体福利得以最大化。”[②]社区成员之间通过长期的互动博弈,形成共享的互惠、信任规范。如浙江宁波市海曙区的社区居民为了优化楼道秩序、美化楼道

---

① [法]埃米尔·涂尔干:《社会分工论》,渠东译,上海三联书店2000年版,第17页。

② [美]罗伯特·C.埃里克森:《无需法律的秩序:邻人如何解决纠纷》,苏力译,中国政法大学出版社2003年版,第204页。

环境、优化人际关系等，通过户代表会议制来协商解决本楼道的各种公共事务，自愿缔结《楼道公约》来规范楼道居民的行为，并集体协商设立楼道公益基金等做法。他们在社区合作基础上形成相互供给、相互信任和相互监督的合作机制进行楼道等公共事务的管理和公共产品的创造。在社区内的横向关系网络越密集，公民就越有可能为共同利益而合作。社区居民通过社区自组织等开展平等的交流，社区规范的约束力也在合作的氛围中形成，社区规范不能简单地被制定出来进行遵守，而应在社区居民的自组织不断试错、不断博弈的过程中达成妥协与共识，并相互宽容理解，逐渐形成良好的社区规范与秩序。

再次，构建多层次的社区关系网络。社会资本在社区内主要体现为一系列的关系网络，如非正式群体与正式组织。处于关系网络中的社区成员一般相互认同，有团结感，他们因为某些共同的目标、利益与期望而保持着一定的互动。公民在平等自尊、互不侵犯他者权利的基础上，通过结社和中间组织等形式凝聚着信任与合作的社会资本网络。有些关系网络是在个人的一生中自然形成的，如亲戚网络、邻居网络、校友网络等，社区内还有部分网络是人们有意建构的，如在参与社区治理的公共领域内的社区关系网络。中国城市社区的空间因素仍然重要，“邻里关系仍然是城市居民个人关系网络的主要成分和获得社会支持的重要来源之一”。[①] 社区关系网络既包括把行动者联系起来的联系，也包括群体或组织之间的交易关系。网络把大量的参与者相互联系起来，是社区发展的重要纽带。帕特南从团体层次的社会资本概念角度界定关系网络，他称之为公民参与网络(civic engagement network)，正是人们在社团和组织中的相互作用中所创造的横向互动的公民参与网络构成了社区社会资本的基本要素。社区治理网络是政府、社区组织和居民之间在长期的互动过程中通过协商、协调、谈判而形成的，是社区治理的重要运行机制，也是公民参与社区治理的重要组织形式。社区居委会是社区治理中重要的网络，它能够为城市社区公民特别是社区贫困阶层提供各种信息等多种社区服务资源，与企业等相关部门或专业人员之间的关系网络也有助于为下岗失业人员提供工作、进行职业培训或开设进修课程等。因此，要让社区居委会真正回归其自治地位，发挥其在吸纳公民参与社区治理、服务社区居民的自治功能。

① 黎熙元、陈福平:《社区论辩:转型期中国城市社区的形态转变》,《社会学研究》,2008 年第 2 期。

社区社会资本的培育是一个相当漫长的过程,城市社区邻里关系淡薄,人与人之间的疏离化,公民参与不足,社区信任不牢,制度规范建构滞后于社区发展的需求,社区内居民之间、居民与组织之间、社区自组织与政府社会等的关系网络建构不成熟等,都制约着社区治理的发展,也阻碍了公民参与社区治理的积极与主动。社区治理的制度创新为社会资本的培育提供了良好环境,社区治理中多元利益主体的沟通互动、合作博弈又为信任、互惠规范和社区网络的培育提供了直接场所,因此,培育社区社会资本是扩大公民有序参与社区治理的重要步骤。当然"社区创造的社会资本不一定非得优越于政府创造的社会资本,在某些情况下反而不如政府创造的社会资本"。[①] 因此,政府应在培育社区社会资本中担当更多的责任。

四、培养"积极公民资格"的现代理性公民

公民资格(Citizenship)[②]理论为个体公民参与到国家政治、经济、社会等领域的活动提供了理论支持,公民参与为公民资格权利的实现提供了现实路径。公民资格理论强调公民个体获得国家公民资格后,相应地享有国家赋予的各种权利,但同时必须承担相应的义务和责任。公民资格理论倡导公民参与、公民美德对国家政治发展的重要性。在此意义上,一个国家政治民主的发展程度是以一个国家公民资格权利的享有及公民参与的程度为标准加以衡量的。此理论范式对中国政治发展及公民参与有一定的积极意义,我们可以从如下方面进行理论借鉴:城市社区治理的制度创新为社区公民参与社区事务提供了制度化的渠道,公民资格外化为公民参与的权利可以在社区的具体事务中实现;公民不仅仅是社会公共物品和政府服务的"消费者",更是践行公民资格的参与者;公民因参与到公共生活实践中而培育出对社区、对国家的认同及现代民主政治

① [美]约瑟夫·斯蒂格利茨:《正式和非正式的制度》,武锡申译,《经济社会体制比较》,2003年第1期。

② "公民资格"(citizenship)含义的丰富性可体现在中国学者对其翻译的多样性上,如我国学者郭忠华把英国学者 Derek Heater 著作 What is Citizenship 翻译成《何谓公民身份》;如刘满贵把美国学者 Judith N. Shklar 著作 American Citizenship – the quest for inclusion 译成《美国公民权:寻求接纳》。本书采用"公民资格"的译法,"公民资格"包含"公民身份""公民地位""公民权利""公民状态"等多重意思。此外,公民资格理论在西方文本研究中有自由主义、社群主义、共和主义等流派之分。我们在这里主要是从公民资格理论对中国公民参与及政治发展的积极意义上使用该理论,不存在理论流派的区分。

发展所依赖的公共精神；社区公民必须对公民个体在社区的成员资格以及与此相联的公民权利和义务有清楚的了解，在社区认同的基础上，积极地提高自身素养，成为一个有德性的好公民，积极参与社区公共生活，成为有“积极公民资格”的现代公民。正如阿伦特所言：“……如果没有对公共权力的参与和分享，就没有人能够被称作是幸福的或自由的。”[①]在“坚持国家一切权力属于人民，从各个层次、各个领域扩大公民有序政治参与，最广泛地动员和组织人民依法管理国家事务和社会事务、管理经济和文化事业”的总体原则下，把社区公民培育成具有良好的公民品德和积极参与的社区好公民，对中国社区治理及基层民主建设意义重大，这也是化解城市社区公民参与困境的一个重要措施。

（一）倡导公民直接参与

公民资格作为国家与公民个体之间的制度联结和价值纽带，将公民参与内化为其必要的内在特征。公民资格理论强调公民在与己利益相关的公共事务的直接参与，只有不断提高公民参与的深度和广度，社会和人自身全面发展的目标才能实现，政府与社会的合作关系及多元化社会管理体系才能建立起来。西方各国都在积极采取措施鼓励公民积极参与社会公共事务。在欧洲许多由社会民主党执政的国家，都在大力推动“积极的公民资格”的构建，促进公民积极参与，而不是单纯享受不履行义务的非道德的权利。[②]

1. 主动直接的参与是公民应尽的义务

公民资格理论强调公民在获得了公民资格后应积极承担公民义务，积极参与社会公共领域，其观点主要有：公民在身份认同基础上，以理性的讨论、协商等方式对社会不同领域进行参与，可以形成共同的意志，创造和巩固公民对政治共同体的认同，增强对公共利益的关怀；公民参与意味着公民个体权利在共同体中的落实，公民参与表明了一种全新的公民责任、权利及治理理念，它是公民个体与共同体关系得到反映的现实行为；西方学者们对积极公民资格的公民必须参与公共领域生活给予了理论上的论证，如巴伯（Benjamin Barber）认为

---

① Arendt, H. *On Revolution*. Harmondsworth: Penguin, 1973, P255.

② 西方各国政府重建公民资格、提升公民资格的举措，如英国公民资格委员会的《鼓励公民资格》（Encouraging Citizenship），1990；澳大利亚参议院的《经过修正的积极公民资格》（Active Citizenship Revisited）1991；加拿大参议院的《加拿大公民资格：共享责任》（Canadian Citizenship Sharing Responsibility），1993。［加］威尔·金里卡：《当代政治哲学》，刘莘译，上海三联书店2004年版，第512—513页。

“政治领域是公民资格定义的根本领域，公民之所以是公民，是因为他们讨论并参与政治”，[①]迈克尔·沃泽尔(Michael Walzer)认为个体受到一个稳定的、公正的、有效的国家的保障，公民在享受这些好处当然要求偿付“作为成员身份的费用”，[②]，“公民身份并不等同于对共同体的归属，而是表达了这种归属的实践；它是由行动的方式而不是存在的方式构成的”。[③]

这些理论对中国城市社区治理中的公民参与也有启示，社区公民成为主动参与的积极公民对个体权利的实现及社区治理的推动都有重要意义。中国城市社区治理和制度创新为社区公民的直接参与提供了制度可能，社区公民作为社区共同体的主人有了平等参与社区公共事务的权利和分享社区治理绩效的权利。与此同时，社区公民不能单纯只享受权利不履行义务，社区公民应该对社区共同体尽义务，个体权利的获得和享有不能脱离对社区共同体责任和义务的承担，个体公民通过主动的参与和担负义务，事实上也可以使个体获得持久利益，如生活在一个和谐的社区、成为一个拥有更加真实幸福感及具有高尚道德感的人等。

2. 在公民参与中培育积极公民资格的公民

由于城市社会体制的变动，市场经济带来的社会贫富分化等导致我国城市社区“积极公民资格”缺失的现象，对待城市社区治理极端反对的、悲观怀疑的或“搭便车”的公民是不会积极主动参与社区治理的。因此培育积极公民资格的公民对城市社区治理更为迫切。公民资格理论强调的公民参与作为一种公民的义务，并不必然要求所有人均需要有高度的同质性或价值共识，而是在彼此认同、互动、参与协商的过程中相互宽容、彼此妥协并寻求共同目标的过程。因此，除了传统的公民意识、公民品德等的教育与培养外，公民参与具体行为应该是培育积极公民资格的重要途径。只有不断提高公民参与的深度和广度，公民才可以在参与过程中实现公民权利与义务责任之间的平衡，以理性的讨论协商方式形成共同的意志，巩固公民对社区的认同，增强公民对公共利益的关怀、对共同体的忠诚等。因此积极公民资格在参与公共事务的过程中更容易培养。

---

① Benjamin Barber, *Strong Democracy. Participatory Politics for a New Age*, Berkeley; University of California Press, 1984. P117 - 119.

② [英]德里克·希特:《何谓公民身份》,郭忠华译,吉林出版集团有限公司,2007 年版,第 737 页。

③ 焦瓦纳·普罗卡奇:《治理术和公民身份》,《布莱克维尔政治社会学指南》,浙江人民出版社 2007 年版,第 363 页。

当然,参与不参与社区公共事务是现代社会公民的个人自由权利,公民就参与社区公共事务是否具有内在价值以及内在价值的大小等都持有不同的看法。多元社会的现实也使人们认为,私人领域的活动比公共领域活动对自己更有意义。再加上有的个体天生就对公共事务不感兴趣,所以现代人更多地从闲暇的私人生活中享受到幸福和快乐,人们更加关注丰富多彩的私人生活,而不去参与公共事务,出现了“过度私人化”(over privatization)的倾向。在这样的社会中,公民责任感下降、公共精神缺失、参与冷漠、搭便车等现象日益普遍。这种现象“既产生不出参与的愉悦,也产生不出公民社团的伙伴关系,既产生不出自治和自己管理自己的持续的政治积极性,也产生不出分享公共善的相互关系的扩大,即相互的商讨、决定和工作”①。而要化解此种困境,培育积极公民资格公民,倡导积极主动的参与是重要措施。因此,积极公民资格的公民就在私人领域与公共领域建立了深刻的联系,即在公民资格和公民参与社区公共事务的可能性之间建立了联系。公民个体或公民组织是参与社区公共事务的行动主体,公民参与社区事务既不是受传统血缘关系制约,也不受合同的制约,而是因为邻居关系和社区网络的共同关注等才共同参与集体行动,在解决不同需求和化解多方冲突过程中达成目标和利益。此时,公民资格赋予了社区公民参与社区公共领域的意义与动力,而公民也通过直接的参与行动来验证公民资格的内涵及权利的实现。

(二)关注公民美德的培育

公民美德或公共精神对于现代民主制度的正常运转非常重要。从古代城邦共和国注重公民美德的传统到现代民主国家对公民品质的信赖,都可以发现公民品德对现代民主政治发展的重要性。如麦迪逊和汉密尔顿都从不同角度论证了公民品质对现代民主共和政府正常运转的重要作用,“共和政体要比任何其他政体更加以这些品质的存在为先决条件”。② 按照威廉姆·甘斯通(William Galston)的解释,要维系民主制的持续繁荣,负责的公民资格要求四种类型的公民品德:“第一,一般品德:勇气、守法、诚信;第二,社会品德:独立、思想开通;第三,经济品德:工作伦理、要有能力约束自我满足、要有能力适应经济

① Richard C. Sinopoli. *The foundations of American Citizenship: Liberalism, the Constitution, and Civic Virtue*. New York: Oxford University Press, 1992, P160.

② [美]汉密尔顿等:《联邦党人文集》,程逢如等译,商务印书馆1980年版,第286页。

和技术变迁;第四,政治品德:要有能力弄清和尊重他人的权利、要有提出适度要求的意愿、要有能力评价官员的表现、要有从事公共讨论的意愿。”[①]美国学者斯蒂芬·马塞多认为公民品质包括“宽容、自我批评、节制(moderation)、对公民身份活动的适度参与”等。而公民本身对品德的获得是基于一种共同的善、正义感和社会团结的基础上而非基于自我的生活私利之上所进行的选择。正如卢梭所言:“没有自由,国家便不可能存在;没有美德,自由便不可能存在;没有美德,公民便不可能存在。”[②]党的十七大报告突出强调只有加强“公民意识教育,树立社会主义民主法治、自由平等、公平正义理念”,才能“从各个层次、各个领域扩大公民有序政治参与”,才能“依法实行民主选举、民主决策、民主管理、民主监督”,才能“保障人民的知情权、参与权、表达权、监督权”。“民主精神的培育、民主素质的锻炼、民主实践的操作,都是在基层产生、在基层发展、在基层得到检验的。”[③]

1. 公民品德是现代民主制健康和稳定的基础

现代民主制的健康和稳定不仅依赖于基本的制度和正义,而且依赖于民主制下的公民的素质和态度。如果没有这些素质公民的支撑,民主制将步履维艰甚至趋于动摇。如何保证公民在公共场合的参与行为是公共的而不是自利的,对公民美德提出了更高的要求。正如沃尔泽所言:“公民美德的关键标志是对公共问题感兴趣,并投身于公共事业之中。”[④]对于公民资格的实践来说,仅仅通过正义程序的制度安排赋予个体权利,只是一种外部的保证,即一种外部的契约。公民态度和公共精神则是一种内部的契约,这种内部的契约以精神力量和道德力量对公民行为构成一种内在的约束,“只有当外部契约真正转化为一种内部契约的时候,真正的公民资格实践才会成为可能”[⑤]。现代社会公共精神的缺失,必然对正义社会制度构成威胁。在贡斯当看来,重要的是要把私人生活的自由与政治参与的自由结合起来。无论是自由主义旨在维持公民社会

---

① William Galston, Liberal Purposes: *Goods, Virtues, and Duties in the Liberal State*. Cambridge University Press, 1991, P221.

② [英]德里克·希特:《何谓公民身份》,郭忠华译,吉林出版集团2007年版,第51页。

③ 习近平:《基层民主越健全,社会越和谐》,《人民日报》,2006年9月25日。

④ Walzer, Michael, “Civility and Civic Virtue in Contemporary America”, in Bryan S. Turner and Peter Hamilton(eds), Citizenship: Critical Concepts, Volume Ⅱ, London: Roultedge, 1994, p182.

⑤ Adrian oldfield. Citizenship and Community: Civic Republicanism and the Modern World. in Gershon Shafir(et.) The Citizenship Debates, A Reader. University of Minnesota Press, 1998, P87 -88.

正常运转的底线意义上的“社会品德”(公民礼仪)还是共和主义“积极的公民资格”(积极参与的“政治美德”),对于民主合法性和社会正义而言,都是不可或缺的。公民要想兑现对于正义的自然义务——创造和维系正义制度,这两种品德就都是必需的。①“因为需要用它来保证所有公民都有参与公民社会的同等机会。而它必须延伸进公民的心灵深处。”②

当然,这也并不必然要求每个公民都在很高的层面上表现出所有这些品德。现在面临的问题是如何培养公民品德,公民资格理论在探讨了公民参与活动本身、市场、公民社会、学校等多种手段后认为“似乎没有任何一个制度可以单独地充当‘公民品德的苗床’,而公民们必须通过一系列交叉的制度去学习一系列交叉的品德”③。公民资格内含的公民精神强调作为积极参与的好公民必须具有的公民态度、公民品德及公民政治知识等。

2. 社区公民品德的培育

公民品德就是要培养能积极参与的良性公民所应具有的公民精神。内化为个体伦理与集体伦理的公民品德成为法律制度之外指导公民参与行为的内部契约和主要原则,有公民精神的公民能够更好地在社会、经济与政治生活当中做一个积极公民。从总体上讲,在全社会进行社会主义核心价值体系的教育,在全体公民中间进行马克思主义指导思想、中国特色社会主义共同理想、以爱国主义为核心的民族精神和以改革创新为核心的时代精神及以“八荣八耻”为主要内容的社会主义荣辱观的教育,以此包容不同群体的价值取向,协调不同社会群体利益关系,提升公民品德。

具体到社区公民所应具备的公民精神或公民美德而言,一是从公民个体方面看,公民个体对公民资格内涵有较正确的体认,对社区共同体普遍要求的社区内的公共伦理道德标准一致认同,并在参与行动中逐渐内化为个体遵守的伦理,对个体权利行使与社区共同体的关系有清醒的认识。二是从国家政府及社区学校等应当加大公民精神或公民品德的培育力度,利用各种形式通过持久的教化、规训,开展“积极公民资格”教育,在全社会形成一致认同的公共道德标准。对政府及其公务人员加强培训,使其恪守公共责任,富有公共情怀并具备忠诚、奉献、公正、负责的行政品质;对普通公民进行依法有序理性参与的观念

① [加]威尔·金里卡:《当代政治哲学》,刘莘译,上海三联书店2004年版,第547页。
② [加]威尔·金里卡:《当代政治哲学》,刘莘译,上海三联书店2004年版,第544页。
③ [加]威尔·金里卡:《当代政治哲学》,刘莘译,上海三联书店2004年版,第562页。

教育,使公民具备现代文明品质。同时培养公民参与知识与技能,对参与流程等有了解,学会如何沟通、表达、谈判等技巧。三是打破中国传统"臣民""顺民""权威崇拜""与世无争""宗族乡土"等"附庸意识",培育独立公民资格意识。我国政治文化传统中远没有生成自由、权利、民主、契约等现代公民精神。此外,改变现代社会普遍的利益取向至上的观念和"搭便车"的心态也是一个渐进的过程。四是扩大公民有序参与,在公民参与公共事务过程中感受到自己与社区的休戚相关,从而产生感性的公共责任意识,不断强化公民角色、公民权利、公民义务等公共精神。五是公民品德培养还要强调社区公民个体之间的合作协商、互利互惠,在公民内心形成这样的共识:"公民身份并不仅仅是一种标签。那些没有理解他与他的同胞之间相互联系或没有理解福利责任的人,不是一个真正的公民,而无论他的法律上的地位是什么。"①所以,正确处理好公民个体之间的协作与竞争、妥协与互利"有利于形成公民对公共权力的整体合力,扩大公民在政府活动中的影响力,增强公民参与政治和行政的兴趣"②。"公民品德与公民身份对于民主政治是重要而独立的要素"③,正如亚里士多德所言"当许多人(参与议事过程的人)聚集在一起时,每个人都可以贡献他那份善良和道德上的审慎。"④而公民本身对品德的获得是基于一种共同的善、正义感和社会团结的基础上而非基于自我的生活私利之上所进行的选择,正如美国著名思想家杜威认为,民主的基础是对人性之能量的依赖、对人之理智和合作性的信赖。现代公民的意志品格、政治共同体成员之间的相互尊重、相互理解等公民品德是现代民主政治所必需的。我国公民参与社区治理的民主训练也培养了公民最基本的规则意识、主体意识、参与意识,提升了公民的民主精神和公民品德,增强了公民民主管理的能力,为社会主义民主的良性发展提供了重要的精神支撑。

---

① Derek Heater. *Citizenship: the Civic Ideal in World History*. Manchester University Press, 2004, P187.

② 黄健荣等:《公共管理新论》,社会科学文献出版社 2005 年版,第 305 页。

③ [加]威尔·金里卡:《当代政治哲学》,刘莘译,上海三联书店 2004 年版,第 515 页。

④ [英]德里克·希特:《何谓公民身份》,郭忠华译,吉林出版集团 2007 年版,第 631 页。

第六章　结语

党的十八届三中全会决定把创新社会治理体制作为推进国家治理体系和治理能力现代化的重要内容，提出了“加快形成科学有效的社会治理体制，确保社会既充满活力又和谐有序”的目标要求。2014 年 3 月 5 日，习近平参加十二届全国人大二次会议上海代表团的审议时指出：社会治理的重心必须落到城乡社区，社区服务和管理能力强了，社会治理的基础就实了。因此，实现我国国家治理现代化，城市社区治理是关键。城市社区作为现代城市的实体组成部分，在创新社会治理和推动城市社会有序和谐发展的过程中发挥着重要作用。新型的城市社区治理结构为扩大公民有序参与，实现和维护群众权利，发挥社区多元治理主体作用，完善社会福利，保障改善民生，化解社会矛盾，促进社会公平，解决城市治理中的社会问题提供了制度平台。公民参与城市社区治理是实现公民权利的过程，也是社会主义民主发展的基础性工程，公民参与社区治理的实践是现代民主在社区微观层面的实现，为国家民主的发展提供了直接经验。

一、公民参与社区治理是实现公民权利的过程

（一）认知公民权利的学习过程

公民参与社区治理的实践是现代民主公民不断学习成长的过程。社区公民通过具体的投票选举或参与其他社区事务，尤其是组织化的参与，哪怕是形式上的“到场与在场”，都是现代公民不断学习成长的过程。公民参与过程就是通过参与行为实现社区价值，并不断学习和分享的过程。在参与过程中，公民对合作伙伴的信任建立起来，公民的政治知识得到了验证，公民参与的效能感得到了体认，参与行为又会产生新的经验知识和参与技能，同时也会对行政职能部门等提出新的要求，迫使其做出回应并推动其加快改革的步伐。虽然社区治理中的公民参与大多在社区内发生，但也为公民参与扩展到更大的领域奠定了良好基础。国际上兴起的参与式发展及各种参与式方法，都把参与看作是表明原则和价值的一种发展方式，也是不断学习的过程。[①] 我国城市公民参与社区治理是一个不断发展的学习过程，公民们在参与中不断认知和强化的权利意识，不断累积的政治知识和政治信息，不断增强的参与效能感，在实现利益时的团结意识以及现代民主品格的公民的不断成长等，都证实了公民参与社区治理的学习价值。

（二）实现公民权利的实践过程

公民参与是实现公民权利的基本途径。公民权利虽然有了法律的规定与保障，但并不会自动实现。城市社区是我国公民参与的直接场域，公民权利的实现，首先必须以公民参与社区事务的行动为第一步。社区公民从最初的为实现个人利益而参与，到逐渐开始关注社区公共利益而参与，这样渐进的公民参与的发展变化过程，使得公民权利不再是单纯文本上的规定，而是在公民参与

① 英国萨赛克斯发展研究所（IDS）是国际上倡导参与式方法的机构之一。参与式发展强调发展主体是积极、主动的人，参与式发展注重与政府部门、群众、资助机构、社会的各界各阶层建立伙伴关系；参与式发展不仅看重结果，更重视项目过程，并认为只有人的发展在项目实施过程中得到强化，这种发展才是可持续、有效益的发展；参与式方法是指发展主体积极地参与项目的选择、规划、实施、监测、评价、管理以及利益分享的一种方式方法，项目的制定者、计划者和执行者之间形成一种平等参与的合作伙伴关系，各方的意愿和知识技能都能得到充分尊重，这种方法对弱势群体参与是有益的。

过程中成了触手可及的现实。公民权利的实现从最初的利益驱动阶段逐渐向权利自觉阶段发展,公民精神在参与社区治理的实践中不断成长,现代理性自足的公民不断成长。安东尼·吉登斯曾经强调:“无责任即无权利。”[①]这也指出了在城市社区公共事务治理中,不仅需要政府的制度创新与供给,更需要每一位公民积极履行自己的公民责任,做一个积极参与的好公民。具有积极公民资格的现代公民能够认识到自己的责任,并积极参与社区治理,而不是消极被动地等待政府提供完美的社区服务。现实社区治理中存在的大量“搭便车者”和“看门人”,就说明了我国公民对公民权利的认知与实践还不充分,这更说明了在现阶段提高公民自觉维护参与权利以及扩大公民参与的必要性和重要性。

当然,在此过程中学习成长的不仅仅是公民个体,公民参与社区治理的实践也给地方政府和社区自组织以学习的机会。在公民参与的推动下,地方政府为获得基层社会和谐稳定而主动让权,有时这种让权可能是迫于公民参与的压力,但都会有变化发生:政府职权界定会更加合理,行政管理方式会更加科学,行政思维会更加民主,政府与公民的关系会更加和谐等。服务政府、责任政府、回应政府和学习政府的逐步建立,都为公民参与创设了更加宽松的环境。社区自组织的管理更加科学,结构更加合理,功能更加完善,体系也更加健全。因此,公民参与社区治理的实践是公民个体、社区自组织和地方政府等多方共同学习、共同成长、共同进步的过程,这一过程必将为中国政治发展提供良好的基础条件。

二、公民参与社区治理是社会主义民主的基础

现代民主是人类社会追求的共同目标。对于转型期的中国而言,“人民民主是社会主义的生命”,社会主义愈发展,民主也就愈发展。民主作为一种国家制度和一项政治权利要落到实处,必须从城乡基层开始,在具体可操作的农村村民自治和城市社区治理的制度安排中逐步实现。农村的村民自治制度已经相对成熟,在农村村民自治有了较大的突破后,城市基层民主的推进对国家民主的发展就至关重要。城市社区治理的制度创新和城市社区公民参与的实

① [英]安东尼·吉登斯:《第三条道路:社会民主主义的复兴》,郑戈等译,北京大学出版社 2000 年版,第 87 页。

践在建设和谐社区的同时，推动着城市基层民主和国家民主的发展。

（一）推动了城市基层民主的发展

公民参与是现代民主政治发展的必然趋势和主要内容。“社会主义愈发展，民主也就愈发展”，这种发展的动力，一方面来自政府的主动制度创新和改革，另一方面就来自于公民参与的有序扩大对社会主义民主政治的合法性的支持。民主作为一种制度安排，有参与性的特征。参与性意味着公民可以在城市社区治理事务中进行民主选举、民主决策、民主管理和民主监督，这是公民意愿得以表达的重要途径，也是政府获取合法性的重要来源。

社区是城市社会的基层，公民在不发生太大变动的社区空间里进行的参与实践成功地践行着现代民主最基本的价值：自由、平等、正义、公平、权利、利益等。社区为城市基层民主发展提供了生长的基础和空间，城市社区是中国走向现代民主的试验场所，小规模的社区是现代民主发展的经典途径。社区居民与居民之间、居民与社区自组织之间在社区内的参与合作中结成的邻里关系和社区网络发展了城市公民社会；公民参与的实践为政治民主发展锻炼了理性自足的合格公民，他们在多元协作过程中逐渐积淀协商、互助、妥协、宽容的现代民主品格，也在多方利益博弈过程中掌握了现代民主规范和参与技巧；普通社区公民在社区治理中实践民主、理解民主并更进一步地相信民主、追求民主，抽象的民主在日常实践中变得真实，民主不仅是可欲的也是可求的。

民主作为一种制度安排还有回应性的基本属性，而回应性则是政府主管部门基于公民权利的兴起，对公民有序参与行为的快速反应及高效率地解决问题、实现公民利益诉求的能力。而现实依然存在的公民参与城市社区治理的困境，也表明了我国现阶段社区治理及城市基层民主发展中的政府回应性还较低的现实。这就要求政府必须从制度、法律、组织、文化等各层面承担更多的责任，做出更积极的回应和更进一步的创新，为社区组织和公民个体更好地参与社区治理，为城市基层民主的发展提供更好的环境。

虽然，公民参与社区治理还有很多困难和问题，但社区治理是我国社区建设坚持的基本方向，也是走向社区自治的重要步骤。在社区治理过程中，“保障人民的知情权、参与权、表达权、监督权”，扩大公民有序参与，发展社区自组织，培养公民参与的各项能力，可以为公民参与到更高层次和更大范围的国家政治生活提供直接的经验积累。

（二）强化了社会主义民主的基础

进入新世纪以来，我国的社会转型与变迁进入了新的发展阶段，城市社会体制发生了结构性巨变。传统的政府行政管理日益转变，政府工作和职能不断下沉，企业改制、产业结构升级，社会组织的调整和改编等都造成了原来的单位解体和组织重组。大批的个人从单位游离出来，变成了“社会人”，沉积在社会的基层。而城市化进程的加速使民众的公共服务和社会福利需要不断提高，对社会经济、政治、文化、居住环境等方面的要求都在不断增长。如何促进社会公共利益的最大化，实现公众对社会公共物品的基本需求，如何使转型期的城市社会更有序、更稳定、更安全、更和谐是城市政府必须回答的课题。城市社会治理体制的创新，使得城市管理方式走向社会化、基层化、生活化和日常化。多元社区治理主体间的多向互动、多维合作是城市社会管理体制改革的必然趋势，政府及其部门与社区自组织、公民个人之间的互动合作是社区治理成功的关键。社区自组织、公民个人的广泛参与形成互动、互制格局，形成社区治理的有机网格，协调了多元利益关系，优化了社区资源配置，增进了社区认同。在国家和政府主导下的街道办事处、社区党组织、社区居委会、社区工作者、其他社区组织及社区居民之间的相互沟通、协商、合作、监督和互助，使社区的各种不同资源形成合力，更好地共同治理社区事务。

城市社区治理是中国共产党主动地扩大公民有序参与，发展基层民主政治的制度创新和制度供给。公民参与基层社区事务有了制度的保障，政府也从公民参与基层社区治理中汲取了政治合法性的支持。社区治理的意义不仅在于城市基层社会管理体制的改革，也关系到城市基层民主政治的发展，它还是党和政府权威性及合法性获取支持的重要来源。在我国这样一个缺乏民主传统的大国，建设现代民主是一个漫长的过程，而城市社区治理的制度创新，为扩大公民参与和推进城市基层民主提供了很好的制度平台。在城市社区治理的不同时期，这种制度保障与供给也会随着公民参与实践的扩大而自主地进行调整。如最初的“政府搭台、公众唱戏”，政府扮演更积极的角色，主导性较强。随着公民权利自觉与参与能力的提高，公民参与对既有制度渠道有了创新与突破的需求，如前面所讲的社区各种论坛等新兴自组织的兴起，就是公民自主参与对现有制度供给需求不断扩大的表现；政府也在公民参与过程中不断改革创新原有的制度供给，并对公民参与给予积极的回应，鼓励社区公民在法律允许范围内的自主创新与探索，如对社区出现的新兴社区自组织的认可与支持等。这表明公民参与在现实中国政治发展中不断扩大的现实，也反映了执政党对公民参与的制度安排是自上而下渐进发展的过程。

三、公民参与社区治理的“适度”选择

处在转型期的中国城市社区治理是多元主体共同参与的过程，在此过程中，如何有效发挥公民参与社区治理的积极作用，促进城市社区和谐发展，为城市基层民主发展提供经验，是目前理论研究和政府实践都在探索的课题。那么，要获取正确的理论指导和现实经验，就必须立足中国的实际，充分考虑我国不同城市、不同社区的实际情况。过于理想化的全民参与模式显然不符合中国现阶段的实际。无论是学者研究还是实际社区治理中都不能过于关注公民的参与率，更不能用国家动员、全民参与的标准来衡量我国现阶段城市社区治理中的公民参与现状。

（一）政府的动员适度

政府主导城市社区治理仍是现阶段的主要特征，我们既要肯定政府主导社区治理的合理性和政府动员的必要性，又要避免政府因各种需求而过度动员公民参与问题的出现。在社区治理的初始阶段，必要的动员和宣传是推动公民参与社区治理的策略安排，但全民动员式的“大民主”已被历史证明对民主政治发展是不利的。国家动员下的全民参与不仅不能提高公民参与社区治理的质量，有时还会损伤公民参与的积极性，这在中国政治发展的历史上是有过深刻教训的。在现实的社区治理中，被动员的社区公民参与居委会的选举的现象还存在，80% -90%的高参与率也经常出现在政府职能部门的相关文件中。不过分追求参与率，应是倡导公民参与的科学态度。政府强势动员下的社区高参与率和参选率反而说明了公民的被动，理性的公民应该可以自主支配自己的参与权，而不是简单被动地成为政府动员的道具。因此，不能用单纯的高参与率和高选举率来掩盖公民不同利益表达和价值分享的过程，更要避免政府过度动员而产生的公民消极参与或参与冷漠现象，或者由此带来的公民对城市基层政权和基层党委执政党合法性不认同等消极后果。对于掌握城市社区治理及基层民主发展方向的地方政府而言，更重要的是在完成某项既定的政治目标时，尽

量避免过度动员，而应在制度供给和创新上提供更多的支持。

（二）公民参与的规模适中

政治学者早有论证，对于一个国家的政治发展而言，并非是公民参与得越多越好。任何社会的公民也并非都有参与的意愿，而且现代社会及社区公共事务中的某些领域也并非是完全向公民开放的，要求所有公民都参与社区治理是不科学的。因此，不能单纯从公民参与人数的多少、参与规模的大小及参与率或选举率的高低等角度，审视公民参与城市社区治理的现实。一哄而上的群众运动对基层民主发展不是最好的选择，这已有历史的教训。政府动员下的高参与率背后，并不完全是公民自主意愿的真实表达，极有可能造成更多公民对社区治理的消极应付或漠不关心。只有当公民能够真正自主自由地选择自己公共生活的权利时，真正的民主才能实现。城市社区治理中的公民参与人数、参与规模到底应该怎样界定，各地应根据实际情况自主调整，不能用单一的指标来裁剪城市社区治理中公民参与的多元景象。因此，适度的公民参与对民主政治发展才是最合适的。

（三）公民参与的形式多样

对于公民个体或组织而言，参与的利益需求、价值关注不可能完全一致，公民参与的形式不可能是单一的。不同利益诉求和多元主体间的自我协调及各种社区自组织的存在是公民参与形式多样的真实体现。只有多样的公民参与形式才能承载公民不同的利益诉求，良性的公民参与和基层民主才能正常运行。政府限制及压制多样化的参与形式，只允许单一的动员式参与或执行式参与的存在，把公民简单地动员起来，一哄而上地走过场，不是公民参与的常态。允许并鼓励多种形式的公民组织及社区自组织的存在与发展，公民的多元利益需求和真实意愿可以通过不同的组织形式得以实现，自主的公民参与才会出现，真正的民主政治才会在基层发展。

（四）公民参与的渐进发展

公民参与社区治理的整体进程应该是有阶段的渐进的发展过程，在城市社区治理的不同阶段，公民参与呈现出不同的发展态势。我们应把公民参与社区治理看成是伴随着社区治理及社会其他方面改革而不断推进的过程。在这个渐进的发展过程中，我们既要正确评价社区治理中不断扩大的公民参与对城市基层民主及社会主义民主发展的基础推动作用，也要正视公民参与总体不足在短期内难以克服的客观现实；既不否认这一过程的渐进性，也不因这一过程可能的艰难或漫长而放弃努力。我们的正确态度应该是积极努力地推进公民参与的渐进发展，谨慎乐观地期待公民参与对中国政治发展的积极作用。

实例、附表

附录1 公民参与社区治理的实例

案例1 浙江宁波海曙区“社区参与行动”

2005年3月29日,宁波市海曙区政府与民间组织“社区参与行动”(Shining Stone Community Action)合作开展的“选聘分离制度下的街道与社区参与式合作治理”(简称“参与式合作治理”)项目正式启动,这是中国第一个在街道层面上由政府和民间组织合作开展的社区参与式治理项目。“参与式合作治理”项目强调了在街道层面上转变观念,在社区层面上实践参与式治理的工作方法,以社区居民的需求为核心,改变政府向社区投入资源的决策方式,也就是从原有的街道行政指派工作逐步向自下而上的,以居民需求为中心的资源分配和决策体制转变。宁波市望春街道是第一个实施项目的试点,其中徐家漕社区、泰安社区被选为“参与式合作治理”项目的试点社区。其后,段塘街道也被选为试点。该项目是将单一化的政府治理转变为多元化治理(包括政府、社区组织、其他非营利组织、辖区单位、社区居民),倡导社区利益相关群体共同参与社区的公共事务。这家外来的民间力量向海曙区引入了社区参与的理念和工作方法,还帮助社区尝试建立了每月一次的参与机制培训。项目具体的操作环节有四个:首先是培训,“社区参与行动”与街道合作,在街道干部和社区工作者中进行新理念、参与性方法和工具的培训。其次是项目参与,社区居民是社区治理的最终主体,社区居委会作为项目组织者,实际上也只在社区治理中扮演协调者的角色。项目尽力地促进受益群体的自我组织及利益表达和参与治理。再次是街道与社区关系的转变,街道领导为深入社区了解项目的实施和进展情况,决定每月例会轮流到各个社区召开,会议召开地的社区负责主持会议,社区向街道反映实际需求,街道领导要及时回应,不能及时回应的应限定时间给予答复。最后是由街道、社区和“社区参与行动”共同参与的项目评估。根据社区居民的诉求，具体尝试运用项目发展的方式，开发了方便居民生活的成功项目，如面向社区老年人和残疾人的便民理发，针对外来移民老年人和家庭晚辈语言沟通障碍的普通话培训班，面向老年人的就餐服务、健康在线、读早报及爱心超市等。

具体案例 1 参与式方法解决“老饭桌”问题

针对老年人的吃饭问题，海曙区实施了“老人用餐俱乐部”，为社区的独身老年人等提供就餐服务，能行动的老年人则可以到指定的“老饭桌”集体用餐。但社区内的老年人对此却不尽满意，社区工作者也感到老年人难伺候。针对怎样把“老饭桌”办好，社区工作人员听取了“社区参与行动”的建议，先后召开三次会议，用参与式办法吸取老年人的意见。前两次老年人参与积极性很高，讨论通过了一些决议事项，如社工能否在老饭桌吃饭的问题，能否为老年人提供晚餐的问题等。第三次会议则是选举自管委员会委员，选举出来的自管小组有老年人代表 2 人，包括 1 个就餐的和 1 个不就餐的，居委会社工代表 1 人，餐厅服务员 2 人和居委会委员代表 1 人，选出社区工作者代表（老龄工作者）为自管小组组长。之后，参会的老人集体讨论通过了自管小组的职责定位：听取意见，接受新参加人员的申请，讨论特殊情况，账目审核公示，每月月初第一周召开例会，并公布例会结果，食堂清洁卫生监督等。

具体案例 2 业主顾问小组：构建利益协调机制

金华苑曾是宁波市业主和物业矛盾严重的小区之一，第二届业主委员会选举后，成员全部由产权人（业主，在职人员）担当，老人（业主父母，非产权人）按规定退了下来，继续以顾问小组的形式对业主委员会行使建议权。这些顾问成天在小区里面找问题、听意见并积极采取行动。经过和物业沟通，顾问小组蹲点查了三个月账，将 7 年的物业账目理清，为业主找回 14 万元退款。同时在顾问小组动员下，业主对物业费的缴费率从原先的 20% 上升到 75%。有趣的是，不久前顾问小组商议更名为“安居参与小组”，凸显了作为社区利益沟通协商主体，而非单方维权主体的角色定位。在顾问小组的推动下，2006 年 5 月居委会还举办了一次听证会，就小区增设停车场的地点问题邀请物业、业主等利益相关各方进行磋商。

更详尽资料见《社区内开放式会议——“老饭桌”协调会》，http://www.chinadevelopmentbrief.org.cn/qikanarticleview.php? id =504/2010/4/10

资料来源：贾西津：《中国公民参与：案例与模式》，社会科学文献出版社

2008 年版，第 89 页。http://www.communityaction.org.cn/type.php?id=48&news=88/2010/4/15 http://www.nbhsmzj.com/homepage/zhxx_view.php?id=1241768785&category=23/2010/4/10

案例 2 济南名士豪庭业主怒讨孩子上学权

冲着开发商宣传的优质教育资源买了房子，现在却得知自己的孩子可能无法到小区新建的学校上学。名士豪庭的业主在向党报热线反映他们的苦恼时，矛头直指开发商山东南丰房地产发展有限公司（以下简称"南丰地产"），称南丰地产在销售过程中以虚假宣传误导购房户，涉嫌欺诈。

2010 年 6 月 25 日，在多次与开发商协商无果后，200 多名业主一起来到售楼处讨要说法。由于人数众多，一度造成了经十路辅道的交通拥堵，公安部门派出多名民警进行疏导、劝解，维持现场秩序。采访中，多位业主向党报热线反映，他们之所以采取如此举动，原因在于多次和开发商南丰地产就小区学校等相关问题进行协商却没有结果，眼看新的学期即将到来，孩子上学成为问题，"不得已而为之"，目的是引起开发商和相关政府部门的重视，尽快解决有关问题，迫使开发商兑现承诺。业主王说："我们也不愿意这样，但事关孩子上学，我们只想让开发商兑现承诺。"7 月 6 日上午，名士豪庭百余名业主针对开发商虚假宣传举行维权活动。在上午长达 4 个多小时维权活动中，由于开发商未出面，仍然未取得实质性进展。据悉，此前名士豪庭小区业主已经针对此事件进行过五次维权活动，但开发商一直采取推诿或避而不见的态度，均未取得实质性进展。

另据了解，在之前几次维权过程中，名士豪庭开发商的工作人员曾向业主们发放了《济南市历下区教育局关于名士豪庭配套学校有关问题的说明》，上面盖有历下区教育局的公章。但随后，教育局相关人士又出面否认了此说法。一位业主表示，"如果开发商的承诺最终无法兑现，肯定会起诉到法院"。开发商拒绝书面承诺，而历下区教育局的回应与开发商不一致，教育部门前后给出的答复也不一致。

承诺难兑现 业主怒堵售楼处

资料来源:根据《济南日报》、舜网、搜狐网有关资料整理。

案例 3 济南市历下区甸柳一居社区居委会直接选举

甸柳新村街道办事处第一社区(简称“甸柳一居”)在历下区城区东部,是一个开放式居民社区,东到二环东路西侧,西至燕子山路,北临解放路,南靠和平路,面积约一平方公里左右。驻社区单位有 15 个,其中机关事业单位 10 个,工商企业 5 个。社区 41 栋居民楼中有 35 栋为单位宿舍楼。社区内有居民 2096 户,6298 人。其中,有户籍常住人口 5348 人,无户籍常住人口 950 人。残疾人 50 人,烈军属 27 户,享受城市最低生活保障家庭 44 户。居委会下设 112 个居民小组,12 支群众性文体活动队伍。2003 年 9 月 14 日,甸柳一居居委会实行直接选举,按照民主、公开、差额、无记名投票的原则,“一人一票”直接选举社区居委会主任、副主任和委员。其主要程序包括:建立区、街选举工作领导机构;推选社区选举委员会;推选社区成员代表会议代表;选民登记;推选社区居委会成员候选人;召开正式选举大会投票选举;推选居民小组长,建立下属组织等。甸柳一居成为山东省第一个由居民直接选举产生的居委会。

从 2003 年 8 月 18 日至 9 月 20 日,选举历时一个月,经历了准备工作、宣传动员、选民登记、提名推荐初步候选人、确定正式候选人、投票选举、总结完善等阶段。选民登记是选举过程中工作量最大的环节,甸柳一居招聘了 16 名社区志愿工作者,进行入户登记,具体选民情况见下表。

8 月 31 日选委会发布第二号公告，公布登记选民人数 3462 人和户代表名单（1410 人）。9 月 14 日选举会场内设投票箱 4 个，秘密写票处 1 个。场外设两个投票站，各设一个投票箱。按投票选举大会规定程序，大会选举投票采用户代表“一户一票”投票方式进行投票选举。选委会共发出选票 1410 张，收回选票 1386 张，弃权选票 24 张。收回选票中，有效选票 1376 张，无效选票 10 张。原居委会陈叶翠以 1151 票当选为主任，王庆玲以 1110 票当选为副主任，王艳丽、刘绍霞、姜兰清分别以 1273 票、1256 票和 978 票当选为委员。另外两名正式候选人以得票多少顺序排列落选（均为自荐）。检查验收、总结经验等后续工作到 9 月 20 日全部结束。具体的选举程序是先成立社区居委会换届选举（直选）委员会。由居民小组代表 41 人、社区成员单位代表 5 人参加的社区成员代表会议。会议推选出居民代表 4 人，成员单位代表 2 人，原居委会成员 1 人等 7 人组成第一社区居委会换届选举（直选）委员会。因主动登记的选民不多，选委会工作人员采取直接登记的办法，由选委会组织社区志愿者到居民家中挨门逐户进行登记。公布登记选民人数 3462 人和户代表名单（1410 人）。大会选举投票采用户代表“一户一票”投票方式进行投票选举。

选民户登记情况

形式	户数	总户数%
依法登记	1366	66%
未登记	708 户	29%
弃权	86 户	4%
经营业户代表	22 户	1%

选民构成情况

类别划分	具体分类	人数
年龄	18－60 岁	1053 人
	60 岁以上	357 人
文化程度	初中以下	358 人
	高中（中专）	686 人
	大专以上	366 人
职业	机关事业单位	578 人
	工商企业	3 人
	个体经营业户	260 人
	离退休人员	300 人
	无职业居民	269 人

具体的访谈材料：

甸柳社区居委会选举委员会委员有 6 人，包括原居委会主任和社区驻地单位的代表及社区精英（都是些“热心肠，有群众威望”的本社区居民）。当了 12 年居委会主任和 3 年书记及 3 次历下区人大代表的张洪英，已经 63 岁的她从居委会卸任,在选举过程中担当了甸柳一居换届选举委员会的“主持人”。

已下岗两年的35岁的姜兰清是甸柳一居候选人之一,积极担当了“入户”志愿者,三天时间走访了300多户人家。“压力?还行吧。我们‘入户’确实能让居民对我们多些了解,我们要努力当选!”

刘玉美46岁,她不久前还是甸柳一居的委员,现成为一名“入户”志愿者。刘玉美则“非常希望自己能小一岁”,因为这次竞选居委会委员的条件之一就是女性不大于45岁。在甸柳一居住了5年多的黄桂芳是嘉祥人,直选开始不久,有人告诉她,这次选举她家也有投票权,起初她还不相信,自己户口不在这里,怎么能投票选举居委会呢?8月31日,在选民榜上找到了自己名字的黄桂芳,激动万分,她高兴地说:“上了选民榜,我就是这里的人了。这可是五年多来我第一次有投票权啊!”

有一位50多岁的居民在选举现场说道:“将来退休金要从居委会领,可得好好选一选为咱们服务的人。”

与此形成鲜明对比的是,有些选民觉得选谁不选谁和自己没有多大关系,住在该居单位宿舍的居民对此十分漠然。8月31日,该居选民登记基本结束,86户居民填写了“弃权”,占整个社区总户数的4%左右。一位住在甸柳一居某省级单位宿舍的李先生,他说:“我们平时基本不与居委会打交道,有事找单位就行了,因此对谁干居委会也不关心。”还有少数外来户表示:来这个地方是为了挣钱养家,对是否拥有投不投票这项民主权力并不在意。

资料来源:济南市民政信息公众网、《大众日报》、《济南时报》、甸柳一居网站等。

案例4 深圳南山区月亮湾片区人大代表工作站

深圳市南山区月亮湾片区是由月亮湾花园、月亮湾山庄、太子山庄、南山花园、山海翠庐、山水情、观峰阁、丰泽园、青青山庄、太子苑等12个商品房住宅小区组成的大社区,共有5万多居民,业主群体逐渐成为片区的重要主体。2002年底,月亮湾片区5名业主委员会主任或副主任,担当起该片区区市两级人大代表的义务联络员,以“月亮湾片区人大代表工作站”的名义开展工作。2003年,当联络员集体向人大代表反映居民要求整治月亮湾片区脏、乱、差的环境时,张联辉、谭镜佳、胡林茂、姚正武等人大代表获悉后,就此事进行了专门调研，并向区人大常委会和市长李鸿忠提交了关于加大力度整治月亮湾脏、乱、差的建议，得到了市区两级政府的重视与支持，在月亮湾片区打响了全市“梳理行动”、整治乱搭乱建、净化市容环境的第一炮。

2001 年 5 月，月亮湾片区居民获悉在月亮湾附近将迁建一所垃圾焚烧发电厂。居民们群情激愤，有的到政府部门上访，有的拉起条幅抗议，有的在选址地 24 小时静坐。由于缺乏有效的沟通渠道，过激行动一触即发。为平息事态，2002 年 6 月，南山街道办组织召开了一场座谈会，把片区的业委会负责人以及各相关政府部门请到了一起。因热心公益而小有名气的敖建南也在受邀之列。在会上，他建议，能否组织社区代表到别的地方看看，垃圾焚烧发电对环境的影响到底有多大？南山区政府接受了敖建南的建议，并且主动提出，“不但国内可以看，国外也可以去”，费用由政府和企业负担。2002 年 11 月底，由人大代表、政协委员和居民代表组成的考察团赴韩国、日本和澳门考察，敖建南也在其中。考察团成员大开眼界，他们开始认识到，只要技术过关，垃圾焚烧发电不会对环境造成破坏。回国后，敖建南等人将考察见闻做成 12 块展板，在社区里巡回展出，让居民深入了解该项目，居民的对抗情绪得以消减。在居民参与监督的前提下，电厂最终顺利开工。“迁址事件”中敖建南等社区精英代表开始主张以理性和温和的方式与各方进行交涉，最终促成了此事件得以较顺利的解决。工作站主要成员敖建南，也因在社区治理中的积极作为，在 2005 年，获深圳市委、市政府颁发的“深圳市创建文明城市先进个人”奖。

2005 年 4 月 25 日，深圳市第一个社区“人大代表工作站”在月亮湾片区正式挂牌成立。南山街道办事处为其提供了办公场地、设施，工作站的联络员也增至 13 人。工作站采取聘用人大代表联络员的机制，以“月亮湾片区人大代表工作站”的名义开展工作。13 位联络员由居民推举产生，他们担当起由该片区选区产生的区、市两级人大代表的义务联络员，负责联系人大代表和居民，定期到社区与居民交流，搜集民情民意；受人大代表委托对社区内一些公共问题进行研究分析，通过人大代表形成提案，提交政府职能部门解决，并跟踪办理进度；对片区内的环保、治安等公共事务进行监督和协调；针对热点问题、重大问题，协助人大代表以及有关组织、政府有关职能部门、公共舆论部门与居民进行讨论协商，促使问题妥善解决。2007 年 5 月至 6 月，南山区委、区政府委托深圳大学对区内 8 个社区进行居民满意度调查。调查结果表明，居民对社区党组织建设、党员作用发挥及其他和谐社区建设指标的满意度平均达 87.07%。

2005 年 8 月,深圳大学和华中师范大学联合举办了“城市社区公共治理国际学术研讨会”。来自国内高校和韩国、新加坡、澳大利亚、美国等地的学者,把南山区月亮湾人大代表工作站作为社区治理中居民公共参与的重要案例进行了讨论。2006 年 3 月,深圳大学和北京大学联合举办了“构建和谐社会与城市基层民主建设学术研讨会”。来自全国政治学、行政学界的学者专门对南山区月亮湾片区人大代表工作站的制度创新实践进行了深度探索,会议认为,人大代表工作站是推进社区基层民主和公共治理的有益尝试。

深圳南山区的人大代表工作站的联络员敖建南总结此体制的优势:“我们离居民非常近,三天两天开一次联络会议。群众不满意,当天就可以开会。不像信访办,定期坐在那里,也不像人大代表定期接访。联络员非常机动,问题在基层就在基层处理掉。”“联络机制是公民有序参与的平台,既体现了基层民主,也体现了法制的规范。出了问题,市民去找政府,抱着我是纳税人、我的问题你必须解决的态度,立刻就会形成对立。而通过工作站来协调,他们一般都是商量和探讨的态度。去找政府是对位,到我们这里来是补位。我们就是一个缓冲器。”

资料来源:邹树彬主编:《构建和谐社区——深圳市月亮湾片区:“人大代表工作站”个案研究》(重庆出版社 2007 年版)、《深圳特区报》《南方日报》《瞭望东方周刊》及相关网站等。

附录2 公民参与城市社区治理的法规名录

《中华人民共和国宪法》的相关规定

第二条 中华人民共和国的一切权力属于人民。人民依照法律规定，通过各种途径和形式，管理国家事务，管理经济和文化事业，管理社会事务。

第三十五条 中华人民共和国公民有言论、出版、集会、结社、游行、示威的自由。

相关法律法规

《中华人民共和国民法通则》

《中华人民共和国居民委员会组织法》

《中华人民共和国公益事业捐赠法》

《中华人民共和国工会法》

行政法规、规章

《民政部关于在全国推进城市社区建设的意见》

《社会团体登记管理条例》

《民办非企业单位登记管理暂行条例》

《中华人民共和国政府信息公开条例》

《社会团体分支机构、代表机构登记办法》

《取缔非法民间组织暂行办法》

《关于对社会团体收取的会费收入不征收营业税的通知》

附录3　公民参与社区治理事务的相关网站

民间组织网站

SSCA 社区参与行动网:http://www.communityaction.org.cn

中国 NGO 互动网:http://www.ingo.org.cn

中国 CSO 服务网:http://www.npo.org.cn

中国在行动公益网:http://www.zxd.org.cn

城市社区参与治理资源平台:http://www.ccpg.org.cn

NGO 发展交流网:http://ngocn.org

义工在线网:http://yigong.org

学术网站

北京大学中国政府创新研究中心:http://www.chinainnovations.org

中国人民大学非营利组织研究所:http://www.nporuc.org

清华大学 NGO 研究中心:http://www.ngorc.org.cn

浙江大学公民社会研究中心:http://www.icsd.org.cn

中山大学人类学系公民与社会发展研究中心:http://ics.sysu.edu.cn

中国公民社会:http://www.gmsh.org.cn

人大与议会网:http://www.e-cpcs.org

选举与治理网:http://www.chinaelections.org

国际网站

国际公共参与协会:http://www.iap2.org

福特基金会:http://www.fordfound.org

附录4 社区调查问卷

“城市社区治理与公民参与现状与问题”调查问卷

问卷编号：□□□□□

受访者家庭住址：______市______县/市/区______街道______居委会

受访者联系电话：调查时间:2009 年 月 日

调查员电话：调查员签名：

尊敬的社区居民朋友：

为了深入了解您对所在社区事务的参与状况及您对社区治理的建议，为政府引导社区治理，扩大公民有序参与提供有效的理论支持，进行本次“城市社区治理与公民参与现状与问题”的问卷调查。调查采取不记名方式，不会给您带来任何不利影响，请表达您真实的想法与建议。

问卷填写方法：请您在合适的选项前打“√”。

感谢您的支持与合作！

2009 年 7 月

一、您的基本情况

______101 您的性别

1. 男　2. 女

______102 您的年龄

1. 18 –35 岁　2. 35 –55 岁　3. 55 岁以上

______103 您在本社区的居住年限

1. 5 年以下　2. 5 –10 年　3. 10 –20 年　4. 20 年以上

______104 您的职业

1. 商业人员　2. 工人　3. 政府公务员　4. 事业单位人员

6. 学生　7. 私人企业职员　8. 离/退休人员　9. 下岗人员

______105 您的学历

1. 初中及以下　2. 高中(中专)　3. 大专(高职)　4. 大学本科　5. 研究生

(硕士或博士)

______106 您2008年的收入

1.10000元以下 2.10000－20000元 3.20000－30000元

4.30000－50000元 5.50000元以上

二、社区治理体制

______201 您清楚《中华人民共和国城市居民委员会组织法》的内容吗?

1.很清楚 2.比较清楚 3.不太清楚 4.不清楚

______202 您参加过社区居委会(或居民代表)的选举

1.1次 2.2次 3.3次 4.4次及以上 5.没有参加

______203 您参加社区居委会(或居民代表)的选举,原因是

1.与自己的利益密切相关 2.参加选举可以得到小礼品 3.随大流

4.相关组织邀请参加 5.都是熟人,不参加会得罪人 6.其他

______204 您如果没有参加居委会(或居民代表)的选举,原因是

1.候选人已经内定了,选举只是走形式 2.与己无关,不想参加

3.根本不知道选举的事 4.有人不去,我也不去

5.没兴趣、精力和时间 6.其他

______205 2007年以来您所在社区召开过的居民会议次数是

1.1次 2.2次 3.3次 4.4次及以上 5.没有召开

______206 您认为居委会主任应该怎样产生?

1.由社区所有有选举权的居民选举产生 2.由每户代表选举产生

3.由居民代表选举产生 4.以上三种都可以

______207 您知道社区居委会工作职责及范围吗?

1.知道 2.不知道 3.知道一点 4.根本不关心

______208 一旦您家里有了困难会不会到居委会寻求帮助?

1.会 2.不会 3.没有想到要找居委会 4.找了也没有用

______209 您认识社区居委会的组成人员吗?

1.不认识 2.认识居委会主任或副主任 3.从未打过交道

______210 您认为社区居委会主任应具备以下几种能力

1.为民服务的公益心 2.热情 3.不怕吃苦 4.善于沟通

5.年轻(不超过45岁)

______211 您经常去社区居委会办公场所吗?

1. 偶尔去过　2. 从来没有去过　3. 有事要办才去

4. 不知道办公场所在什么地方

______212 您获取社区公共信息的渠道是

1. 看社区公告栏　2. 上社区 BBS　3. 通过邻居告知

4. 门栋长或楼长通知

______213 您认同社区居委会是社区居民的自治组织吗？

1. 不认同　2. 文件上是这样规定的，就是吧　3. 认同

4. "居委会"是一级政府机关

______214 您对现在社区居委会工作满意吗？

1. 很满意　2. 比较满意　3. 一般　4. 不太满意　5. 很不满意

三、参加社区文体活动状况

______301 您所在社区图书室（图书馆）状况是

1. 没有　2. 有，但图书少　3. 不知道有没有

______302 您参加社区组织的文体活动

1. 1 次　2. 2 次　3. 3 次　4. 4 次及以上　5. 没参加过

______303 您知道社区里有什么社会团体吗？

1. 知道　2. 不知道

______304 您参加过社区里哪些社团的活动？（可多选）

1. 棋牌类　2. 歌舞类　3. 球类　4. 旅游类　5. 老年人学校

6. 义务环保类　7. 书友会

______305 您参与社区安全教育或保健卫生等讲座吗？

1. 偶尔会去　2. 没时间，没兴趣不参加　3. 从来没有听说过此类活动

______306 您会主动参与社区的绿化或其他义务劳动吗？

1. 会　2. 不会　3. 别人去就行了，用不着每个人都去

______307 您所在社区的公共健身器材的状况是

1. 非常齐全　2. 有一些　3. 极少量

4. 完全没有　5. 原来有，损坏后没有维修

四、小区内有物业管理公司的居民朋友请填写以下问题

______401 您清楚《中华人民共和国物业管理条例》的内容吗？

1. 很清楚　2. 比较清楚　3. 不太清楚　4. 不清楚

______402 您清楚《业主大会规程》的内容吗？

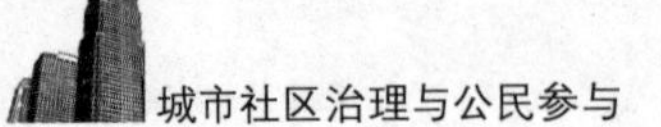

1. 很清楚 2. 比较清楚 3. 不太清楚 4. 不清楚

______403 您如果与物业管理公司发生纠纷,会找哪个组织来解决问题?

1. 业主委员会 2. 居委会 3. 法院 4. 政府 5. 诉诸媒体 6. 其他

______404 您参加过业主委员会的选举吗?

1. 参加过 2. 没有

______405 您认为业主委员能代表业主利益吗?

1. 能 2. 不能 3. 不清楚

______406 您认为业主委员会的工作对维护业主利益有作用吗?

1. 没有作用 2. 有些作用 3. 走形式 4. 被物业公司收买

______407 您认为业主委员会的工作方式

1. 很民主 2. 比较民主 3. 一般 4. 不太民主 5. 不民主

______408 您对物业公司的管理满意吗?

1. 很满意 2. 比较满意 3. 一般 4. 不太满意 5. 很不满意

______409 2007 年以来本社区召开业主大会的次数是

1. 1 次 2. 2 次 3. 3 次 4. 4 次及以上 5. 没有召开

______410 您愿意参加业主委员会组织的活动吗?

1. 非常愿意 2. 比较愿意 3. 一般 4. 不太愿意 5. 不愿意

______411 您对本小区的业主委员会工作满意吗?

1. 很满意 2. 比较满意 3. 一般 4. 不太满意 5. 很不满意

五、政治知识、参与意识等情况调查

______501 您知道 2009 年在济南召开十一届全运会吗?

1. 知道 2. 不知道

______502 您平常看什么报纸获取信息?

1.《齐鲁晚报》 2.《济南时报》 3.《生活日报》 4.《山东商报》

5.《人民日报》 6.《大众日报》

______503 您同意社区每个人都应该参与社区公共事务,为社区发展尽一份力的说法吗?

1. 很不同意 2. 不太同意 3. 无所谓 4. 比较同意 5. 非常同意

______504 我的意见会对社区公共事务会产生一定的影响,每个社区居民都应积极参与一些公共活动,您同意吗?

1. 很不同意 2. 不太同意 3. 无所谓 4. 比较同意 5. 非常同意

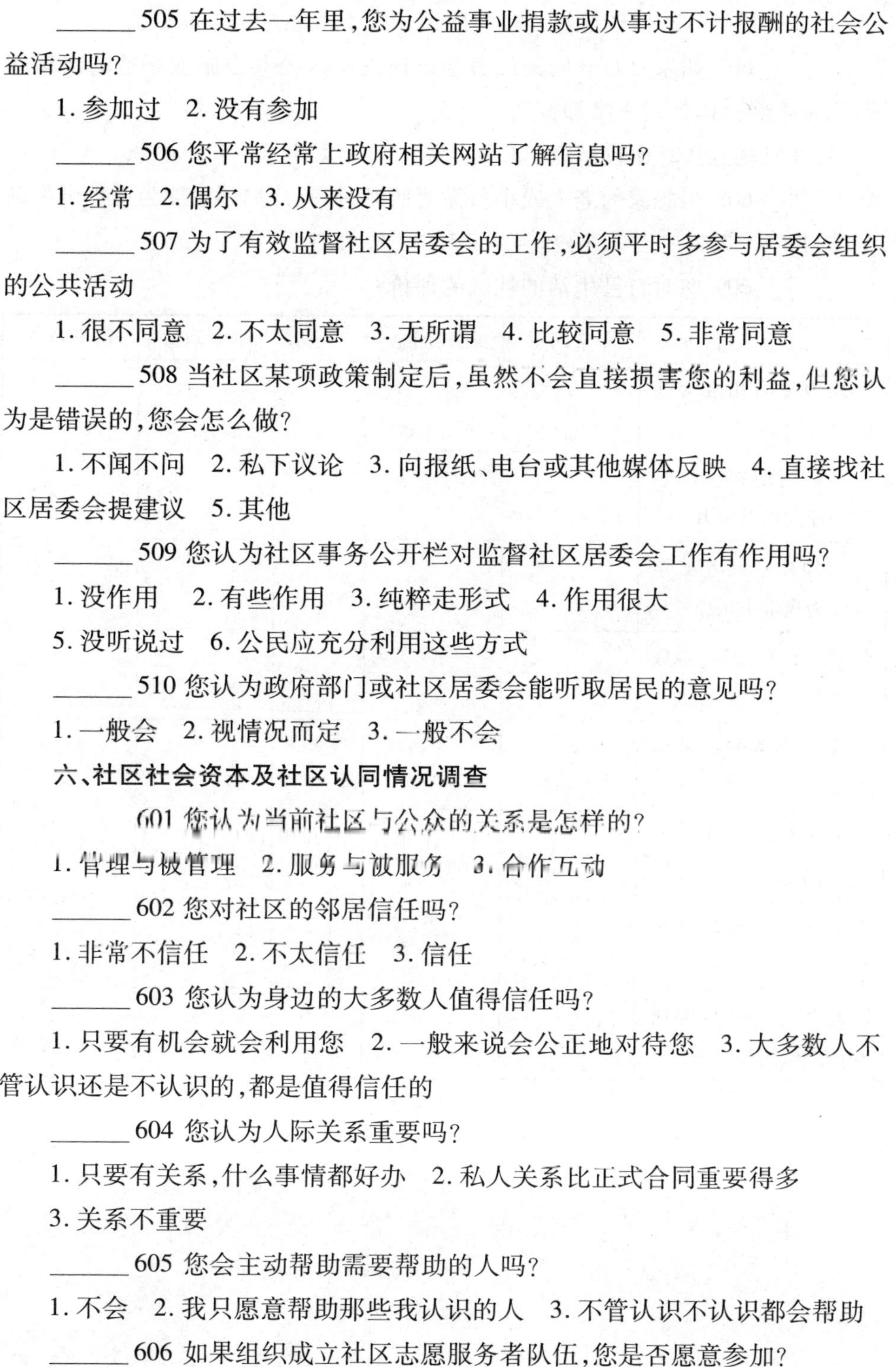

______505 在过去一年里，您为公益事业捐款或从事过不计报酬的社会公益活动吗？

1. 参加过　2. 没有参加

______506 您平常经常上政府相关网站了解信息吗？

1. 经常　2. 偶尔　3. 从来没有

______507 为了有效监督社区居委会的工作，必须平时多参与居委会组织的公共活动

1. 很不同意　2. 不太同意　3. 无所谓　4. 比较同意　5. 非常同意

______508 当社区某项政策制定后，虽然不会直接损害您的利益，但您认为是错误的，您会怎么做？

1. 不闻不问　2. 私下议论　3. 向报纸、电台或其他媒体反映　4. 直接找社区居委会提建议　5. 其他

______509 您认为社区事务公开栏对监督社区居委会工作有作用吗？

1. 没作用　2. 有些作用　3. 纯粹走形式　4. 作用很大

5. 没听说过　6. 公民应充分利用这些方式

______510 您认为政府部门或社区居委会能听取居民的意见吗？

1. 一般会　2. 视情况而定　3. 一般不会

六、社区社会资本及社区认同情况调查

601 您认为当前社区与公众的关系是怎样的？

1. 管理与被管理　2. 服务与被服务　3. 合作互动

______602 您对社区的邻居信任吗？

1. 非常不信任　2. 不太信任　3. 信任

______603 您认为身边的大多数人值得信任吗？

1. 只要有机会就会利用您　2. 一般来说会公正地对待您　3. 大多数人不管认识还是不认识的，都是值得信任的

______604 您认为人际关系重要吗？

1. 只要有关系，什么事情都好办　2. 私人关系比正式合同重要得多

3. 关系不重要

______605 您会主动帮助需要帮助的人吗？

1. 不会　2. 我只愿意帮助那些我认识的人　3. 不管认识不认识都会帮助

______606 如果组织成立社区志愿服务者队伍，您是否愿意参加？

1. 非常愿意　2. 比较愿意　3. 无所谓　4. 不太愿意　5. 不愿意

______607 如果要召开居民代表会议讨论小区公共设施或场地的出租问题，您是否愿意作为代表参加？

1. 非常愿意　2. 比较愿意　3. 无所谓　4. 不太愿意　5. 不愿意

______608 当您家的老人或小孩需要照顾时，有几户邻居能为您提供帮助

1. 1 户　2. 2 户　3. 3 户　4. 4 – 5 户　5. 没有

______609 您对自己生活的社区的评价

	非常同意	比较同意	一般	不太同意	很不同意
1. 我为生活在这个社区而自豪					
2. 多数街坊邻里都愿意为社区献策出力					
3. 参加社区义务工作可以为我带来乐趣					
4. 如果我有困难，多数街坊邻里不会帮助我					
5. 街坊邻里的关系很和睦					
6. 我们社区的环境卫生很不错					
7. 我希望在此长期居住					
8. 您愿意和社区邻居在假期组团旅游吗？					

参考文献

（一）中文著作

1. 蔡定剑:《民主是一种现代生活》,社会科学文献出版社 2010 年版。

2. 蔡定剑主编:《公众参与:欧洲的制度和经验》,法律出版社 2009 年版。

3. 蔡定剑主编:《中国选举状况的报告》,法律出版社 2002 年版。

4. 陈伟东:《社区自治:自组织网络与制度设置》,中国社会科学出版社 2004 年版。

5. 程玉申:《中国城市社区发展研究》,华东师范大学出版社 2002 年版。

6. 储松燕:《个体与共同体》,中国社会出版社 2003 年版。

7.《邓小平文选》第 2 卷,人民出版社 1994 年第 2 版。

8.《邓小平文选》第 3 卷,人民出版社 1993 年第 1 版。

9. 冬吉才计主编:《城市社区建设读本》,中国社会出版社 2001 年版。

10. 邓正来、[英]J. C. 亚历山大编:《国家与市民社会》,中央编译出版社 2005 年版。

11. 邓敏杰:《创新社区》,中国社会出版社 2002 年版。

12. 方江山:《非制度政治参与》,人民出版社 2000 年版。

13. 顾建健等:《转型中的社会治理:和谐社会构建与城市社区发展研究》,上海交通大学出版社 2006 年版。

14. 郭忠华、刘训练主编:《公民身份与社会阶级》,江苏人民出版社 2007 年版。

15. 葛荃:《中国政治文化教程》,北京高等教育出版社 2006 年版。

16. 何怀宏编:《西方公民不服从的传统》,吉林人民出版社 2001 年版。

17. 何增科等主编:《城乡公民参与和政治合法性》,中央编译出版社 2007 年版。

18. 胡锦涛:《高举中国特色社会主义伟大旗帜,为夺取全面建设小康社会新胜利而奋斗》,人民出版社 2007 年版。

19. 胡忠明主编:《现代城市街道管理》,广东人民出版社 2001 年版。

20. 胡荣:《社会资本与地方治理》,社会科学文献出版社 2009 年版。

21. 黄卫平主编:《中国基层民主发展的最新突破——深圳市大鹏镇长选举制度改革的政治解读》,社会科学文献出版社 2000 年版。

22. 黄健荣等:《公共管理新论》,社会科学文献出版社 2005 年版。

23. 贾西津:《中国公民参与:案例与模式》,社会科学文献出版社 2008 年版。

24. 康之国:《构建城市和谐社区与社区治理创新研究》,知识产权出版社 2008 年版。

25. 李凡主编:《中国基层民主发展报告(2000—2001)》,东方出版社 2002 年版。

26. 李凡主编:《中国城市社区直接选举改革》,西北大学出版社 2003 年版。

27. 刘军宁、王焱、贺卫方主编:《市场社会与公共秩序》,北京三联书店 1996 年版。

28. 刘泽华:《中国的王权主义》,上海人民出版社 2000 年版。

29. 李友梅等:《社会认同:一种结构视野的分析》,上海人民出版社 2007 年版。

30. 卢汉龙主编:《上海社会发展报告 2009》,社会科学文献出版社 2009 年版。

31. 雷洁琼主编:《转型中的城市基层社区组织》,北京大学出版社 2001 年版。

32. 刘智、史卫民等:《数据选举》,中国社会科学出版社 2001 年版。

33. 陆学艺:《社会结构的变迁》,中国社会科学出版社 1997 年版。

34. 林尚立:《社区民主与治理:案例研究》,社会科学文献出版社 2003 年版。

35. 刘军宁编:《民主与民主化》,商务印书馆 1999 年版。

36. 黎熙元、童晓频、蒋廉雄:《社区建设——理念、实践与模式比较》,商务印书馆 2006 年版。

37. 毛寿龙:《政治社会学》,中国社会科学出版社 2001 年版。

38. 马长山:《国家、市民社会与法治》,商务印书馆 2001 年版。

39. 马西恒、加鲍勃·谢比伯等:《中加社区治理模式比较研究》,上海人民出版社 2006 年版。

40. 马德普:《中西政治文化论丛》,天津人民出版社 2003 年版。

41. 民政部基层政权和社区建设司组织编写:《全国和谐社区建设理论与实践:社区体制创新》,中国社会出版社 2009 年版。

42. 民政部基层政权和社区建设司组织编写:《全国和谐社区建设理论与实践:地方创新》,中国社会出版社 2009 年版。

43. 民政部基层政权和社区建设司组织编写:《全国和谐社区建设理论与实践:社区居民自治与社会组织创新》,中国社会出版社 2009 年版。

44. 潘小娟:《中国基层社会重构:社区治理研究》,中国法制出版社 2004 年版。

45. 浦兴祖主编:《当代中国政治制度》,复旦大学出版社 1999 年版。

46. 全国人大常委会办公厅秘书局编:《九届全国人大常委会执法检查报告汇编》,中国民主法制出版社 2003 年版。

47. 孙柏瑛:《当代地方治理:面向 21 世纪的挑战》,中国人民大学出版社 2004 年版。

48. 陶东明、陈明明:《当代中国政治参与》,浙江人民出版社 1998 年版。

49. 谈火生主编:《审议民主》,江苏人民出版社 2007 年版。

50. 唐忠新:《城市社会整合与社区建设》,中国言实出版社 2000 年版。

51. 王浦劬:《民主、政治秩序与社会变革》,中信出版社 2003 年版。

52. 王邦佐:《居委会与社区治理》,上海人民出版社 2003 年版。

53. 汪大海、孔德宏:《世界范围内的社区发展》,中国社会出版社 2005 年版。

54. 王锡锌:《公众参与和行政过程:一个理念和制度分析的框架》,中国民主法制出版社 2007 年版。

55. 王锡锌主编:《公众参与和中国新公共管理运动的兴起》,中国法制出版社 2008 年版。

56. 王敬尧:《参与式治理:中国社区建设实证研究》,中国社会科学出版社 2006 年版。

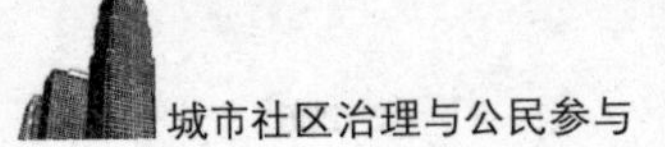

57. 吴克昌:《中国城市社区民主自治的理论与实践研究》,人民出版社 2009 年版。

58. 习近平:《习近平谈治国理政》,外文出版社 2014 年版。

59. 徐勇、陈伟东等:《中国城市社区自治》,武汉出版社 2002 年版。

60. 许纪霖主编:《共和、社群与公民》,江苏人民出版社 2004 年版。

61. 许纪霖主编:《公共性与公民观》,江苏人民出版社 2006 年版。

62. 谢芳:《西方社区公民参与:以美国社区听证为例》,中国社会出版社 2009 年版。

63. 俞可平:《增量民主与善治》,社会科学文献出版社 2005 年版。

64. 俞可平等:《中国公民社会的制度环境》,北京大学出版社 2006 年版。

65. 俞可平:《民主与陀螺》,北京大学出版社 2006 年版。

66. 俞可平:《治理与善治》,社会科学文献出版社 2000 年版。

67. 俞可平:《地方政府创新与善治:案例研究》,社会科学文献出版社 2003 年版。

68. 闫健编:《民主是个好东西——俞可平访谈录》,社会科学文献出版社 2006 年版。

69. 严浩主编:《我国城市社区发展政策研究》,中国计划出版社 2002 年版。

70. 乐正、邱展开主编:《深圳社会发展报告 2008》,社会科学出版社 2008 年版。

71. 于燕燕:《社区自治与政府职能转变》,中国社会出版社 2005 年版。

72. 于燕燕主编:《中国社区发展报告》(2008—2009),社会科学文献出版社 2008 年版。

73. 张宝锋:《现代城市社区治理结构研究》,中国社会出版社 2006 年版。

74. 张志荣、杨海蛟主编:《基层民主与社会发展》,世界知识出版社 2001 年版。

75. 周文建主编:《城市社区建设概论》,中国社会出版社 2001 年版。

76. 郑杭生、杨敏:《中国社会转型与社区制度创新——实践结构论及其运用》,北京师范大学出版社 2008 年版。

77. 郑杭生:《中国特色社会学理论的探索》,中国人民大学出版社 2005 年版。

78. 邹树彬主编:《构建和谐社区——深圳市月亮湾片区“人大代表工作站”个案研究》,重庆出版社 2007 年版。

79. 中国城市社区党建研究课题组编:《中国城市社区党建》,上海人民出版社 2000 年版。

(二) 中文译著

1.《马克思恩格斯选集》,人民出版社 1995 年版。

2. [古希腊]亚里士多德:《政治学》,吴寿彭译,商务印书馆 1997 年版。

3. [德]斐迪南·腾尼斯:《共同体与社会》,林荣远译,商务印书馆 1999 年版。

4. [德]托马斯·海贝勒、君特·舒耕德:《从群众到公民——中国的政治参与》,张文红译,中央编译出版社 2009 年版。

5. [法]古斯塔夫·勒庞:《乌合之众》,冯克利译,广西师范大学出版社 2007 年版。

6. [法]埃米尔·涂尔干:《社会分工论》,渠东译,上海三联书店 2000 年版。

7. [法]阿尔弗雷德·格罗塞:《身份认同的困境》,王鲲译,社会科学文献出版社 2010 年版。

8. [法]托克维尔:《论美国的民主》,董果良译,商务印书馆 1999 年版。

9. [荷]汉斯·范登·德尔、本·范·韦尔瑟芬:《民主与福利经济学》,中国社会科学出版社 1999 年版。

10. [美]汉娜·阿伦特:《论革命》,陈周汪译,译林出版社 2007 年版。

11. [美]约瑟夫·熊彼特:《资本主义、社会主义与民主》,吴良健译,商务印书馆 2007 年版。

12. [美]塞缪尔·P. 亨廷顿:《变化社会中的政治秩序》,王冠华等译,上海人民出版社 2008 年版。

13. [美]塞缪尔·亨廷顿、琼·纳尔逊:《难以抉择:发展中国家的政治参与》,汪晓寿、吴志华、项继权译,华夏出版社 1989 年版。

14. [美]亨廷顿:《第三波——20 世纪后期民主化浪潮》,上海三联书店 1998 年版。

15. [美]乔·萨托利:《民主新论》,冯克利、阎克文译,东方出版社 1998 年版。

16. [美]乔治·S. 布莱尔:《社区权力与公民参与:美国的基层政府》,伊佩庄、张雅竹译,中国社会出版社 2003 年版。

17. [美] 加布里埃尔·A. 阿尔蒙德、西德尼·维巴:《公民文化——五个国家的政治态度和民主制》,徐湘林等译,东方出版社 2008 年版。

18. [美]加布里埃尔·A. 阿尔蒙德、小 G. 宾厄姆·鲍威尔:《比较政治学》,曹沛霖等译,东方出版社 2007 年版。

19. [美]曼纽尔·卡斯特:《认同的力量》,夏铸九等译,社会科学文献出版社 2003 年版。

20. [美]罗伯特·D. 帕特南:《使民主运转起来》,王列、赖海榕译,江西人民出版社 2001 年版。

21. [美]托马斯·雅诺斯基:《公民与文明社会》,柯雄译,辽宁教育出版社 2000 年版。

22. [美]罗伯特·C. 埃里克森:《无需法律的秩序:邻人如何解决纠纷》,苏力译,中国政法大学出版社 2003 年版。

23. [美]文森特·奥斯特罗姆:《复合共和制的政治理论》,毛寿龙译,上海三联书店 1999 年版。

24. [美]茱迪·史珂拉:《美国公民权:寻求接纳》,刘满贵译,上海人民出版社 2006 年版。

25. [美]戴维·奥斯本、特德·盖布勒:《改革政府:企业精神如何改革着公营部门》,周敦仁等译,上海译文出版社 2006 年版。

26. [美] 约翰·克莱顿·托马斯:《公共决策中的公民参与:公共管理者的新技能与新策略》,孙柏英等译,中国人民大学出版社 2005 年版。

27. [美]阿历克斯·英格尔斯:《人的现代化》,殷陆君译,四川人民出版社 1985 年版。

28. [美]弗里德里克·沃特金斯:《西方政治传统》,李丰斌译,新星出版社 2006 年版。

29. [美]全钟燮(Jong S. Jun):《公共行政的社会建构:解释与批判》,孙柏英等译,北京大学出版社 2008 年版。

30. [美]盖伊·彼得斯:《政府未来的治理模式》,吴爱明、夏宏图译,中国人民大学出版社 2002 年版。

31. [美]理查德·C. 博克斯:《公民治理:引领 21 世纪的美国社区》,孙柏英等译,中国人民大学出版社 2005 年版。

32. [美]乔治·弗里德里克森:《公共行政的精神》,张成福译,中国人民大学出版社 2003 年版。

33. [美]卡特尔·佩特曼:《参与和民主理论》,陈尧译,上海人民出版社 2006 年版。

34. [美]本杰明·巴伯:《强势民主》,彭斌、吴润洲泽,吉林人民出版社 2006 年版。

35. [美]约翰·罗尔斯:《正义论》,何怀宏、廖申白译,中国社会科学出版社 1988 年版。

36. [美]约翰·麦克里兰:《西方政治思想史》,彭淮栋译,海南出版社 2003 年版。

37. [美]阿瑟·梅尔霍夫:《社区设计》,谭心娇译,中国社会出版社 2002 年版。

38. [美]曼瑟尔·奥尔森:《集体行动的逻辑》,陈郁等译,上海三联书店 1995 年版。

39. [美]艾尔·巴比:《社会研究方法(第 10 版)》,邱泽奇译,华夏出版社 2005 年版。

40. [美]乔治·萨拜因:《政治学说史》,邓正来译,上海人民出版社 2008 年版。

41. [美]哈罗德·D. 拉斯韦尔:《政治学:谁得到什么? 何时得到? 如何得到?》,杨昌裕译,商务印书馆 1992 年版。

42. [美]罗伯特·达尔:《论民主》,李柏光等译,商务印书馆 1999 年版。

43. [美]罗伯特·达尔:《民主理论的前言》,顾昕译,北京三联书店 1999 年版。

44. [美]西摩·马丁·李普塞特:《政治人:政治的社会基础》,刘钢敏、聂蓉译,商务印书馆 1993 年版。

45. [美]珍妮特·V. 登哈特、罗伯特·B. 登哈特:《新公共服务:服务,而不是掌舵》,丁煌译,中国人民大学出版社 2010 年版。

46. [美]安东尼·奥罗姆:《政治社会学导论》,张华青等译,上海世纪出版集团 2006 年版。

47. [英]戴维·赫尔德:《民主的模式》,燕继荣等译,中央编译出版社 2006

年版。

48. [英]凯特·纳什主编:《布莱克维尔政治社会学指南》,李雪等译,浙江人民出版社 2007 年版。

49. [英]德里克·希特:《何谓公民身份》,郭忠华译,吉林出版集团 2007 年版。

50. [英]詹姆斯·布赖斯:《现代民治政体》,张慰慈等译,吉林人民出版社 2001 年版。

51. [英]霍布斯:《论公民》,应星、冯克利译,贵州人民出版社 2003 年版。

52. [加]威尔·金里卡:《当代政治哲学》,刘莘译,上海三联书店 2004 年版。

53. [加]威尔·金里卡:《自由主义、社群与文化》,应奇、葛水林译,上海译文出版社 2005 年版。

54. [日]加藤节:《政治与人》,唐士其译,北京大学出版社 2003 年版。

55. [日]蒲岛郁夫:《政治参与》,解莉莉译,经济日报出版社 1989 年版。

(三)中文期刊及学位论文

中文期刊

1. 包心鉴:《民主化的制度与制度的民主化改革》,《江汉论坛》,2010 年第 10 期。

2. 曹龙虎:《从公民参与的角度看我国多元治理主体的构建——以厦门 PX 事件为例》,《法制与社会》,2008 年第 22 期。

3. 陈家刚:《协商民主引论》,《马克思主义与现实》,2004 年第 3 期。

4. 陈钟林、吴伟东:《公民资格制度:全球化背景下的发展》,《南开学报》(哲学社会科学版),2007 年第 6 期。

5. 陈伟东、李雪萍:《社区自治概念的缺陷与修正》,《广东社会科学》,2004 年第 2 期。

6. 陈万灵:《"社区参与"的微观机制研究》,《学术研究》,2004 年第 4 期。

7. 陈芳:《当代中国地方治理中的公民参与——历程、现状与前景》,《东南学术》,2008 年第 4 期。

8. 褚松燕:《公民资格:西方民主的一种解读视角》,《河南社会科学》,2003 年第 1 期。

9. [德]迪尔特·格诺若、托马斯·海贝勒:《德国的行政改革——以公民参与及公共部门与私人部门之间关系为例》,《经济社会体制比较》,2007 年第 1 期。

10. 丁元竹:《加拿大社区服务体系建设及其对我国的启示》,《社区》,2006 年第 10 期(上)。

11. 范思凯:《中外公民参与社区治理案例的比较分析——基于公共权力转型的视角》,《辽宁行政学院学报》,2009 年第 4 期。

12. 方雷:《构建和谐社会:生态社会主义可资借鉴的理念与策略》,《江汉论坛》,2006 年第 4 期。

13. 格里·斯托克:《新地方主义、参与及网络化社区治理》,《国家行政学院学报》,2006 年第 3 期。

14. 葛荃:《“以人为本”与和谐社会建构析论》,《政治学研究》,2005 年第 4 期。

15. 郭剑鸣:《政治知识化与科学政治生活的成长》,《学术月刊》,2007 年第 3 期。

16. 姜晓萍、衡霞:《社区治理中的公民参与》,《湖南社会科学》,2007 年第 1 期。

17. 孔令栋:《权威与依附——传统社会主义模式下的国家与社会关系》,《文史哲》,2001 年第 6 期。

18. 梁莹:《公民自治精神与现代政治知识的成长》,《南京社会科学》,2008 年第 7 期。

19. 梁丽萍:《建国以来中国公民政治参与模式的演变分析》,《中国行政管理》,2004 年第 5 期。

20. 李春梅:《城镇居民公众参与态度实证研究——以成都市为例》,《国家行政学院学报》,2006 年第 5 期。

21. 刘娴静:《重构城市社区——以治理理论为分析范式》,《社会主义研究》,2004 年第 1 期。

22. 卢汉龙:《中国城市社区的治理模式》,《上海行政学院学报》,2004 年第 1 期。

23. 李海金:《城市社区治理中的公共参与——以武汉市 W 社区论坛为例》,《中州学刊》,2009 年第 4 期。

24. 刘岩、刘威:《从“公民参与”到“群众参与”》,《浙江社会科学》,2008 年第 1 期。

25. 罗思东:《美国城市中的邻里组织与社区治理》,《中国政法大学学报》,2007 年第 2 期。

26. 马晓燕、刘敏:《社区建设中的国家与社会关系模式》,《甘肃社会科学》,2005 年第 6 期。

27. 欧阳景根:《建构中国的公民身份理论:作为一种内化伦理的积极公民身份的建设》,《晋阳学刊》,2008 年第 3 期。

28. 彭惠青:《城市社区自治中居民参与的时空变迁与内源性发展探索》,《当代世界与社会主义》,2008 年第 3 期。

29. 施巍巍、颜少君:《国外社区参与社会管理的特点及其对我国的启示》,《学术交流》,2009 年第 2 期。

30. 施雪华:《美国社区治理及其启示》,《山西大学学报》(哲学社会科学版),2008 年第 4 期。

31. 孙璐:《利益、认同、制度安排》,《云南社会科学》,2006 年第 5 期。

32. 孙柏瑛等:《社区民主参与:任重道远》,《国家行政学院学报》,2001 年第 2 期。

33. 涂少彬:《宪政语境下的公民主体性法理分析——兼析中国宪政语境下的“国家—市民社会”范式的历史逻辑缺陷》,《西南政法大学学报》,2008 年第 4 期。

34. 涂晓芳:《社会资本视域下的社区居民参与研究》,《政治学研究》,2008 年第 3 期。

35. 王芳、李和中:《城市社区治理模式的现实选择》,《中国行政管理》,2008 年第 4 期。

36. 王绍光:《政治文化与社会结构对政治参与的影响》,《清华大学学报》(哲学社会科学版),2008 年第 4 期。

37. 吴根平:《建立健全我国政府信息公开制度的思考——从〈中华人民共和国政府信息公开条例〉谈起》,《广西社会科学》,2008 年第 6 期。

38. 徐道稳:《公民资格理论与我国社会政策的重构》,《人文杂志》,2007 年第 6 期。

39. 徐君:《社区自治:城市基层社会管理的发展走向》,《国家行政学院学报》,2007 年第 4 期。

40. 徐善登:《社区公民参与特殊性之内外审视——基于治理视域》,《云南社会科学》, 2009 年第 4 期。

41. 俞可平:《公民参与的几个理论问题》,《学习时报》2006 - 12 - 19。

42. 叶南客:《中国城市居民社区参与的历程与体制创新》,《江海学刊》, 2001 第 5 期。

43. 杨丹华:《西方社区治理中的公民参与—从登哈特新公共服务理论实践谈起》,《陕西行政学院学报》,2009 年第 2 期。

44. 杨雪云、周业勤:《社区参与不足的社会学解读》,《安徽大学学报》(哲学社会科学版),2006 年第 3 期。

45. 杨敏:《公民参与、群众参与与社区参与》,《社会》,2005 年第 5 期。

46. 赵孟营等:《现代公民意识的觉醒:北京市公民的政治价值观报告》,《中国特色社会主义研究》,2009 年第 2 期。

47. 赵明玉:《现代化进程中的国家建构与公民教育》,《比较教育研究》, 2008 年第 5 期。

48. 张树平:《政治知识:中国政治研究的可能视角》,《学习与探索》,2008 年第 6 期。

49. 张秀雄:《审议民主与公民意识》,《学术研究》,2008 年第 8 期。

50. 朱水成:《"精英决策"模式下的公民参与研究》,《理论探讨》,2008 年第 5 期。

51. 张康之:《"参与治理"理论的质疑》,《吉林大学社会科学学报》,2007 年第 1 期。

52. 张锡恩:《从巩固政治统治到构建社会主义国家政体思想探析》,《山西大学学报》(哲学社会科学版),2005 年第 5 期。

53. 张铭、陆锋明:《农村基层社区当下治理模式之反思》,《江苏行政学院学报》,2009 年第 1 期。

54. 周少青:《论城市社区治理的法律框架的法域定位》,《法学家》,2008 年第 5 期。

55. 朱冬玲:《我国知情权的立法亟待完善》,《法制与社会》,2008 年第 21 期。

学位论文

1. 曹绪飞:《社区制基本问题再研究》,复旦大学 2007 年博士学位论文,中国博士学位论文全文数据库。

2. 彭惠青:《城市社区居民参与研究》,华中师范大学 2009 年博士学位论文,中国博士学位论文全文数据库。

3. 王元华:《社会公民资格权利研究》,苏州大学 2006 年博士学位论文,中国博士学位论文全文数据库。

4. 单菁菁:《城市社区情感研究》,中国社会科学院 2003 年博士学位论文,中国博士学位论文全文数据库。

5. 石路:《当代中国政府公共决策中的公民参与问题研究》,华东师范大学 2007 年博士学位论文,中国博士学位论文全文数据库。

6. 陶传进:《集体行动难题与中国社会转型》,中国人民大学 2002 年博士学位论文,中国博士学位论文全文数据库。

7. 尹维真:《论社区建设中的城市基层管理体制创新》,华中师范大学 2002 年博士论文,中国博士学位论文全文数据库。

8. 张晓霞:《城市居民社区参与模式及动员机制研究》,吉林大学 2010 年博士学位论文,中国博士学位论文全文数据库。

(四)外文文献

1. Arnstein Sherry, *A Ladder of Citizen Participation* , Journal of American Institute of Planners, Vol. 35, 1969.

2. Arendt. *On Revolution* . Harmondsworth: Penguin, 1973.

3. Benjamin Barber. *Strong Democracy. ParticipatoryPolitics for a New Age* . Berkeley: University of California Press, 1984.

4. Dewey. John, *The Public and Its Problems* . Athens. Ohio: Swallow Press, 1985.

5. Galston, William. *Liberal Purposes: Goods, Virtues and Duties in the Liberal state* . Cambridge: Cambridge University Press, 1991.

6. Gershon. Shafir. *The Citizenship Debates* . A Reader. London: University of Minnesota Press, 1998. 11.

7. Habermas, Jurgen. Citizenship and National Identity: Some Deflections on the Future of Europe. Praxis international Vol. 12.

8. Oldfield, Adrian. Citizenship: an Unnatural Practice. Political Quarterly. Vol. 1990.

（五）相关网站资料

1. 中华人民共和国民政部网站：http://www. mca. gov. cn/

2. 中国法理网：http://www. jus. cn/ShowArticle. asp? ArticleID = 654

3. 国际公共参与协会：http://www. iap2. org/ iap2.

4. 社区参与行动网站：http://www. communityaction. org. cn/type. php? id = 2.

5. 中国选举与治理网：http://www. chinaelections. org/

6. 中国公民社会：http://www. gmsh. org. cn

7. 人大与议会网：http://www. e – cpcs. org

8. 济南市民政信息公众网 http://www. jnmz. gov. cn

9. 福特基金会：http://www. fordfound. org

10. 城市社区参与治理资源平台：http://www. ccpg. org. cn/

后　记

本书是在我的博士论文基础上修改完成的。博士毕业后因出国访学，导致论文出版延迟。为了保持问卷调查等数据的客观性，书中对实证资料并未修改，仍然以当时调查数据为基础。

本书即将付梓出版之际，却传来我的博士生导师张锡恩教授突然离世的噩耗。老师的音容笑貌依然历历在目，老师的谆谆教诲犹在耳边回响，怎奈生命无常，令人唏嘘！博士毕业后，老师一直督促和鼓励我完善论文并出版。博士论文的完成凝结了张老师的诸多心血，大到论文框架调整，小到标点符号较正，张老师都亲力亲为。张老师广博的学识、缜密的思维、严谨的治学、平和的处世都使我受益无穷。无论是探讨深奥的学术问题还是闲谈日常工作，张老师总能给我莫大的启发和鞭策，向张老师致以最崇高的谢意！痛失恩师的悲痛只能化作我在工作学习治学道路上不断前进的动力！愿张老师在天堂一切安好！

还要感谢四年博士求学期间山东大学政管学院授业解惑的各位老师，感谢葛荃教授、孔令栋教授、张铭教授、方雷教授、张全新教授的悉心教诲和无私帮助！

本书的出版得到了济南大学马克思主义学院出版基金的资助，感谢学院张兵亭书记、文洪朝院长和杨立志副院长的大力支持！感谢学院各位教授和同仁们多年来在教学与科研道路上对我的帮助！

感谢我的爱人，感谢你的理解包容与无私付出！感谢我可爱的女儿，你的天真笑脸足以化解一切的辛劳！

最后感谢山东出版传媒股份有限公司的支持，感谢山东人民出版社隋小山编辑，他为本书的出版付出了很多辛劳！

书中错漏和不足之处在所难免，敬请各位专家同仁批评指正。我依然会继续沿着中国城市社区治理现代化的研究领域走下去，不断探索中国城市基层民主治理的完善之道。

夏晓丽

2017 年 6 月 5 日于济南大学